Diogenes Taschenbuch 157

Das Erich Kästner Lesebuch

Herausgegeben von Christian Strich

Diogenes

Die Stücke, Gedichte und Epigramme
im vorliegenden Band
stammen alle aus den verschiedenen Bänden der
Gesammelten Schriften von Erich Kästner
(Copyright Atrium Verlag, Zürich) und aus
Kästner für Erwachsene, S. Fischer Verlag,
Frankfurt am Main, und Atrium Verlag, Zürich,
(Copyright Atrium Verlag, Zürich 1966).
Es wurde versucht, die einzelnen Stücke,
soweit Angaben vorhanden sind, zu datieren.
Umschlagzeichnung von Paul Flora.

Lizenzausgabe mit freundlicher Genehmigung
des Atrium Verlags, Zürich
Alle Rechte an dieser deutschen Auswahl vorbehalten
Copyright © 1978 by
Diogenes Verlag AG Zürich
150/78/8/2
ISBN 3 257 20515 5

Moral

*Es gibt nichts Gutes
außer: Man tut es.*

Inhalt

Anstelle eines Vorworts
11 Ansprache zum Schulbeginn

Das Zeitalter der Empfindlichkeit
Kritik, Kontroverse, Pamphlet und Polemik in 56 Gedichten, Geschichten und Aufsätzen
15 Der Gegenwart ins Gästebuch
17 Das Eisenbahngleichnis
19 Eine Mutfrage
20 Die Fabel von Schnabels Gabel
22 Entwicklung der Menschheit
23 Der synthetische Mensch
25 Albumvers
26 Das Märchen vom Glück
29 Das Märchen von der Vernunft
32 Folgenschwere Verwechslung
33 Ist Politik eine Kunst?
37 Kleine Rechenaufgabe
38 Kennst Du das Land, wo die Kanonen blühen?
39 Nürnberg und die Historiker
44 Talent und Charakter
47 Keiner blickt dir hinter das Gesicht (Fassung für Beherzte)
48 Keiner blickt dir hinter das Gesicht (Fassung für Kleinmütige)
49 Das Herz im Spiegel
51 Wahres Geschichtchen
53 Primaner in Uniform
55 Die Kinderkaserne
60 Zur Entstehungsgeschichte des Lehrers
63 Gedanken eines Kinderfreundes
68 Auch eine Auskunft
69 Hymnus auf die Bankiers
70 Gehupft wie gesprungen
71 Maskenball im Hochgebirge
73 Fragen und Antworten
75 Ist Existentialismus heilbar?

80	Die zwei Gebote
81	Die Klassiker stehen Pate
86	Stimme von der Galerie
87	Hamlets Geist
89	Der schöpferische Irrtum
90	Selbsthilfe gegen Kritiker
96	Die kopflose Stecknadel
97	Das Goethe-Derby
99	Was auch geschieht
100	Die Naturgeschichte der Schildbürger
103	Mitleid und Perspektive
104	Die einäugige Literatur
109	Eine kleine Sonntagspredigt
113	Unsanftes Selbstgespräch
114	Klassenzusammenkunft
116	Sachliche Romanze
117	Warnung vor Selbstmord
118	Höhere Töchter im Gespräch
119	Gewisse Ehepaare
121	Sogenannte Klassefrauen
122	Für Stammbuch und Stammtisch
123	Zeichner sind Schriftsteller (Über Paul Flora)
126	Begegnung mit Tucho (Über Kurt Tucholsky)
129	Das letzte Kapitel
131	Der Abschied
132	Variante zum »Abschied«
133	Das Zeitalter der Empfindlichkeit

Eine deutsche Chronik, 1933–1966

137	Die Grenzen der Aufklärung
139	Über das Auswandern
140	Bei Verbrennung meiner Bücher
142	Schwierigkeiten, ein Held zu sein
147	»Ist Gott oder Hitler größer?«
149	Politik und Liebe
152	Unser Weihnachtsgeschenk
155	Mama bringt die Wäsche
160	Aus der Perspektive einer denkenden Ameise
163	Eine unbezahlte Rechnung
165	Die Lust ist zäher als das Gewissen

167 Kleine Chronologie
172 Steinreiche Flüchtlinge
174 Die Fahnen der Freiheit
177 Das Ende der Blutgruppenträger
179 Streiflichter aus Nürnberg
186 Wert und Unwert des Menschen
190 Betrachtungen eines Unpolitischen
194 Gescheit, und trotzdem tapfer
198 ... und dann fuhr ich nach Dresden
203 Grenzpfähle und Grenzfälle
207 Zwei Versuche, Berlin wiederzusehen
211 Noch immer kein Wiedersehen mit Berlin
213 Der tägliche Kram
216 Die Augsburger Diagnose
221 Die literarische Provinz
226 Gegen einen deutschen Atomfeuereifer
231 Lesestoff, Zündstoff, Brennstoff
234 Die Einbahnstraße als Sackgasse

Die vier archimedischen Punkte – Sechs Reden
237 Von Mord und Totschlag
239 Jugend, Literatur und Jugendliteratur
248 Von der deutschen Vergeßlichkeit
251 Heinrich Heine und wir
253 Rede zur Verleihung des Georg-Büchner-Preises 1957
265 Die vier archimedischen Punkte

Kästner über Kästner
269 Eine unliterarische Antwort
271 Meine sonnige Jugend
273 Briefe an mich selber
278 Kästner über Kästner

Bibliographie
285 Die Werke
289 Anthologien und anderes von Erich Kästner
290 Schriften über Kästner

Anstelle eines Vorworts

Ansprache zum Schulbeginn

Liebe Kinder,

da sitzt ihr nun, alphabetisch oder nach der Größe sortiert, zum erstenmal auf diesen harten Bänken, und hoffentlich liegt es nur an der Jahreszeit, wenn ihr mich an braune und blonde, zum Dörren aufgefädelte Steinpilze erinnert. Statt an Glückspilze, wie sich's eigentlich gehörte. Manche von euch rutschen unruhig hin und her, als säßen sie auf Herdplatten. Andre hocken wie angeleimt auf ihren Plätzen. Einige kichern blöde, und der Rotkopf in der dritten Reihe starrt, Gänsehaut im Blick, auf die schwarze Wandtafel, als sähe er in eine sehr düstere Zukunft.

Euch ist bänglich zumute, und man kann nicht sagen, daß euer Instinkt tröge. Eure Stunde X hat geschlagen. Die Familie gibt euch zögernd her und weiht euch dem Staate. Das Leben nach der Uhr beginnt, und es wird erst mit dem Leben selber aufhören. Das aus Ziffern und Paragraphen, Rangordnung und Stundenplan eng und enger sich spinnende Netz umgarnt nun auch euch. Seit ihr hier sitzt, gehört ihr zu einer bestimmten Klasse. Noch dazu zur untersten. Der Klassenkampf und die Jahre der Prüfungen stehen bevor. Früchtchen seid ihr, und Spalierobst müßt ihr werden! Aufgeweckt wart ihr bis heute, und einwecken wird man euch ab morgen! So, wie man's mit uns getan hat. Vom Baum des Lebens in die Konservenfabrik der Zivilisation – das ist der Weg, der vor euch liegt. Kein Wunder, daß eure Verlegenheit größer ist als eure Neugierde.

Hat es den geringsten Sinn, euch auf einen solchen Weg Ratschläge mitzugeben? Ratschläge noch dazu von einem Manne, der, da half kein Sträuben, genauso »nach Büchse« schmeckt wie andre Leute auch? Laßt es ihn immerhin versuchen, und haltet ihm zugute, daß er nie vergessen hat noch je vergessen wird, wie eigen ihm zumute war, als er selber zum erstenmal in der Schule saß. In jenem grauen, viel zu groß geratenen Ankersteinbaukasten. Und wie es ihm damals das Herz abdrückte. Damit wären wir schon beim wichtigsten Rat angelangt, den ihr euch einprägen und einhämmern solltet wie den Spruch einer uralten Gedenktafel:

Laßt euch die Kindheit nicht austreiben! Schaut, die meisten Menschen legen ihre Kindheit ab wie einen alten Hut. Sie vergessen sie wie eine Telefonnummer, die nicht mehr gilt. Ihr Leben kommt ihnen vor wie eine Dauerwurst, die sie allmählich aufessen, und was gegessen worden ist, existiert nicht mehr. Man nötigt euch in der Schule eifrig von der Unter- über die Mittel- zur Oberstufe. Wenn ihr schließlich drobensteht und balanciert, sägt man die »überflüssig« gewordenen Stufen hinter euch ab, und nun könnt ihr nicht mehr zurück! Aber müßte man nicht in seinem Leben wie in einem Hause treppauf und treppab gehen können? Was soll die schönste erste Etage ohne den Keller mit den duftenden Obstborten und ohne das Erdgeschoß mit der knarrenden Haustür und der scheppernden Klingel? Nun – die meisten leben so! Sie stehen auf der obersten Stufe, ohne Treppe und ohne Haus, und machen sich wichtig. Früher waren sie Kinder, dann wurden sie Erwachsene, aber was sind sie nun? Nur wer erwachsen wird und Kind bleibt, ist ein Mensch! Wer weiß, ob ihr mich verstanden habt. Die einfachen Dinge sind so schwer begreiflich zu machen! Also gut, nehmen wir etwas Schwierigeres, womöglich begreift es sich leichter. Zum Beispiel:

Haltet das Katheder weder für einen Thron noch für eine Kanzel! Der Lehrer sitzt nicht etwa deshalb höher, damit ihr ihn anbetet, sondern damit ihr einander besser sehen könnt. Der Lehrer ist kein Schulwebel und kein lieber Gott. Er weiß nicht alles, und er kann nicht alles wissen. Wenn er trotzdem allwissend tut, so seht es ihm nach, aber glaubt es ihm nicht! Gibt er hingegen zu, daß er nicht alles weiß, dann liebt ihn! Denn dann verdient er eure Liebe. Und da er im übrigen nicht eben viel verdient, wird er sich über eure Zuneigung von Herzen freuen. Und noch eins: Der Lehrer ist kein Zauberkünstler, sondern ein Gärtner. Er kann und wird euch hegen und pflegen. Wachsen müßt ihr selber!

Nehmt auf diejenigen Rücksicht, die auf euch Rücksicht nehmen! Das klingt selbstverständlicher, als es ist. Und zuweilen ist es furchtbar schwer. In meine Klasse ging ein Junge, dessen

Vater ein Fischgeschäft hatte. Der arme Kerl, Breuer hieß er, stank so sehr nach Fisch, daß uns anderen schon übel wurde, wenn er um die Ecke bog. Der Fischgeruch hing in seinen Haaren und Kleidern, da half kein Waschen und Bürsten. Alles rückte von ihm weg. Es war nicht seine Schuld. Aber er saß, gehänselt und gemieden, ganz für sich allein, als habe er die Beulenpest. Er schämte sich in Grund und Boden, doch auch das half nichts. Noch heute, fünfundvierzig Jahre danach, wird mir flau, wenn ich den Namen Breuer höre. So schwer ist es manchmal, Rücksicht zu nehmen. Und es gelingt nicht immer. Doch man muß es stets von neuem versuchen.

Seid nicht zu fleißig! Bei diesem Ratschlag müssen die Faulen weghören. Es gilt nur für die Fleißigen, aber für sie ist es sehr wichtig. Das Leben besteht nicht nur aus Schularbeiten. Der Mensch soll lernen, nur die Ochsen büffeln. Ich spreche aus Erfahrung. Ich war als kleiner Junge auf dem besten Wege, ein Ochse zu werden. Daß ich's, trotz aller Bemühung, nicht geworden bin, wundert mich heute noch. Der Kopf ist nicht der einzige Körperteil. Wer das Gegenteil behauptet, lügt. Und wer die Lüge glaubt, wird, nachdem er alle Prüfungen mit Hochglanz bestanden hat, nicht sehr schön aussehen. Man muß nämlich auch springen, turnen, tanzen und singen können, sonst ist man, mit seinem Wasserkopf voller Wissen, ein Krüppel und nichts weiter.

Lacht die Dummen nicht aus! Sie sind nicht aus freien Stücken dumm und nicht zu eurem Vergnügen. Und prügelt keinen, der kleiner und schwächer ist als ihr! Wem das ohne nähere Erklärung nicht einleuchtet, mit dem möchte ich nichts zu tun haben. Nur ein wenig warnen will ich ihn. Niemand ist so gescheit oder so stark, daß es nicht noch Gescheitere und Stärkere als ihn gäbe. Er mag sich hüten. Auch er ist, vergleichsweise, schwach und ein rechter Dummkopf.

Mißtraut gelegentlich euren Schulbüchern! Sie sind nicht auf dem Berge Sinai entstanden, meistens nicht einmal auf verständige Art und Weise, sondern aus alten Schulbüchern, die aus alten Schulbüchern entstanden sind, die aus alten Schulbüchern entstanden sind, die aus alten Schulbüchern entstanden sind. Man nennt das Tradition. Aber es ist ganz etwas anderes. Der

Krieg zum Beispiel findet heutzutage nicht mehr wie in Lesebuchgedichten statt, nicht mehr mit geschwungener Plempe und auch nicht mehr mit blitzendem Küraß und wehendem Federbusch wie bei Gravelotte und Mars-la-Tour. In manchen Lesebüchern hat sich das noch nicht herumgesprochen. Glaubt auch den Geschichten nicht, worin der Mensch in einem fort gut ist und der wackre Held vierundzwanzig Stunden am Tage tapfer! Glaubt und lernt das, bitte, nicht, sonst werdet ihr euch, wenn ihr später ins Leben hineintretet, außerordentlich wundern! Und noch eins: Die Zinseszinsrechnung braucht ihr auch nicht mehr zu lernen, obwohl sie noch auf dem Stundenplan steht. Als ich ein kleiner Junge war, mußten wir ausrechnen, wieviel Geld im Jahre 1925 aus einem Taler geworden sein würde, den einer unserer Ahnen Anno 1525, unter der Regierung Johanns des Beständigen, zur Sparkasse gebracht hätte. Es war eine sehr komplizierte Rechnerei. Aber sie lohnte sich. Aus dem Taler, bewies man uns, entstünde durch Zinsen und Zinseszinsen das größte Vermögen der Welt! Doch dann kam die Inflation, und im Jahre 1925 war das größte Vermögen der Welt samt der ganzen Sparkasse keinen Taler mehr wert. Aber die Zinseszinsrechnung lebte in den Rechenbüchern munter weiter. Dann kam die Währungsreform, und mit dem Sparen und der Sparkasse war es wieder Essig. Die Rechenbücher haben es wieder nicht gemerkt. Und so wird es Zeit, daß ihr einen Rotstift nehmt und das Kapitel »Zinseszinsrechnung« dick durchstreicht. Es ist überholt. Genauso wie die Attacke auf Gravelotte und der Zeppelin. Und wie noch manches andere.

Da sitzt ihr nun, alphabetisch oder nach der Größe geordnet, und wollt nach Hause gehen. Geht heim, liebe Kinder. Wenn ihr etwas nicht verstanden haben solltet, fragt eure Eltern! Und, liebe Eltern, wenn Sie etwas nicht verstanden haben sollten, fragen Sie Ihre Kinder!

DAS ZEITALTER
DER EMPFINDLICHKEIT

Kritik, Kontroverse, Pamphlet und Polemik
in 56 Gedichten, Geschichten und Aufsätzen

Der Gegenwart ins Gästebuch

*Ein guter Mensch zu sein, gilt hierzulande
als Dummheit, wenn nicht gar als Schande.*

Das Eisenbahngleichnis

Wir sitzen alle im gleichen Zug
und reisen quer durch die Zeit.
Wir sehen hinaus. Wir sahen genug.
Wir fahren alle im gleichen Zug.
Und keiner weiß, wie weit.

Ein Nachbar schläft. Ein andrer klagt.
Der dritte redet viel.
Stationen werden angesagt.
Der Zug, der durch die Jahre jagt,
kommt niemals an sein Ziel.

Wir packen aus. Wir packen ein.
Wir finden keinen Sinn.
Wo werden wir wohl morgen sein?
Der Schaffner schaut zur Tür herein
und lächelt vor sich hin.

Auch er weiß nicht, wohin er will.
Er schweigt und geht hinaus.
Da heult die Zugsirene schrill!
Der Zug fährt langsam und hält still.
Die Toten steigen aus.

Ein Kind steigt aus. Die Mutter schreit.
Die Toten stehen stumm
am Bahnsteig der Vergangenheit.
Der Zug fährt weiter, er jagt durch die Zeit.
Und niemand weiß, warum.

Die I. Klasse ist fast leer.
Ein dicker Mensch sitzt stolz
im roten Plüsch und atmet schwer.
Er ist allein und spürt das sehr.
Die Mehrheit sitzt auf Holz.

Wir reisen alle im gleichen Zug
zur Gegenwart in spe.
Wir sehen hinaus. Wir sahen genug.
Wir sitzen alle im gleichen Zug.
Und viele im falschen Coupé.

                    1932

Eine Mutfrage

Wer wagt es,
sich den donnernden Zügen entgegenzustellen?
Die kleinen Blumen
zwischen den Eisenbahnschwellen!

Die Fabel von Schnabels Gabel

Kannten Sie Christian Leberecht Schnabel?
Ich habe ihn gekannt.
Vor seiner Zeit gab es die vierzinkige,
die dreizinkige
und auch schon die zweizinkige Gabel.
Doch jener Christian Leberecht Schnabel,
das war der Mann,
der in schlaflosen Nächten die einzinkige Gabel
entdeckte, bzw. erfand.

Das Einfachste ist immer das Schwerste.
Die einzinkige Gabel
lag seit Jahrhunderten auf der Hand.
Aber Christian Leberecht Schnabel
war eben der erste,
der die einzinkige Gabel erfand!

Die Menschen sind wie die Kinder.
Christian Leberecht Schnabel
teilte mit seiner Gabel
das Schicksal aller Entdecker, bzw. Erfinder.
Einzinkige Gabeln,
wurde Schnabeln
erklärt,
seien nichts wert.

Sie entbehrten als Teil des Bestecks
jeden praktischen Zwecks,
und man könne, sagte man Schnabeln,
mit seiner Gabel nicht gabeln.

Die Menschen glaubten tatsächlich, daß Schnabel
etwas Konkretes bezweckte,
als er die einzinkige Gabel
erfand, bzw. entdeckte!
Ha!

Ihm ging es um nichts Reelles.
(Und deshalb ging es ihm schlecht.)
Ihm ging es um Prinzipielles!
Und insofern hatte Schnabel
mit der von ihm erfundenen Gabel
natürlich recht.

1936

Entwicklung der Menschheit

Einst haben die Kerls auf den Bäumen gehockt,
behaart und mit böser Visage.
Dann hat man sie aus dem Urwald gelockt
und die Welt asphaltiert und aufgestockt,
bis zur 30. Etage.

Da saßen sie nun den Flöhen entflohn
in zentralgeheizten Räumen.
Da sitzen sie nun am Telefon.
Und es herrscht noch genau derselbe Ton
wie seinerzeit auf den Bäumen.

Sie hören weit. Sie sehen fern.
Sie sind mit dem Weltall in Fühlung.
Sie putzen die Zähne. Sie atmen modern.
Die Erde ist ein gebildeter Stern
mit sehr viel Wasserspülung.

Sie schießen die Briefschaften durch ein Rohr.
Sie jagen und züchten Mikroben.
Sie versehn die Natur mit allem Komfort.
Sie fliegen steil in den Himmel empor
und bleiben zwei Wochen oben.

Was ihre Verdauung übrig läßt,
das verarbeiten sie zu Watte.
Sie spalten Atome. Sie heilen Inzest.
Und sie stellen durch Stiluntersuchungen fest,
daß Cäsar Plattfüße hatte.

So haben sie mit dem Kopf und dem Mund
den Fortschritt der Menschheit geschaffen.
Doch davon mal abgesehen und
bei Lichte betrachtet, sind sie im Grund
noch immer die alten Affen.

      1932

Der synthetische Mensch

Professor Bumke hat neulich Menschen erfunden,
die kosten zwar, laut Katalog, ziemlich viel Geld,
doch ihre Herstellung dauert nur sieben Stunden,
und außerdem kommen sie fix und fertig zur Welt!

Man darf dergleichen Vorteile nicht unterschätzen.
Professor Bumke hat mir das alles erklärt.
Und ich merkte schon nach den ersten Worten und Sätzen:
Die Bumkeschen Menschen sind das, was sie kosten, auch wert.

Sie werden mit Bärten oder mit Busen geboren,
mit allen Zubehörteilen, je nach Geschlecht.
Durch Kindheit und Jugend würde nur Zeit verloren,
meinte Professor Bumke. Und da hat er ja recht.

Er sagte, wer einen Sohn, der Rechtsanwalt sei,
etwa benötigt, brauche ihn nur zu bestellen.
Man liefre ihn, frei ab Fabrik, in des Vaters Kanzlei,
promoviert und vertraut mit den schwersten juristischen Fällen.

Man braucht nun nicht mehr zwanzig Jahre zu warten,
daß das Produkt einer unausgeschlafenen Nacht
auf dem Umweg über Wiege und Kindergarten
das Abitur und die übrigen Prüfungen macht.

Es sei ja auch denkbar, das Kind werde dumm oder krank
und sei für die Welt und die Eltern nicht recht zu verwenden.
Oder es sei musikalisch! Das gäbe nur Zank,
falls seine Eltern nichts von Musik verständen.

Nicht wahr, wer könne denn wirklich wissen, was später
aus einem anfangs ganz reizenden Kinde wird?
Bumke sagte, er liefre auch Töchter und Väter,
und sein Verfahren habe sich selten geirrt.

Nächstens vergrößre er seine Menschenfabrik.
Schon heute liefre er zweihundertneunzehn Sorten.
Mißlungene Aufträge nähm er natürlich zurück.
Die müßten dann nochmals durch die verschiednen Retorten.

Ich sagte: Da sei noch ein Bruch in den Fertigartikeln,
in jenen Menschen aus Bumkes Geburtsinstitute.
Sie seien konstant und würden sich niemals entwickeln.
Da gab er zur Antwort: »Das ist ja gerade das Gute!«

Ob ich tatsächlich vom Sichentwickeln was halte?
Professor Bumke sprach's in gestrengem Ton.
Auf seiner Stirn entstand eine tiefe Falte. –
Und dann bestellte ich mir einen vierzigjährigen Sohn.

1932

Albumvers

Die Hühner fühlten sich plötzlich verpflichtet,
statt Eiern Apfeltörtchen zu legen.
Die Sache zerschlug sich. Und zwar weswegen?
Das Huhn ist auf Eier eingerichtet!

(So wurde schon manche Idee vernichtet.)

Das Märchen vom Glück

Siebzig war er gut und gern, der alte Mann, der mir in der verräucherten Kneipe gegenübersaß. Sein Schopf sah aus, als habe es darauf geschneit, und die Augen blitzten wie eine blankgefegte Eisbahn. »Oh, sind die Menschen dumm«, sagte er und schüttelte den Kopf, daß ich dachte, gleich müßten Schneeflocken aus seinem Haar aufwirbeln. »Das Glück ist ja schließlich keine Dauerwurst, von der man sich täglich seine Scheibe herunterschneiden kann!« »Stimmt«, meinte ich, »das Glück hat ganz und gar nichts Geräuchertes an sich. Obwohl...« – »Obwohl?« – »Obwohl gerade Sie aussehen, als hinge bei Ihnen zu Hause der Schinken des Glücks im Rauchfang.« – »Ich bin eine Ausnahme«, sagte er und trank einen Schluck. »Ich bin die Ausnahme. Ich bin nämlich der Mann, der einen Wunsch frei hat.«

Er blickte mir prüfend ins Gesicht, und dann erzählte er seine Geschichte. »Das ist lange her«, begann er und stützte den Kopf in beide Hände, »sehr lange. Vierzig Jahre. Ich war noch jung und litt am Leben wie an einer geschwollenen Backe. Da setzte sich, als ich eines Mittags verbittert auf einer grünen Parkbank hockte, ein alter Mann neben mich und sagte beiläufig: ›Also gut. Wir haben es uns überlegt. Du hast drei Wünsche frei.‹ Ich starrte in meine Zeitung und tat, als hätte ich nichts gehört. ›Wünsch dir, was du willst‹, fuhr er fort, ›die schönste Frau oder das meiste Geld oder den größten Schnurrbart – das ist deine Sache. Aber werde endlich glücklich! Deine Unzufriedenheit geht uns auf die Nerven.‹ Er sah aus wie der Weihnachtsmann in Zivil. Weißer Vollbart, rote Apfelbäckchen, Augenbrauen wie aus Christbaumwatte. Gar nichts Verrücktes. Vielleicht ein bißchen zu gutmütig. Nachdem ich ihn eingehend betrachtet hatte, starrte ich wieder in meine Zeitung. ›Obwohl es uns nichts angeht, was du mit deinen drei Wünschen machst‹, sagte er, ›wäre es natürlich kein Fehler, wenn du dir die Angelegenheit vorher genau überlegtest. Denn drei Wünsche sind nicht vier Wünsche oder fünf, sondern drei. Und wenn du hinterher noch immer neidisch und unglücklich wärst, könnten wir dir und uns nicht mehr helfen.‹ Ich weiß nicht, ob Sie sich in meine Lage versetzen können. Ich saß auf einer Bank und haderte mit Gott und der Welt. In der Ferne klingelten die Straßenbahnen. Die Wachtparade zog irgendwo mit Pauken und Trompeten zum Schloß. Und neben mir saß nun dieser alte Quatschkopf!«

»Sie wurden wütend?«

»Ich wurde wütend. Mir war zumute wie einem Kessel kurz vorm Zerplatzen. Und als er sein weißwattiertes Großvatermündchen von neuem aufmachen wollte, stieß ich zornzitternd hervor: ›Damit Sie alter Esel mich nicht länger duzen, nehme ich mir die Freiheit, meinen ersten und innigsten Wunsch auszusprechen – scheren Sie sich zum Teufel!‹ Das war nicht fein und höflich, aber ich konnte einfach nicht anders. Es hätte mich sonst zerrissen.«

»Und?«

»Was ›Und‹?«

»War er weg?«

»Ach so! – Natürlich war er weg! Wie fortgeweht. In der gleichen Sekunde. In nichts aufgelöst. Ich guckte sogar unter die Bank. Aber dort war er auch nicht. Mir wurde ganz übel vor lauter Schreck. Die Sache mit den Wünschen schien zu stimmen! Und der erste Wunsch hatte sich bereits erfüllt! Du meine Güte! Und wenn er sich erfüllt hatte, dann war der gute, liebe, brave Großpapa, wer er nun auch sein mochte, nicht nur weg, nicht nur von meiner Bank verschwunden, nein, dann war er beim Teufel! Dann war er in der Hölle! ›Sei nicht albern‹, sagte ich zu mir selber. ›Die Hölle gibt es ja gar nicht, und den Teufel auch nicht.‹ Aber die drei Wünsche, gab's denn die? Und trotzdem war der alte Mann, kaum hatte ich's gewünscht, verschwunden . . . Mir wurde heiß und kalt. Mir schlotterten die Knie. Was sollte ich machen? Der alte Mann mußte wieder her, ob's nun eine Hölle gab oder nicht. Das war ich ihm schuldig. Ich mußte meinen zweiten Wunsch dransetzen, den zweiten von dreien, o ich Ochse! Oder sollte ich ihn lassen, wo er war? Mit seinen hübschen, roten Apfelbäckchen? ›Bratapfelbäckchen‹, dachte ich schaudernd. Mir blieb keine Wahl. Ich schloß die Augen und flüsterte ängstlich: ›Ich wünsche mir, daß der alte Mann wieder neben mir sitzt!‹ Wissen Sie, ich habe mir jahrelang, bis in den Traum hinein, die bittersten Vorwürfe gemacht, daß ich den zweiten Wunsch auf diese Weise verschleudert habe, doch ich sah damals keinen Ausweg. Es gab ja auch keinen . . .«

»Und?«

»Was ›Und‹?«
»War er wieder da?«
»Ach so! – Natürlich war er wieder da! In der nämlichen Sekunde. Er saß wieder neben mir, als wäre er nie fortgewünscht gewesen. Das heißt, man sah's ihm schon an, daß er ..., daß er irgendwo gewesen war, wo es verteufelt, ich meine, wo es sehr heiß sein mußte. O ja. Die buschigen, weißen Augenbrauen waren ein bißchen verbrannt. Und der schöne Vollbart hatte auch etwas gelitten. Besonders an den Rändern. Außerdem roch's wie nach versengter Gans. Er blickte mich vorwurfsvoll an. Dann zog er ein Bartbürstchen aus der Brusttasche, putzte sich Bart und Brauen und sagte gekränkt: ›Hören Sie, junger Mann – fein war das nicht von Ihnen!‹ Ich stotterte eine Entschuldigung. Wie leid es mir täte. Ich hätte doch nicht an die drei Wünsche geglaubt. Und außerdem hätte ich immerhin versucht, den Schaden wieder gutzumachen. ›Das ist richtig‹, meinte er. ›Es wurde aber auch die höchste Zeit.‹ Dann lächelte er. Er lächelte so freundlich, daß mir fast die Tränen kamen. ›Nun haben Sie nur noch einen Wunsch frei‹, sagte er, ›den dritten. Mit ihm gehen Sie hoffentlich ein bißchen vorsichtiger um. Versprechen Sie mir das?‹ Ich nickte und schluckte. ›Ja‹, antwortete ich dann, ›aber nur, wenn Sie mich wieder duzen‹. Da mußte er lachen. ›Gut, mein Junge‹, sagte er und gab mir die Hand. ›Leb wohl. Sei nicht allzu unglücklich. Und gib auf deinen letzten Wunsch acht.‹ ›Ich verspreche es Ihnen‹, erwiderte ich feierlich. Doch er war schon weg. Wie fortgeblasen.«
»Und?«
»Was ›Und‹?«
»Seitdem sind Sie glücklich?«
»Ach so. – Glücklich?« Mein Nachbar stand auf, nahm Hut und Mantel vom Garderobenhaken, sah mich mit seinen blitzblanken Augen an und sagte: »Den letzten Wunsch hab ich vierzig Jahre lang nicht angerührt. Manchmal war ich nahe daran. Aber nein. Wünsche sind nur gut, solange man sie noch vor sich hat. Leben Sie wohl.«
Ich sah vom Fenster aus, wie er über die Straße ging. Die Schneeflocken umtanzten ihn. Und er hatte ganz vergessen, mir zu sagen, ob wenigstens er glücklich sei. Oder hatte er mir absichtlich nicht geantwortet? Das ist natürlich auch möglich.
Dezember 1947

Das Märchen von der Vernunft

Es war einmal ein netter alter Herr, der hatte die Unart, sich ab und zu vernünftige Dinge auszudenken. Das heißt: zur Unart wurde seine Gewohnheit eigentlich erst dadurch, daß er das, was er sich jeweils ausgedacht hatte, nicht für sich behielt, sondern den Fachleuten vorzutragen pflegte. Da er reich und trotz seiner plausiblen Einfälle angesehen war, mußten sie ihm, wenn auch mit knirschenden Ohren, aufs geduldigste zuhören. Und es gibt gewiß für Fachleute keine ärgere Qual als die, lächelnden Gesichts einem vernünftigen Vorschlag zu lauschen. Denn die Vernunft, das weiß jeder, vereinfacht das Schwierige in einer Weise, die den Männern vom Fach nicht geheuer und somit ungeheuerlich erscheinen muß. Sie empfinden dergleichen zu Recht als einen unerlaubten Eingriff in ihre mühsam erworbenen und verteidigten Befugnisse. Was, fragt man sich mit ihnen, sollten die Ärmsten wirklich tun, wenn nicht sie herrschten, sondern statt ihrer die Vernunft regierte! Nun also.

Eines Tages wurde der nette alte Herr während einer Sitzung gemeldet, an der die wichtigsten Staatsmänner der Erde teilnahmen, um, wie verlautete, die irdischen Zwiste und Nöte aus der Welt zu schaffen. Allmächtiger! dachten sie. Wer weiß, was er heute mit uns und seiner dummen Vernunft wieder vorhat! Und dann ließen sie ihn hereinbitten. Er kam, verbeugte sich ein wenig altmodisch und nahm Platz. Er lächelte. Sie lächelten. Schließlich ergriff er das Wort.

»Meine Herren Staatshäupter und Staatsoberhäupter«, sagte er, »ich habe, wie ich glaube, einen brauchbaren Gedanken gehabt: man hat ihn auf seine praktische Verwendbarkeit geprüft; ich möchte ihn in Ihrem Kreise vortragen. Hören Sie mir, bitte, zu. Sie sind es nicht mir, doch der Vernunft sind Sie's schuldig.« Sie nickten, gequält lächelnd, mit ihren Staatshäuptern, und er fuhr fort: »Sie haben sich vorgenommen, Ihren Völkern Ruhe und Frieden zu sichern, und das kann zunächst und vernünftigerweise, so verschieden Ihre ökonomischen Ansichten auch sein mögen, nur bedeuten, daß Ihnen an der Zufriedenheit aller Erdbewohner gelegen ist. Oder irre ich mich in diesem Punkte?«

»Bewahre!« riefen sie. »Keineswegs! Wo denken Sie hin, netter alter Herr!« – »Wie schön!« meinte er. »Dann ist Ihr Problem gelöst. Ich beglückwünsche Sie und Ihre Völker. Fahren Sie heim, und bewilligen Sie aus den Finanzen Ihrer Staaten, im Rahmen der jeweiligen Verfassung und geschlüsselt nach Vermögen, miteinander einen Betrag, den ich genauestens habe errechnen lassen und zum Schluß nennen werde! Mit dieser Summe wird folgendes geschehen: Jede Familie in jedem Ihrer Länder erhält eine kleine, hübsche Villa mit sechs Zimmern, einem Garten und einer Garage sowie ein Auto zum Geschenk. Und da hintendrein der gedachte Betrag noch immer nicht aufgebraucht sein wird, können Sie, auch das ist kalkuliert, in jedem Ort der Erde, der mehr als fünftausend Einwohner zählt, eine neue Schule und ein modernes Krankenhaus bauen lassen. Ich beneide Sie. Denn obwohl ich nicht glaube, daß die materiellen Dinge die höchsten irdischen Güter verkörpern, bin ich vernünftig genug, um einzusehen, daß der Frieden zwischen den Völkern zuerst von der äußeren Zufriedenheit der Menschen abhängt. Wenn ich eben sagte, daß ich Sie beneide, habe ich gelogen. Ich bin glücklich.« Der nette alte Herr griff in seine Brusttasche und zündete sich eine kleine Zigarre an.

Die übrigen Anwesenden lächelten verzerrt. Endlich gab sich das oberste der Staatsoberhäupter einen Ruck und fragte mit heiserer Stimme: »Wie hoch ist der für Ihre Zwecke vorgesehene Betrag?« – »Für *meine* Zwecke?« fragte der nette alte Herr zurück, und man konnte aus seinem Ton ein leichtes Befremden heraushören. – »Nun reden Sie schon!« rief das zweithöchste Staatsoberhaupt unwillig. »Wieviel Geld würde für den kleinen Scherz gebraucht?«

»Eine Billion Dollar«, antwortete der nette alte Herr ruhig. »Eine Milliarde hat tausend Millionen, und eine Billion hat tausend Milliarden. Es handelt sich um eine Eins mit zwölf Nullen.« Dann rauchte er wieder an seiner kleinen Zigarre herum.

»Sie sind wohl vollkommen blödsinnig!« schrie jemand. Auch ein Staatsoberhaupt.

Der nette alte Herr setzte sich gerade und blickte den Schreier verwundert an. »Wie kommen Sie denn darauf?« fragte er. »Es handelt sich natürlich um viel Geld. Aber der letzte Krieg hat, wie die Statistik ausweist, ganz genausoviel gekostet!«

Da brachen die Staatshäupter und Staatsoberhäupter in

tobendes Gelächter aus. Man brüllte geradezu. Man schlug sich und einander auf die Schenkel, krähte wie am Spieß und wischte sich die Lachtränen aus den Augen.

Der nette alte Herr schaute ratlos von einem zum andern. »Ich begreife Ihre Heiterkeit nicht ganz«, sagte er. »Wollen Sie mir gütigst erklären, was Ihnen solchen Spaß macht? Wenn ein langer Krieg eine Billion Dollar gekostet hat, warum sollte dann ein langer Frieden nicht dasselbe wert sein? Was, um alles in der Welt, ist denn daran komisch?«

Nun lachten sie alle noch lauter. Es war ein rechtes Höllengelächter. Einer konnte es im Sitzen nicht mehr aushalten. Er sprang auf, hielt sich die schmerzenden Seiten und rief mit der letzten ihm zu Gebote stehenden Kraft: »Sie alter Schafskopf! Ein Krieg – ein Krieg ist doch etwas ganz anderes!«

Die Staatshäupter, der nette alte Herr und ihre lustige Unterhaltung sind völlig frei erfunden. Daß der Krieg eine Billion Dollar gekostet hat und was man sonst für denselben Betrag leisten könnte, soll, versichert eine in der »Frankfurter Neuen Presse« zitierte amerikanische Statistik, hingegen zutreffen.

März 1948

Folgenschwere Verwechslung

Der Hinz und der Kunz
sind rechte Toren:
Lauschen offenen Munds,
statt mit offenen Ohren!

Ist Politik eine Kunst?

Leuten, die der Politik fernstehen und die dessenungeachtet mit schönem Eifer in den Folianten der Geschichte zu blättern pflegen, erscheint der alte Satz, daß Politik eine Kunst sei, immer wieder als eine der verwegensten Behauptungen, die seit der Erschaffung der Welt gemacht worden sind. Denn wenn die Politik zu den Künsten gehörte, so wäre sie wahrhaftig ein außerordentlich aparter Kunstzweig, nämlich eine Kunst ohne die dazugehörigen Künstler und Kunstwerke.

Vielleicht aber hat der Mann, der den tollkühnen Satz zum ersten Male prägte, ihn ganz anders gemeint? Vielleicht hat er sagen wollen, Politik sei eine Kunst, wie es eine Kunst ist, auf dem kleinen Finger den Handstand zu machen? Oder, auf einem Drahtseil balancierend, linkshändig über die Schulter einem harmlosen, hundert Meter entfernt stehenden Herrn eine Tonpfeife aus dem Munde zu schießen?

Dann wäre es also falsch, nach dem Shakespeare der politischen Kunst, nach ihrem Praxiteles und Mozart zu fragen. Dann müßte man sich nach ihren Rastellis und nach ihren Kunstschützen erkundigen?

Nun, schon im Varieté möchte ich der harmlose Herr mit der Tonpfeife im Munde nicht übermäßig gerne sein. Und in der Politik? Ich wette meinen letzten Hut, daß der politische Kunstschütze alles andere im Umkreis meiner werten Person eher träfe als ausgerechnet die weiße Tonpfeife.

Und jetzt etwas ernsthafter: Wenn ein kleiner Kaufmann nur den hundertsten Teil jener Fehler und Irrtümer beginge, die sich die großen Männer der Geschichte im Altertum, im Mittelalter und, dem Vernehmen nach, auch in der neueren Zeit geleistet haben, käme er aus dem Bankrott und dem Gefängnis überhaupt nicht mehr heraus. Wenn die Bankiers ihren Klienten, die Ärzte ihren Patienten, die Gatten ihren Frauen, die Eltern ihren Kindern und die Lokomotivführer ihren Passagieren gegenüber »staatsmännisch« verführen, läge das Ende der Menschheit bereits seit einigen Jahrtausenden weit hinter uns.

Doch die Staaten und die Völker sind mindestens aus Gußeisen. Man kann sie so dilettantisch, so roh, so unvorstellbar behandeln, daß den Geschichtsbetrachter eine Gänsehaut nach der anderen überläuft – die Staaten und die Völker gehen nicht entzwei. Man kann sie in die abgründigsten Abgründe stürzen – sie bleiben ganz.

Das deutsche Volk ist in einen solchen Abgrund gestürzt worden. Und nicht nur Deutschland, sondern der gesamte Kontinent. Ob Europa diesmal »ganz« geblieben ist, wird sich erst herausstellen müssen. Wir hoffen es klopfenden Herzens. Noch sind wir dabei, uns in dem gemeinsamen Abgrund umzuschauen. Wir mustern die steilen Felswände rund um uns. Wir prüfen, während uns noch alle Rippen schmerzen, ob und wie wir wieder emporkommen können. Damit uns, wenn wir tatsächlich noch einmal herauskämen, dann die nächsten Staatsmänner, die künftigen politischen Künstler, erneut anpacken können, wie sich nicht einmal ungelernte Transportarbeiter erlauben würden, eine Kiste anzufassen.

Am 27. April des Jahres 44 vor Christi Geburt schrieb Cicero an seinen Freund Atticus: »Und du redest mir noch zu, ich solle Geschichte schreiben? Ich solle die ungeheuren Schlechtigkeiten der Menschen zusammenstellen, von denen wir noch immer umlagert sind?«

»Noch immer«, schrieb Cicero im Jahre 44 ante Christum natum. Was sollen denn nun wir, genau zwanzig Jahrhunderte später, schreiben? Nachdem die Staaten und die Völker von ihren politischen Künstlern mit eiserner Beharrlichkeit stets aufs neue ins Verderben gestürzt worden sind?

In jedem anderen Beruf, und wäre es der simpelste, muß der Mensch, bevor man ihm sein Teil Verantwortung zuschiebt, etwas lernen. In welchem anderen Gewerbe, von den Künstlern ganz zu schweigen, hätte sich ein Dilettant wie Göring, ein Phrasendrescher wie Goebbels, ein Hasardeur wie Hitler auch nur ein halbes Jahr halten können, ohne in hohem Bogen auf die Straße geworfen zu werden?

Dabei bedenke man, ohne daß einem das Herz vor Schreck stillsteht, noch Folgendes: Wenn diese Männer ihren Größenwahn auch nur etwas bezähmt, wenn sie ein paar Verträge weniger gebrochen und bloß um einige Nuancen realistischer gedacht und gehandelt hätten, regierten sie uns womöglich heute noch! Wenn sie, nachdem Österreich und das Sudetenland »heimgekehrt« waren, ihre weiteren Expansionsgelüste bezähmt und die Danziger Frage diplomatisch gelöst hätten?

Es ist immer mißlich, sich ausmalen zu wollen, was geschehen wäre, »wenn«... Dazu kommt, daß Menschen, je mehr sie mit Gewalt erreichen, um so hemmungsloser Gewalt anwenden. Raubtiere pflegen sich nicht plötzlich auf Spinat umzustellen. Doch versuchen wir immerhin, die angedeutete Hypothese ein wenig weiterzuspinnen. Stellen wir uns trotz allem vor, die eklatanten Vertragsbrüche und Überfälle wären gestoppt worden. Die Nationalsozialisten hätten sich an achtzig Millionen Untertanen genügen lassen. Sie hätten die Großmächte nicht länger bis aufs Blut gereizt. Diese Großmächte hätten den polnischen Garantievertrag nicht zu erfüllen und ihre Armeen und Flotten nicht zu mobilisieren brauchen. Hitler und die Seinen hätten sich darauf beschränkt, hinter den neuen Grenzen durch lautlosen Terror die alte Ordnung und »Einstimmigkeit« aufrechtzuerhalten!

Sie hätten ungestört, in sonntäglicher Friedhofsruhe, ihre inneren Gegner bis zum letzten Mann und bis zum letzten männlichen Gefühl ausrotten können, ohne daß jenseits der Grenzen ein Hahn danach gekräht hätte. Ein paar Millionen wären noch draufgegangen. Die anderen wären willenlose, stumpfsinnige zweibeinige Maschinen geworden. Ein Volk dressierter Hunde. Wer die vergangenen zwölf Jahre aufmerksam in Deutschland verbracht hat, weiß zur Genüge, wie den Menschen, wenn man den Erziehungskursus nur unerbittlich genug betreibt, auch der letzte Wirbel ihres seelischen Rückgrates gebrochen werden kann.

Wir wollen diese infernalische Vorstellung von uns abschütteln. Es ist gekommen, wie es kommen mußte. Aber ich werde den Gedanken nicht so bald loswerden, daß jene Hasardeure nur ein wenig inkonsequent, nur etwas vernünftig, nur einen Zentimeter menschlicher hätten zu werden brauchen, und sie säßen heute nicht auf Anklagebänken. Sondern unsere Enkel könnten in ihren Geschichtsbüchern für die Mittelstufe nachlesen, von was für großen Staatsmännern, von welchen Meistern der Politik Deutschland in der Mitte des zwanzigsten Jahrhunderts regiert worden wäre.

*

Wenn nun, nach erfolgreicher Lektüre, ein bis zwei Leser ausriefen: »Da haben wir's! Sogar ein antifaschistischer Journalist zieht in Betracht, daß es an einem Haar gehangen habe und Hitler wäre an der Macht geblieben!«, so hätten sie mit erstaunlichem Takt und Zartgefühl jeden einzelnen Satz ungefähr dreimal mißverstanden. Lawinen haben nicht die Gewohnheit, auf halbem Wege stillzustehen und Vernunft anzunehmen. Das ist eines der wenigen historischen »Naturgesetze«, die sich haben entdecken lassen.

Im vorliegenden Falle war der Weg in die Tiefe insbesondere zwangsläufig vorgezeichnet. Denn die erste Revolutionsgarnitur blieb, das ist eine Ausnahme, bis zuletzt an der Macht. Kurzum: so wenig Politik eine Kunst, so sehr wäre das angedeutete Mißverständnis ein Kunststück.

Dezember 1945

Kleine Rechenaufgabe

Allein ging Jedem Alles schief.
Da packte sie die Wut.
Sie bildeten ein Kollektiv
und glaubten, nun sei's gut.

Sie blinzelten mit viel Geduld
der Zukunft ins Gesicht.
Es blieb, wie's war. Was war dran schuld?
Die Rechnung stimmte nicht.

Addiert die Null zehntausend Mal!
Rechnet's nur gründlich aus!
Multipliziert's! Mit jeder Zahl!
Steht Kopf! Es bleibt euch keine Wahl:

Zum Schluß kommt Null heraus.

Kennst Du das Land, wo die Kanonen blühen?

Kennst Du das Land, wo die Kanonen blühn?
Du kennst es nicht? Du wirst es kennenlernen!
Dort stehn die Prokuristen stolz und kühn
In den Bureaus, als wären es Kasernen.

Dort wachsen unterm Schlips Gefreitenknöpfe.
Und unsichtbare Helme trägt man dort.
Gesichter hat man dort, doch keine Köpfe.
Und wer zu Bett geht, pflanzt sich auch schon fort!

Wenn dort ein Vorgesetzter etwas will
– und es ist sein Beruf etwas zu wollen –
Steht der Verstand erst stramm und zweitens still.
Die Augen rechts! Und mit dem Rückgrat rollen!

Die Kinder kommen dort mit kleinen Sporen
Und mit gezognem Scheitel auf die Welt.
Dort wird man nicht als Zivilist geboren.
Dort wird befördert, wer die Schnauze hält.

Kennst Du das Land? Es könnte glücklich sein.
Es könnte glücklich sein und glücklich machen!
Dort gibt es Äcker, Kohle, Stahl und Stein
Und Fleiß und Kraft und andre schöne Sachen.

Selbst Geist und Güte gibt's dort dann und wann!
Und wahres Heldentum. Doch nicht bei vielen.
Dort steckt ein Kind in jedem zweiten Mann.
Das will mit Bleisoldaten spielen.

Dort reift die Freiheit nicht. Dort bleibt sie grün.
Was man auch baut – es werden stets Kasernen.
Kennst Du das Land, wo die Kanonen blühn?
Du kennst es nicht? Du wirst es kennenlernen!

1928

Nürnberg und die Historiker

Wer die *Opfer* der Epochen sind, die in den Geschichtsbüchern sehr viel Platz wegzunehmen pflegen, weiß man nachgerade. Wenn aber die »einmaligen« historischen Ereignisse vorüber sind und die mit Ruhegehältern versorgten Herren, die sich in Klios Gästebuch eingetragen haben, in ihren Gärten stehen und goldgelbe Rosen hochbinden, erhebt sich stets von neuem die Frage: Wer waren denn nun die *Täter?* Die Ansichten darüber, wer eigentlich Geschichte »mache«, gehen einigermaßen auseinander. Die einen behaupten steif und fest, daß die »großen Männer« Ursache der historischen Vorkommnisse seien; andere huldigen eher der Auffassung, es handle sich hierbei um wesentlich komplizierte, verflochtenere Zusammenhänge. Den zweiten Standpunkt vertreten übrigens recht verschiedengeartete Leute – Materialisten ebenso wie Theologen, und dann, mit Vorliebe, natürlich auch große Männer a. D., die beim »Machen« von Geschichte einigen Verdruß hatten und beim Hochbinden ihrer goldgelben Rosen nicht gestört zu werden wünschen. Man kann es ihnen nachfühlen. Geschichte, die sich sehen lassen kann, macht man gerne selber, doch Bankrott macht man lieber im Rahmen einer G.m.b.H. Es ist angenehmer, die Haftung dem Fatum, der Prästabilität, den drängenden Wirtschaftsproblemen oder, bevor alle Stricke reißen, wenigstens anderen »Gesellschaften« in die Schuhe zu schieben.

Zu denen, die an die Theorie von den großen Männern nicht glauben, gehörte ein wirklich großer Mann, der russische Dichter Leo Tolstoi. In seinem gigantischen Roman »Krieg und Frieden« schreibt er: »Nichts Einzelnes ist die entscheidende Ursache, sondern nur das Zusammenwirken der Bedingungen, unter denen jedes Ereignis sich vollzieht ... Bei geschichtlichen Ereignissen sind sogenannte große Männer nur die Etiketts, die dem Ereignis den Namen geben, und sie haben, wie alle Etiketts, nur sehr wenig mit dem Ereignis selbst zu tun. Ihre Taten, die sie geneigt sind, für freiwillige zu halten, sind im geschichtlichen Sinne nicht freiwillig, sondern stehen im Zusammenhang mit dem gesamten Gang der Geschichte und sind von Ewigkeit vorherbestimmt.«

Bei allem schuldigen Respekte vor dem Grafen Tolstoi empfiehlt sich's dringend, in der Praxis nicht die Ewigkeit zu belangen, sondern einfachheitshalber eben doch die großen Männer. Es ist den Völkern auf die Dauer nicht länger einzureden, daß man zwar den Menschen, der aus Haß oder Hunger den Nachbarn umbrachte, zur Verantwortung ziehen muß, nicht aber einen Mann, dem hunderttausend und mehr Tote zur Last gelegt werden. Bei dem Mörder, der aus Eifersucht die Braut tötet, mag am Ende auch die Ewigkeit schuld sein, und trotzdem hat noch kein Strafverteidiger die Ewigkeit als den wirklichen Täter angeklagt und den hohen Gerichtshof gebeten, seinen Mandanten mit einem Ruhegehalt und zwecks des Hochbindens goldgelber Rosen freizusprechen. Und was dem einen recht ist, ist dem anderen billig. Sogar sehr billig.

Wer im Erfolg ein großer Mann war, muß es in der Niederlage notgedrungen bleiben. Nirgends ist der Trick des Rechnens mit »zweierlei Maß« so verbreitet wie gerade in der Geschichte. Diese politische Mathematik muß, allerdings nicht nur in Nürnberg, sondern für immer aus der Welt geschafft werden. Man sollte sich, um ein beliebiges Beispiel herauszugreifen, endgültig schlüssig werden, wie man ganz allgemein Leute nennen und beurteilen will, die, ohne zur Armee zu gehören, während eines Krieges, der in ihre Heimat getragen worden ist, den Feind bekämpfen. Man muß endlich und ein für allemal wissen, ob man sie als »Patrioten« oder als »Heckenschützen« zu bezeichnen hat. Eines sollte jedenfalls unzulässig sein: sie je nach Bedarf bald so, bald anders zu betiteln. Was sie sind, darf nicht davon abhängig gemacht werden, ob sie gerade nützen oder schaden. Der Lauf der Welt wird durch solche Tricks noch unübersichtlicher, als er bereits ist. Bei Schiller gilt Wilhelm Tell als vaterländischer Held, nicht als Franktireur. Wir haben es in der Schule so gelernt. Aber im Dritten Reich durfte Schillers »Wilhelm Tell« nicht gespielt werden. Weil das Stück einen Partisanenführer verherrlichte. Freiheitskämpfer oder Heckenschütze – beides ist ein Standpunkt. Doch je nach politischem Bedarf den Standpunkt zu wechseln, das ist *kein* Standpunkt.

So geht es auch nicht an, daß sich Marschälle, Minister und Gouverneure bis zum Jahre 1944 zu jenen großen Männern zählten, welche Weltgeschichte machen, und ab 1945 bescheiden erklären, sie seien immer kleine Leute gewesen und hätten aus purer Folgsamkeit immerzu gegen ihr besseres Wissen und

Gewissen gehandelt. Von Narvik bis El Alamein und vom Kuban bis Cherbourg hat Europa samt seinen Greisen und Kindern vor ihnen gezittert, und jetzt hängen sie sich an Klios Griffel und bitten gehorsamst, es nicht gewesen sein zu dürfen.

Nein. Das zweierlei Maß soll für alle Zukunft abgeschafft werden. Man wird sie mit dem Maß messen, das sie stolz angaben, als sie noch sehr viel Gold an ihren Anzügen hatten.

Die Männer von Nürnberg, die das Zeug dazu mitbrachten, großzügig über das Schicksal vieler Millionen Menschen hinwegzusehen, sind in eigener Sache wesentlich verständnisvoller und mitleidiger. Noch sträuben sie sich aufs entschiedenste, das entsetzliche Resultat einer recht »männlich geführten Geschichte« wenn schon »nicht als ihr Werk, so doch als Geschehnis ihrer Verantwortung auf sich zu nehmen«. Und doch wäre dieser Schritt wahrhaftig keine zu große Zumutung und darüber hinaus ein Entschluß von einer für die Wissenschaft bedeutenden Tragweite. Man will die Herren ja nicht in Eiswasser setzen, und man will sie weder mit Tuberkelbazillen noch mit Malaria beglücken, wie das bei weniger großen Männern, ja bei Kindern tausendfach geschah. Man will nur ihre Seele studieren. Nie war die Chance, das »Phänomen des Individuums in der Geschichte« zu erforschen, greifbarer. »Die Geschichtsschreibung krankt daran, daß sie aus Materialien oder Realien auf die Personalien schließen muß.« Briefe und Tagebücher, aus denen die Wissenschaft seit Anbeginn schöpfen mußte, sind trübe Quellen. Pose und Maske verwischen das Wesen und das Gesicht der »historischen Persönlichkeit«. In Nürnberg bietet sich nicht nur die Gelegenheit für eine neue künftige Rechtsfindung, sondern auch für eine grundsätzliche Förderung der Geschichtserkenntnis.

»Kann man aus der Geschichte lernen? Würde man die Frage verneinen, so wäre die Freiheit und damit die Geschichte im menschlichen Sinne vernichtet. Aber warum lernt man dann nicht aus ihr oder nur so zögernd und so verzweifelt wenig?« Diese Zitate entstammen einem Aufsatz Alexander Mitscherlichs aus den »Schweizer Annalen«, und der Aufsatz führt den Titel »Geschichtsschreibung und Psychoanalyse, Bemerkungen zum Nürnberger Prozeß«. Der Verfasser beschwört die zwanzig Männer, sich zu demaskieren. »Erinnerung ohne Selbstprotektion würde aus den Angeklagten historische Zeugen von außergewöhnlichem Gewichte machen.« Es geht nicht zuletzt darum, die Motive kennenzulernen, und das vermag man nicht aus nachgelassenen Memoiren. »Aufschluß darüber, was die Angeklagten heute sind, wie sie es geworden sind, und zwar in einer kundig geleiteten seelischen Erforschung ... Dieses Einsehen vorzubereiten im Abbau einer Garnitur von Posen nach der anderen, das ist der eigentliche Inhalt jeder Psychoanalyse ... Sie wird die Katastrophen nicht als Naturkatastrophen, sondern als Effekte der menschlichen Dynamik zu verstehen sich bemühen.«

Werden die »großen Männer« groß genug sein, sich von ihren Rollen zu distanzieren? »Es geht um Geschichtserkenntnisse in der Erkenntnis von Personen.« Und es gälte, »mit aller kritischen Schärfe auf Erinnerungstäuschungen und Erinnerungsfälschungen zu achten«. Die zur Mitwirkung erforderliche Intelligenz besitzen die meisten Angeklagten. Ob aber auch den hierfür notwendigen guten Willen? Wären sie imstande, der Nachwelt freiwillig diesen Dienst zu leisten? Die Aufzeichnungen aus einer solchen Analyse dürften »bei Lebzeiten der Angeklagten ... nur dem Gericht, nicht aber der Weltöffentlichkeit zugänglich gemacht werden«. Wenn sie sich zu dieser modernen Buße entschlössen, wenn sie die Zeit der Haft statt zu gewundenen Entschuldigungen dazu verwendeten, sich selber verstehen zu lernen und von der Wissenschaft verstanden zu werden, dann, so meint Mitscherlich, ginge es in Nürnberg in der Tat um einen »Prozeß von vielleicht geschichtswendender Bedeutung«!

Wir wissen nicht, ob das, was er in seinem Aufsatz vorschlägt, nicht längst geschieht. Bei dem Vertrauen, das gerade die Amerikaner der psychologischen und methodischen Befragung entgegenbringen, wäre es fast verwunderlich, wenn sie nicht auch die Psychoanalyse in Dienst gestellt hätten. Und sie täten wahrhaftig recht daran, nichts unversucht zu lassen, was das Leben künftiger Generationen erleichtern könnte. Erdbeben, Überschwemmungen und Vulkanausbrüche mögen wie ein unausbleibliches Schicksal hingenommen werden müssen. Doch dem Krieg, der gewaltigsten aller Katastrophen, einer der wenigen, die beim »Menschen selbst« liegen, kann und soll und muß mit allen Mitteln begegnet werden. Ob die Psychoanalyse ein echtes, taugliches Mittel ist? Mitscherlich ist davon fest überzeugt. Wachsende Einsicht in das seelische Wesen der Verantwortlichen ließe sich, meint er, prophylaktisch auswerten. »Erst wenn die Völker ein wirklich feines Ohr für die Töne des Verhängnisses haben werden, können sie damit rechnen, früh genug die Täter *vor* der Tat unschädlich zu machen ... Andernfalls bleiben die Einzelnen wie die Völker Opfer der Legende.«

Eine neue Jurisdiktion, eine Wende in der Geschichtswissenschaft und eine Methode, nahende Kriege rechtzeitig zu erkennen und zu verhüten – die Zahl der Nürnberger Aufgaben wächst, je mehr sich der Prozeß dem Ende nähert. Und der Wunsch nach Friede ist bei den Überlebenden so groß, daß er zuweilen noch die lahmste Hoffnung beflügelt.

April 1946

Talent und Charakter

Als ich ein kleiner Junge war – und dieser Zustand währte bei mir ziemlich lange –, glaubte ich allen Ernstes folgenden Unsinn: Jeder große Künstler müsse zugleich ein wertvoller Mensch sein. Ich konnte mir überhaupt nicht vorstellen, daß bedeutende Dichter, mitreißende Schauspieler, herrliche Musiker im Privatleben sehr wohl Hanswürste, Geizhälse, Lügner, eitle Affen und Feiglinge sein könnten. Die damaligen Lehrer taten das Ihre, diesen holden »Idealismus« wie einen Blumentopf fleißig zu begießen. Man lehrte uns zusätzlich die Weisheit des alten Sokrates, daß der Mensch nur gescheit und einsichtsvoll genug zu werden brauche, um automatisch tugendhaft zu werden. So bot sich mir schließlich ein prächtiges Panorama: Ich sah die Künstler, die gleichzeitig wertvolle Menschen und kluge Köpfe waren, ich sah sie dutzend-, ja tausendweise in edler Vollendung über die Erde wallen. (Damals beschloß ich, Schriftsteller zu werden.)

Später boten sich mir dann in reichem Maße vortreffliche Gelegenheiten, meinen schülerhaften Köhler- und Künstlerglauben gründlich zu revidieren. Es dauerte lange, bis ich den damit verbundenen Kummer verwunden hatte, und noch heute, gerade heute, bohrt er manchmal wieder, wie der Schmerz in einem Finger oder einer Zehe bohren soll, die längst amputiert worden ist.

Als mich im Jahre 1934 der stellvertretende Präsident der Reichsschrifttumskammer, ein gewisser Doktor Wißmann, in sein Büro zitierte und sich erkundigte, ob ich Lust hätte, in die Schweiz überzusiedeln und dort, mit geheimen deutschen Staatsgeldern, eine Zeitschrift gegen die Emigranten zu gründen, merkte ich, daß er über den Zusammenhang von Talent und Charakter noch rigoroser dachte als ich. Er schien, durch seine Erfahrungen im Ministerium gewitzigt, geradezu der Ansicht zu sein, Talent und Charakter schlössen einander grundsätzlich aus.

Glücklicherweise hatte dieser goldene Parteigenosse nicht recht. Es gab und gibt immer begabte Leute, die trotzdem anständige Menschen sind. Nur eben, sie sind selten und seltener geworden. Die einen verschlang der erste Weltkrieg. Andere flohen ins Ausland, als Hitler Hindenburgs Thron bestieg.

Andere blieben daheim und wurden totgeschlagen. Viele fraß der zweite Weltkrieg. Manche liegen noch heute, zu Asche verbrannt, unter den Trümmern ihrer Häuser. – Der Tod, der den Stahlhelm trägt und die Folterwerkzeuge schleppt, gerade dieser Tod hat eine feinschmeckerische Vorliebe für die aufrechten, begabten Männer.

Und nun, wo wir darangehen wollen und darangehen dürfen und darangehen müssen, neu aufzubauen, sehen wir, daß wir angetreten sind wie eine ehemals stattliche Kompanie, die sich, acht Mann stark, aus der Schlacht zurückmeldet.

Aber wir bemerken noch etwas. Wir beobachten Zeitgenossen, die der frommen Meinung sind, der Satz: »Es gibt Talente mit Charakter!« ließe sich abwandeln in einen anderen, ebenso schlüssigen Satz, welcher etwa lautet: »Aufrechte Männer sind besonders talentiert!«

Das wäre, wenn es häufig zuträfe, eine musterhafte, meisterhafte Fügung des Schicksals. Der Satz ist nur leider nicht wahr. Wer ihn glaubt, ist abergläubisch.

Und dann gibt es einen weiteren gefährlichen Irrtum. Einen Irrtum, der, von vielen begangen, vielerlei verderben könnte, auch wenn man ihn gutgläubig beginge. Ich meine die Mutmaßung, gerade diejenigen, die mit eiserner Beharrlichkeit auf ihre besondere Eignung für wichtige Stellungen im Kulturleben hinweisen, seien tatsächlich besonders geeignet! Man darf solchen Leuten nicht unbedingt glauben. Sie täuschen sich womöglich in sich selber. So etwas kommt vor. Oder sie gehören zu den Konjunkturrittern, die, wenn ein Krieg vorbei und verloren ist, klirrend ins Feld zu ziehen pflegen!

Nicht so sehr ins Feld wie in die Vor- und Wartezimmer. Sie hocken auf den behördlichen Stühlen wie sattelfeste, hartgesottene Kavalleristen. Nicht jeder Künstler ist ein solcher Stuhl- und Kunstreiter. Gerade viele der Besten haben weder die Zeit noch die Neigung, Rekorde im Sichanbieten aufzustellen. Es widert sie an, vor fremden Ohren ihr eigenes Loblied zu singen. Sie pfeifen aufs Singen und arbeiten lieber daheim als im Schaufenster. Das ist aller Ehren wert und dennoch grundfalsch und eine Sünde.

Die weiße Weste soll für uns keine Ordenstracht sein und auch keine neue Parteiuniform, sondern eine Selbstverständlichkeit. So wenig wie die Qualität des Sitzfleisches ein Gesichtspunkt für die Verleihung verantwortlicher Stellungen sein darf, so wenig darf Heinrich Heines Hinweis unbeachtet bleiben, daß es auch unter braven Leuten schlechte Musikanten gibt. Denn schlechte Musikanten, und wenn sie noch so laut Trompete blasen, können wir nicht brauchen. Man soll ihnen meinetwegen die weiße Weste 2. Klasse oder die weiße Weste 1. Klasse verleihen, oder die weiße Weste mit Eichenlaub, an einem weißen Ripsband um den Hals zu tragen! Das wird sie freuen und tut keinem weh.

Aber mit wichtigen Schlüsselstellungen darf man ihre saubere Gesinnung und Haltung nicht belohnen. Für solche Späße ist die Zeit zu ernst. Nicht die Flinksten, nicht die Ehrgeizigsten, auch die nicht, die nichts als brav sind, sollen beim Aufbau kommandieren, sondern die tüchtigsten Kommandeure! Menschen, die außer ihrer weißen Weste das andere, das Unerlernbare, besitzen: Talent!

Sie müssen ihr Zartgefühl überwinden. Erwürgen müssen sie's. Vortreten müssen sie aus ihren Klausen. Aufspringen müssen sie von ihren Sofas. Hervorschieben müssen sie sich hinter ihren Öfen, in denen das selbstgeschlagene Holz behaglich knistert.

Jetzt geht es wahrhaftig um mehr als um privates Zartgefühl oder gar ums Nachmittagsschläfchen! Es ist Not am Mann. Es geht darum, daß auf jedem Posten der tüchtigste Mann steht.

Es geht darum, daß die tüchtigsten Männer Posten stehen.

1945

Keiner blickt dir hinter das Gesicht
(Fassung für Beherzte)

Niemand weiß, wie arm du bist...
Deine Nachbarn haben selbst zu klagen.
Und sie haben keine Zeit zu fragen,
wie denn dir zumute ist.
Außerdem – würd'st du es ihnen sagen?

Lächelnd legst du Leid und Last,
um sie nicht zu sehen, auf den Rücken.
Doch sie drücken, und du mußt dich bücken,
bis du ausgelächelt hast.
Und das Beste wären ein Paar Krücken.

Manchmal schaut dich einer an,
bis du glaubst, daß er dich trösten werde.
Doch dann senkt er seinen Kopf zur Erde,
weil er dich nicht trösten kann.
Und läuft weiter mit der großen Herde.

Sei trotzdem kein Pessimist,
sondern lächle, wenn man mit dir spricht.
Keiner blickt dir hinter das Gesicht.
Keiner weiß, wie arm du bist...
(Und zum Glück weißt du es selber nicht.)

Keiner blickt dir hinter das Gesicht
(Fassung für Kleinmütige)

Niemand weiß, wie reich du bist...
Freilich mein ich keine Wertpapiere,
keine Villen, Autos und Klaviere,
und was sonst sehr teuer ist,
wenn ich hier vom Reichtum referiere.

Nicht den Reichtum, den man sieht
und versteuert, will ich jetzt empfehlen.
Es gibt Werte, die kann keiner zählen,
selbst, wenn er die Wurzel zieht.
Und kein Dieb kann diesen Reichtum stehlen.

Die Geduld ist so ein Schatz,
oder der Humor, und auch die Güte,
und das ganze übrige Gemüte.
Denn im Herzen ist viel Platz.
Und es ist wie eine Wundertüte.

Arm ist nur, wer ganz vergißt,
welchen Reichtum das Gefühl verspricht.
Keiner blickt dir hinter das Gesicht.
Keiner weiß, wie reich du bist...
(Und du weißt es manchmal selber nicht.)

Das Herz im Spiegel

Der Arzt notierte eine Zahl.
Er war ein gründlicher Mann.
Dann sprach er streng: »Ich durchleuchte Sie mal«,
und schleppte mich nebenan.

Hier wurde ich zwischen kaltem Metall
zum Foltern aufgestellt.
Der Raum war finster wie ein Stall
und außerhalb der Welt.

Dann knisterte das Röntgenlicht.
Der Leuchtschirm wurde hell.
Und der Doktor sah mit ernstem Gesicht
mir quer durchs Rippenfell.

Der Leuchtschirm war seine Staffelei.
Ich stand vor Ergriffenheit stramm.
Er zeichnete eifrig und sagte, das sei
mein Orthodiagramm.

Dann brachte er ganz feierlich
einen Spiegel und zeigte mir den
und sprach: »In dem Spiegel können Sie sich
Ihr Wurzelwerk ansehn.«

Ich sah, wobei er mir alles beschrieb,
meine Anatomie bei Gebrauch.
Ich sah mein Zwerchfell im Betrieb
und die atmenden Rippen auch.

Und zwischen den Rippen schlug sonderbar
ein schattenhaftes Gewächs.
Das war mein Herz! Es glich aufs Haar
einem zuckenden Tintenklecks.

Ich muß gestehn, ich war verstört.
Ich stand zu Stein erstarrt.
Das war mein Herz, das dir gehört,
geliebte Hildegard?

Laß uns vergessen, was geschah,
und mich ins Kloster gehn.
Wer nie sein Herz im Spiegel sah,
der kann das nicht verstehn.

Kind, das Vernünftigste wird sein,
daß du mich rasch vergißt.
Weil so ein Herz wie meines kein
Geschenkartikel ist.

      1932

Wahres Geschichtchen

Voraussetzungen, die eine zwingende Schlußfolgerung zulassen, nennt man, wie jeder Mittelschüler in und außer Dienst gern bestätigen wird, Prämissen. Die folgende wahre Geschichte hat der Prämissen zwei. Erstens: Kunst und Wirklichkeit sind in der Lage, die seltsamsten chemischen Verbindungen einzugehen. Zweitens: Die Tiroler sind lustig. Das Subjekt der zweiten Prämisse ließe sich beliebig erweitern. Aber im vorliegenden Falle, den mir eine uns allen bekannte Schauspielerin erzählte, handelt sich's nun einmal um die Tiroler. Wahre Geschichten soll man nicht durch Phantasie – zehn Tropfen auf einen Liter Tatsachen – verwässern. Was ich hier erzähle, ist die ungepanschte Wahrheit.

Neulich – im Jahre 1948 – drehte man in Tirol einen Film. Der Film war, wie sich das gehört, »zeitnahe«. Weil der Film zeitnah war, das heißt: weil er im Dritten Reiche spielte, brauchte man etliche SS-Männer. Weil es keine echten SS-Männer mehr gibt und weil zu wenig echte Schauspieler zur Hand waren, suchte der Regisseur unter den männlichen Dorfschönen die acht Schönsten, Herrlichsten, Athletischsten, Größten, Gesündesten, Männlichsten aus, ließ ihnen vom Kostümfritzen prächtige schwarze Uniformen schneidern und benutzte beide, die Schönen und die Uniformen, für seine Außenaufnahmen. Er war mit beiden recht zufrieden. Die Alpenbewohner haben ja einen natürlichen Hang zur, sagen wir, Schauspielerei. Die Rauhnächte, das jesuitische Barocktheater, die Bauernbühnen – die Lust am Sichverstellen und die Fähigkeit dazu, es liegt den Leuten im Blut.

In einer Drehpause, vielleicht waren zuviel oder zuwenig Wolken am Himmel, schritten nun die acht falschen SS-Männer fürbaß zum Wirtshaus. Tiroler Landwein ist etwas sehr Hübsches. Die Filmgage auch. Die acht sahen gewisse Möglichkeiten. Indes sie so schritten, kam ihnen der Autobus entgegen, der dort oben im Gebirg den Verkehr und die Zivilisation aufrechterhält. Und weil die Tiroler so lustig sind, stellten sich unsere acht SS-Männer dem Vehikel in den Weg. Der Bus hielt. Einer der acht riß die Wagentür auf und brüllte: »Alles aussteigen!« Und ein zweiter sagte, während er die zitternd herauskletternden Fahrgäste musterte: »Da samma wieda!« Ich weiß nicht, ob ich bei diesem Satze die richtige phonetische Schreibweise anwende. Auf alle Fälle wollte der zweite zum Ausdruck bringen, daß nunmehr die SS und das Dritte Reich wiedergekehrt seien.

Es geht nichts über den angeborenen Trieb, sich zu verstellen, und die diesem Trieb adäquate Begabung. Die Fahrgäste schlotterten vor soviel Echtheit, daß man's förmlich hören konnte. Die acht begannen, barsche Fragen zu stellen, Brieftaschen zu betrachten und die Pässe zu visitieren. Tirol gehört ja zu Österreich, und in Österreich hat man bekanntlich schon wieder Pässe. Während die acht nun ihre schauspielerische Bravour vorbildlich zum besten gaben, kam der Herr Regisseur des Weges, sah den Unfug, rief seine Film-SS zur Ordnung, schickte sie ins Wirtshaus und entschuldigte sich zirka tausendmal bei den blaß gewordenen Reisenden, die nervös und schnatternd auf der Landstraße herumstanden. Bei einem der Fahrgäste mußte sich der Regisseur sogar drinnen im Omnibus entschuldigen. Es war ein alter, kränklicher Herr, dieser letzte Fahrgast. Er hatte vor Schreck nicht aussteigen können. Er stammte aus der Gegend. Er war das gewesen, was man heutzutage einen »Gegner des Dritten Reiches« nennt. Er hatte das seinerzeit gelegentlich zum Ausdruck gebracht und infolgedessen mit der SS Bekanntschaft machen müssen. Nun saß er also, bleich wie der Tod, in der Ecke, unfähig, sich zu rühren, stumm, entsetzt, ein Bild des Jammers.

»Aber, lieber Herr«, sagte der Filmregisseur, »beruhigen Sie sich doch, bitt schön. Wir drehen einen zeitnahen Film, wissen Sie. Dazu braucht man SS-Männer. Die Szene, die Sie eben erlebt haben, hat weder mit dem Film noch mit der Wirklichkeit etwas zu tun. Es war eine Lausbüberei, nichts weiter. Die Buam sind Lausbuam, und Jugend hat keine Tugend, und nehmen Sie's doch nicht so tragisch. Es sind harmlose, muntere Skilehrer und Hirten aus dem Dorf hier!«

Da schüttelte der alte Herr den Kopf und sagte leise: »Ich habe in dieser Gegend mit der SS öfter zu tun gehabt, Herr Regisseur. Sie haben gut ausgewählt, Herr Regisseur. Es sind ... dieselben!«

August 1948

Primaner in Uniform

Der Rektor trat, zum Abendbrot,
bekümmert in den Saal.
Der Klassenbruder Kern ist tot.
Das war das erste Mal.

Wir saßen bis zur Nacht im Park
und dachten lange nach.
Kurt Kern, gefallen bei Langemarck,
saß zwischen uns und sprach.

Dann lasen wir wieder Daudet und Vergil
und wurden zu Ostern versetzt.
Dann sagte man uns, daß Heimbold fiel.
Und Rochlitz sei schwer verletzt.

Herr Rektor Jobst war Theolog
für Gott und Vaterland.
Und jedem, der in den Weltkrieg zog,
gab er zuvor die Hand.

Kerns Mutter machte ihm Besuch.
Sie ging vor Kummer krumm.
Und weinte in ihr Taschentuch
vorm Lehrerkollegium.

Der Rochlitz starb im Lazarett.
Und wir begruben ihn dann.
Im Klassenzimmer hing ein Brett,
mit den Namen der Toten daran.

Wir saßen oft im Park am Zaun.
Nie wurde mehr gespaßt.
Inzwischen fiel der kleine Braun.
Und Koßmann wurde vergast.

Der Rektor dankte Gott pro Sieg.
Die Lehrer trieben Latein.
Wir hatten Angst vor diesem Krieg.
Und dann zog man uns ein.

Wir hatten Angst. Und hofften gar,
es spräche einer Halt!
Wir waren damals achtzehn Jahr,
und das ist nicht sehr alt.

Wir dachten an Rochlitz, Braun und Kern.
Der Rektor wünschte uns Glück.
Und blieb mit Gott und den anderen Herrn
gefaßt in der Heimat zurück.

1930

Die Kinderkaserne

In jener Nacht, in der Rolf Klarus, ein dreizehnjähriger Gymnasiast, den Oberprimaner Windisch erwürgte, starb drüben in der Altstadt Frau Hedwig Klarus, die Mutter des Knaben.

Das Zusammentreffen der beiden Todesfälle, deren einer den anderen zu rächen schien, veranlaßte manchen zu der Bemerkung: Es gebe eben doch so etwas wie eine verborgene Gerechtigkeit. Und besonders rechnerische Naturen mühten sich lebhaft darum, den Zeitpunkt der zwei Ereignisse aufs genaueste zu ermitteln und zu vergleichen. Frau Klarus war gegen neun Uhr des Abends gestorben; und kurz nach Mitternacht hatten die Schüler, die im Schlafsaal A des Schulgebäudes untergebracht waren, jenen mißtönenden Aufschrei gehört, der sie zitternd aus den Betten zu stürzen und Windisch beizuspringen zwang, auf dessen Lager der kleine Klarus im langen Nachthemd hockte und unbeteiligt in die weitgeöffneten Augen des Primaners blickte.

Die Schwierigkeit, eine Art höherer Ordnung in diese Unglücksfolge zu legen, wirkte sich in der nachdrücklichen Strenge aus, mit der fast alle den kleinen Mordgesellen beurteilten. Daran vermochte auch des Arztes Befund nichts zu ändern: daß Windisch vermutlich an einem durch den Schreck verursachten Herzschlag gestorben sei, daß also ein bloßer Mordversuch mit allerdings tödlichem Ausgang vorliege. Man erwiderte allgemein auf solcherlei Einwände: Mit einem regelrechten Morde habe der Vorgang immerhin die Absicht des Täters und den Tod des Überfallenen gemeinsam. In dieser Sache zugunsten des Knaben mit Spitzfindigkeiten zu argumentieren, sei nicht angebracht.

So viel stellte sich bald heraus: Rolf Klarus hatte sich vor dem Abendessen aus der Schule entfernt, war nicht im Arbeitszimmer und nicht zur Abendandacht erschienen und bestätigte schließlich, als man ihn fragte, durch ein kleines Kopfnicken, daß er während dieser Zeit zu Hause gewesen sei. Der Tertianer Gruhl erzählte, er habe die beiden zusammen den Schlafsaal betreten sehen, und es müsse spät gewesen sein; die Bettnachbarn hätten jedenfalls fest geschlafen.

Da Windisch gerade Wocheninspektion gehabt hatte, und da

die Schüler erklärten, er habe den Knaben nicht nur sehr oft, sondern wohl auch sehr gern bestraft, war die äußere Situation mit einiger Sicherheit zu erraten: Er hatte auf seinen dienstlichen Rundgängen den von dem unerlaubten Ausflug zurückkehrenden Klarus ertappt, zur Rede gestellt und mit der Ankündigung einer der üblichen Strafen geängstigt. Aber alles andere blieb unaufgehellt. Mußte Klarus dem Primaner nicht davon gesprochen haben, daß er vom Totenbett der Mutter komme? Und wenn das nicht zutreffen sollte: Hätte Windisch den Schmerz des Knaben nicht bemerken müssen?

Windisch war tot. Und Rolf Klarus schwieg. Auch als er bald schwer krank wurde und im Fieber lag, schwieg er. Und später, als die Ärzte meinten, eigentlich sei er wieder gesund, und ihn trotzdem in eine Anstalt bringen ließen – später schwieg er noch immer. Doch da vermochte man auch auf seine Mitteilungen zu verzichten. Denn in der Zwischenzeit hatte man sein Pult geöffnet, seine Bücher, Löschblätter und Notizblöcke peinlich durchforscht und auf etlichen Zetteln und in einem Oktavheft, das eine Art primitiven Tagebuchs zu sein schien, manches gelesen, was den Fall aufzuklären geeignet war.

Die Verhandlungen endeten damit, daß Rolf Klarus, wie schon gesagt, bis auf weiteres in einer Heilanstalt untergebracht wurde. Ein glaubwürdiges Gerücht meldet, daß er dort starb; ein weniger wahrscheinliches, daß er noch immer dort lebt. Welche der Behauptungen richtig ist, bleibt im Grunde gleichgültig. Denn in jener Nacht starben drei Menschen, auch wenn der dritte zu atmen fortfuhr.

Es ist nicht bloß einfacher, es ist auch richtiger, statt einer sorgfältigen seelischen Interpretation des Falles etliche der vorgefundenen Aufzeichnungen folgen zu lassen, die der kleine Klarus in den letzten Wochen vor der Tat niederschrieb. Was ihn damals erschütterte und trieb, zeigen jene fleckigen Zettel am lautersten, auf denen er mit seinen Schmerzen und mit seinem Feinde versteckte Zwiesprache hielt.

»Ich werde den Aufschwung niemals lernen. Aber bis Mittwoch muß ich ihn können, hat der Turnlehrer befohlen. Und in den Freistunden soll ich ihn immer üben. Da haben alle gelacht. Die Kniewelle ist noch viel schwerer. Berthold kann auch die Kniewelle. Mit dem linken Knie, mit dem rechten Knie, zwischen den Händen und seitlich davon. Dann hat Berthold dem W.

von dem Aufschwung erzählt. W. hat gesagt, er wollte nachsehen, ob ich übte. Am Mittwoch mußte ich nachsitzen. Von W. aus. Er ließ mich altes Zeitungspapier in kleine Rechtecke zerschneiden. Fürs Klo. Er ist dabeigestanden und hat gelacht. Muttchen wird auf mich gewartet haben. Und ich wollte ihr mein Aufsatzbuch mit der Eins zeigen.«

»Er hat mich schon wieder nachsitzen lassen. Ich wischte im Klavierzimmer 9 den Staub nicht gut genug weg. Er sucht natürlich den Schmutz, wo ich nicht hinlangen kann. Ich soll auf einen Stuhl steigen. Ich sagte, ich bin kein Dienstmädchen. Das will er dem Rektor melden. Doch er sagt das nur, damit ich ihm wieder mein Taschengeld gebe. Er nennt das: Borgen.

Muttchen habe ich einen Brief geschrieben, ich machte einen Ausflug, damit sie nicht merkt, wie oft ich nachsitzen muß. Sie wird denken, ich besuche sie nicht gern. Dabei ist nur W. daran schuld.«

»Am Sonnabend nachmittag war ich endlich wieder einmal zu Hause. Aber Muttchen ist krank und liegt deshalb zu Bett. Vielleicht weil sie denkt, ich mache Ausflüge. Ich wollte erzählen, daß W. daran schuld ist. Doch jetzt darf ich es ihr erst recht nicht sagen. Man soll Kranke nicht aufregen.

Im Französisch bin ich in dem Gedichte von Béranger steckengeblieben. Kandidat Hoffmann hat geschimpft, und ich habe eine Strafarbeit gekriegt.

Ob sie sehr krank ist und an mich denkt? W. hat gesagt, er bäte sich aus, daß man in seinem Zimmer fröhlich wäre. Mucker wie ich wären schlechte Menschen. Und ich sollte auf der Stelle lachen. Dabei hat er eins, zwei, drei gezählt. Aber es ging nicht. Das ist offene Meuterei, hat er gebrüllt.

Den Aufschwung kann ich noch immer nicht.«

»Samstag hat er mich wieder nachsitzen lassen. Aber abends nach dem Essen bin ich nach Hause gerannt. Straßenbahn konnte ich nicht fahren. Weil er mein Taschengeld hat. Es strengt sehr an. Muttchen machte erst gar nicht auf. Ich habe vor Angst gegen die Tür geschlagen. Da ist sie, auf einen Stuhl gestützt, herausgekommen und hat gefragt, wer da ist. Ich, hab ich ganz laut gerufen.

Sie hatte Angst, aber ich sagte, der Hauslehrer hätte mich zwei Stunden beurlaubt. In der Kaserne hat niemand gemerkt, daß ich weg war.

Jeden Mittwoch verliest man mich zur Gartenarbeit. Ich muß mit einem langen Spieß das Papier aufstechen und einen Wagen ziehen. W. hat mit dem Gartenwart gesprochen, damit ich jeden Mittag drankomme. Warum er mich so haßt?«

»Montag abend bin ich wieder fortgelaufen. Auf dem Rückweg konnte ich nicht mehr vor Herzklopfen. Muttchen kam gleich beim Klingeln heraus. Aber sie ist, glaube ich, sehr krank. Und von unseren Verwandten läßt sich niemand blicken. Da ist sie so allein. W. hat mich vorm Tor abgefangen, als ich wiederkam, und sagte, ich brauchte nicht so zu rennen, zum Nachsitzen käme ich noch zurecht. Ich sagte, meine Mutter ist krank. Er hat gelacht. Das kenne er schon. Und dabei hat mir Muttchen eine ganz zittrige Karte geschickt, sie freue sich so, daß ich Mittwoch wiederkäme.

Ich muß morgen abend fortrennen, auch wenn er mich von neuem erwischt. Ich kann ihr doch nicht wieder sagen, ich würde mit Lambert einen Ausflug in die Heide machen! Wo sie doch die Karte geschrieben hat!

In vier Wochen sind die Prüfungen. In der lateinischen Klassenarbeit habe ich die Vier. Koch hat gefragt, was mit mir los ist. Wenn ich doch zu Hause bleiben könnte und für Muttchen einkaufen, und vorlesen und kochen. Aber das geht nicht. Es ist alles verboten.«

»Dienstag wieder zu Hause. Ich habe gesagt, ich müßte nächstens viel für die Prüfungen arbeiten. Muttchen sieht ganz weiß und mager aus. Sie sagt mir nicht, was ihr fehlt.

W. hat mich wieder erwischt. Ich sollte ihn nicht so mit der kranken Mutter öden. Frei bekäme man nur bei Begräbnissen. Der Schuft! Wenn meinem guten Muttchen etwas passiert, dann ist nur er schuld. Ich bin selber wie krank. Und dabei sind Prüfungen. Ich renne heute abend wieder fort. 1. Karte von Italien zeichnen. Mit den Städten über 200 000 Einwohner. Die Gebirge braun schraffieren. 2. Punische Kriege repetieren. 3. E-Konjugation. 4. La cigale et la fourmi lernen. 5. Kniewelle links neben den Händen.«

»Er fing mich ab, als ich gerade fort wollte, und ließ mich nicht weg. Er würde jetzt jeden Abend mit mir in den Garten gehen und aufpassen, daß ich bliebe, und beantragen, daß mir für einen ganzen Monat der Ausgang entzogen würde. Ich wüßte nicht, was Pflichtgefühl sei. Ob ich ihm was borgen könnte. Aber ich hatte wirklich nichts. Bei allem, was er sagt, sieht er mir ins Gesicht, als warte er, daß ich weine.

Er will Muttchen einen Brief schreiben, das darf er nicht tun! Lieber soll er mich schlagen oder anderes. Aber das nicht. Sie soll ihn mit ihrer Unterschrift wieder zurückschicken. Ich habe nicht einschlafen können.

Ich muß nach Hause. Morgen abend lauf ich wieder fort. Ich habe solche Angst um sie. Wenn er mich einsperrt, springe ich einfach aus dem Fenster.«

An jenem Abend, an dem der kleine Klarus lieber aus dem Fenster springen wollte als in der Schule bleiben, stahl er sich trotz des Primaners fort, rannte wie so oft durch die dunklen Straßen der Vorstadt, über einsame Plätze und Brücken, an jenem Abend sah er seine Mutter sterben, an jenem Abend zerrte man ihn von dem Bette Windischs, als es für beide bereits zu spät war.

Zur Entstehungsgeschichte des Lehrers

Eine der schwierigsten und dringendsten Aufgaben ist, wie wir alle wissen, die Reform des Unterrichts. Denn es fehlt nicht nur an intakt gebliebenen Schulgebäuden, sondern auch an intakt gebliebenen Lehrern. Zahlreiche Opfer forderte der Krieg. Zahllose Opfer forderte die Diktatur. Ihr fielen diejenigen zum Opfer, die sich wehrten. Ihr fallen jetzt die zum Opfer, die sich nicht gewehrt haben.

Es ist ja, wie auch anderswo, bei den deutschen Lehrern nicht etwa so gewesen, daß nur die Betreffenden Nationalsozialisten geworden wären, die allen Ernstes an Hitlers Programmpunkte glaubten. Deren Zahl ließe sich gewiß verschmerzen. Entscheidend war die Zahl derer, die, als es riskant wurde, ihre bisherigen Anschauungen ohne großes Federlesen auf den Müll warfen. Sie hatten – ich greife zu einem handlichen Beispiel – gelehrt und gelernt, daß Karl der Große europäisch weitblickend gedacht, geplant und gehandelt habe. Spätestens Anno 1934 predigten sie plötzlich, ohne ihre Meinung de facto auch nur um einen Zentimeter geändert zu haben: daß Karl der Franke ein Unglücksmann gewesen sei, der insbesondere durch das Sachsenmassaker in Verden an der Aller Deutschlands Entwicklung grundsätzlich zum Schlimmen gewandt habe. Und heute? Heute wären sie liebend gerne bereit, sich erneut hinters Katheder zu klemmen und, wie einst im Mai, mit präzeptoraler Würde zu erklären, daß Karls europäische Sendung und die »karolingische Renaissance« nicht hoch genug veranschlagt werden können. Heute behaupten sie auch, sie hätten damals, ob sie wollten oder nicht, Parteimitglieder werden müssen. Dabei steht fest, daß sie das nicht werden mußten. Fest steht nur, daß sie nicht fest standen. Daß sie umfielen, bevor man sie anblies. Daß sie zwar ein respektables Wissen besaßen, aber nicht den entsprechend respektablen Charakter. Ich schreibe so etwas nicht leichtfertig hin noch leichten Herzens. Und schon gar nicht, um Männer, denen man jetzt die Ausübung ihres Berufes untersagt, zum Überfluß auch noch madig zu machen. Sondern ich schreibe es nieder, weil ich nicht nur den Tatbestand kenne, sondern auch die Ursachen. Und auf die Ursachen hinzuweisen ist dringend geboten. Die Lehrer haben im Dritten Reich versagt, weil, vor 1933, die Lehrerbildung versagt hat. Es kann nicht früh genug darauf hingewiesen werden, daß man die Kinder nur dann vernünftig erziehen kann, wenn man zuvor die Lehrer vernünftig erzieht.

Als ich in den letzten Jahren der Wilhelminischen Ära ein »Seminar« besuchte – so hießen damals die Lehrerbildungsanstalten –, war die Situation folgendermaßen: Da der Staat die Seminare finanziell unterstützte, bot deren Besuch für die begabten, bildungshungrigen Söhne des Handwerkerstandes, der Arbeiterschaft und des Kleinbauerntums die billigste, im Grunde die einzige erschwingbare Fortbildungsmöglichkeit. Die Folge war, daß wir Seminaristen in aller Augen, besonders in denen der übrigen »höheren« Schüler, »second class« waren. Der Staat tat das Seine. Wir kosteten ihn Geld, und so vermauerte er uns eine andere, vor allem eine akademische Berufswahl. Deshalb war unser Abgangszeugnis dem Abitur nicht gleichgestellt. Man tat das, obwohl unser Begabungsdurchschnitt und unser Wissensniveau unleugbar über dem Mittelwert der anderen Schulen lagen. Die uns eines Tages erwartenden bescheidenen Gehälter gaben unserem Ansehen den Rest. Sie unterhöhlten schließlich auch unsere Selbsteinschätzung, soweit davon noch die Rede sein konnte.

Auch unsere Professoren genossen geringeren Respekt als die Gymnasiallehrer, obwohl sie diesen an Wissen und Können völlig das Wasser reichten. Endlich war – und das ist das Ärgste – unsere Charakterbildung auf bedenkliche Ziele gerichtet. Am deutlichsten wurde dies im Internatsleben. Der Staat lenkte unsere Erziehung gradlinig dorthin, wo er den größten Nutzeffekt sah. Er ließ sich in den Seminaren blindlings gehorsame, kleine Beamte mit Pensionsberechtigung heranziehen. Unser Unterrichtsziel lag nicht niedriger als das der Realgymnasien. Unsere Erziehung bewegte sich auf der Ebene der Unteroffiziersschulen. Das Seminar war eine Lehrerkaserne.

So war es nur folgerichtig, daß die Schüler, wenn sie auf den Korridoren einem Professor begegneten, ruckartig stehenblieben und stramm Front machen mußten. Daß sie in den Arbeitszimmern, wenn ein Lehrer eintrat, auf das zackige Kommando des Stubenältesten hin aufspringen mußten. Daß sie zweimal in der

Woche nur eine Stunde Ausgang hatten. Daß nahezu alles verboten war und daß Übertretungen aufs strengste bestraft wurden. So stutzte man die Charaktere. So wurde das Rückgrat geschmeidig gemacht und, war das nicht möglich, gebrochen. Hauptsache war: Es entstand der gefügige, staatsfromme Beamte, der sich nicht traute, selbständig zu denken, geschweige zu handeln.

Wer sich nicht fügen wollte oder konnte, suchte, wenn sich ihm ein Ausweg bot, das Weite. Ich gehörte zu den Glücklichen. Ich besuchte, als ich nach dem ersten Weltkrieg heim kam, ein Reformgymnasium und bekenne, nie im Leben wieder so gestaunt zu haben wie damals, als ich plötzlich Professoren erlebte, die sich während des Unterrichts zwischen ihre Schüler setzten und diese, auf die natürlichste Weise von der Welt, wie ihresgleichen behandelten. Ich war überwältigt. Zum erstenmal erlebte ich, was Freiheit in der Schule war und wie weit sie gestattet werden konnte, ohne die Ordnung zu gefährden. Die anderen, die wieder ins Seminar zurück gemußt hatten, wurden weiter zu Gehorsamsautomaten gedrillt. Dann wurden sie Volksschullehrer und taten blind, was ihnen zu tun befohlen war. Und als dann eines Tages, nach 1933, die Befehle entgegengesetzt lauteten, hatten die meisten nichts entgegenzusetzen. Ihre Antwort war auch dann – blinder Gehorsam.

Juni 1946

Gedanken eines Kinderfreundes

»Er war mit sechzehn Jahren bereits ein ausgemachter Liederjan großen Formats. Seine Maßlosigkeit war so ungehemmt, daß zeitweilige ernste Gesundheitsstörungen eintraten. Besonders stark war seine Leidenschaft für das weibliche Geschlecht. Um sein Ziel zu erreichen, wandte er oft die unsaubersten Mittel an... Diese Folge von Liebesabenteuern war lange Zeit der Hauptinhalt seines Daseins, bis sie infolge einer Ansteckung mit nachfolgender Operation ein jähes und endgültiges Ende nahmen. Dieses selbstverschuldete Mißgeschick rief eine mißtrauische Bösartigkeit, namentlich gegen Frauen, hervor, die, je älter er wurde, immer mehr zunahm. Um seinen Neigungen nachzugeben, machte er in leichtsinniger Weise Schulden, ohne an ihre Rückzahlung zu denken. Ja, er war so gewissenlos, daß er sich bereit fand, von politischen Gegnern seines Vaters Geld anzunehmen. Von verblendeter Mutterliebe unterstützt, trieb er sein Unwesen so lange, bis der entsetzte Vater endlich merkte, was hinter seinem Rücken vorging.«

Wer ist denn nun dieses Früchtchen, von dem hier so ausgiebig die üble Nachrede ist? Und wer schmeißt mit der Schreibmaschine nach ihm, statt sie zum Schreiben zu benützen? Der Leser fragt. Der Redakteur antwortet. Also...

Das Zitat entstammt einem festlichen Geburtstagsartikel, den die Zeitung »Der Berliner« Mitte Januar unter der Überschrift »Friedrich der Große ohne Maske« zum Abdruck gebracht hat. Anschließend brachten die Berliner mit Hilfe von Zuschriften ihre Meinung zum Ausdruck. Und es läßt sich nicht verheimlichen, daß die Berliner und »Der Berliner«, gelinde gesagt, verschiedener Ansicht waren. Und vermutlich heute noch sind.

»Die Publikation ist ein Schlag ins Gesicht des deutschen Volkes«, schrieb Herr Kunze aus Berlin-Dahlem. Elfriede Tamm aus Berlin-SO meinte etwas versöhnlicher: »Es ist uns allen kein Geheimnis, daß er kein Engel war... Aber eine rege Anteilnahme am Geistesleben seiner Zeit sicherte ihm auch in der Wissenschaft einen bescheidenen Platz.« Und aus Berlin-Schöneberg ließ sich Herr (oder Frau) Schlichting folgendermaßen vernehmen: »Wen interessiert nach 200 Jahren Friedrichs des Großen

Privatleben? Haben wir ihm nicht die Kartoffel zu verdanken? War er nicht der Mann, der einen Bach förderte?« Am Rande sei Herrn (oder Frau) Schlichting geantwortet, daß wir Friedrich II. von Preußen in der Tat die Kartoffel zu verdanken haben. Und daß er den Thomaskantor Anno 1747 wirklich einmal nach Potsdam eingeladen hat. Soweit sind wir uns einig. Die Einigkeit geht noch weiter. Der Zeitungsartikel hat mit Recht Ärgernis hervorgerufen. Es ist keine Lebensart, die Leserschaft aufklären zu wollen, indem man wie eine Elefantenherde in der Königlichen Berliner Porzellanmanufaktur herumtrampelt. Aber . . .

Aber was in dem Zeitungsartikel steht, *stimmt!* Es ist wahr, daß Friedrich als verschuldeter Kronprinz zum Beispiel Herrn von Seckendorf, den österreichischen Gesandten in Berlin, heimlich immer und immer wieder um beträchtliche Geldbeträge angebettelt hat, daß er sie, ebenso heimlich, erhielt und daß er hierdurch, aus purem Leichtsinn, die Politik des Königs, seines Vaters, in durchaus landesverräterischer Weise illusorisch und, was schlimmer ist, lächerlich machte.

Es ist wahr, daß er, kaum auf den Thron gelangt, den Ersten Schlesischen Krieg aus Ruhmsucht vom Zaune brach. Nicht anders, wie etwa Ludwig XIV. von Frankreich die Reunions-Kriege von einem westlicher gelegenen Zaun gebrochen hatte.

Es ist wahr, daß »Fridericus Rex« in der Schlacht von Mollwitz, als sie verloren schien, auf seinem Schimmel das Weite suchte und daß ihn, als sich das launische Kriegsglück gewendet hatte, die Stafetten seiner Generale erst nach vieler Mühe einholten, um ihn auf das siegreiche Schlachtfeld zurückzubitten.

Es ist auch wahr, daß, später, die völlig unpopuläre Koalition zwischen Habsburg und Frankreich gegen ihn schwerlich zustande gekommen wäre, wenn Friedrich bei Hofe weniger zynische Witze über Frau von Pompadour, die Herrscherin über Ludwig XV., gerissen hätte.

Es ist wahr, daß er in einer Schlacht des Siebenjährigen Krieges mit dem Stock auf seine zurückweichenden Grenadiere eingehauen und gebrüllt hat: »Kerls, wollt ihr denn ewig leben?«

Es ist wahr, daß er Elisabeth Christine, seine Frau, auf Hoffesten derartig brüskierte und kränkte, daß der armen Frau vor der gesamten diplomatischen Welt Europas die Tränen kamen. Er wollte sie lächerlich machen und erreichte, daß man sie bemitleidete. Es ist wahr, daß er in französischer Sprache ein Buch über die deutsche Literatur geschrieben hat. Und daß er darin ebenso großspurig wie abfällig über unsere Literatur geurteilt hat, ohne auch nur den leisesten Schimmer von ihr zu haben. Ich habe eine dicke Doktorarbeit über dieses seltsame Thema geschrieben und kann es beschwören. Ein Jahr bevor Lessing starb, wußte der preußische König nichts von Lessing, Wieland, Herder und Goethe. (Um nur die Wichtigsten zu nennen, von denen er nichts wußte.) Diese »einmalige« Ahnungslosigkeit genügte ihm nicht – er schrieb auch noch ein Buch darüber! Und weil er nicht deutsch schreiben konnte, schrieb er's auf französisch.

Die deutsche Sprache, schrieb er in besagtem Buch, klinge so häßlich, daß sie unbedingt geändert werden müsse. Deshalb schlage er beispielsweise vor, den Tätigkeitswörtern ein »a« anzuhängen. Statt »nehmen« möge man künftig »nehmena« sagen, statt »geben« »gebena« und so weiter. Damit sei schon viel gewonnen. Na ja.

Das ist alles wahr, und noch vieles mehr. Zum Beispiel, daß er den Siebenjährigen Krieg, trotz allen Energie- und Geniestreichen, verloren hätte, so sicher wie das Amen in der Kirche, wenn nicht die Zarin Elisabeth gestorben und Peter III. gefolgt wäre. Peter befahl seinen Armeen, den beinahe gewonnenen Krieg sofort abzubrechen, und Friedrich war gerettet.

So und ähnlich verbrachte er die ersten 23 Jahre seiner Regierung. Und die zweiten 23 Jahre haßte und verachtete er den Krieg und die Menschen und rackerte sein Volk und sich selber ab, bis Preußen eine Großmacht geworden war. –

Was ist an dem Zeitungsartikel »Friedrich der Große ohne Maske« verkehrt? Erstens hat der Verfasser dem König nicht nur die Maske abgerissen, sondern gleich den ganzen Kopf. Und zweitens?

Zweitens vergaß er, der Leserschaft mitzuteilen, daß die Demaskierung nicht nur für Friedrich II. von Preußen, sondern für alle Herrschaften gelte, die, historisch kostümiert, als schöne Masken durch die Hallen der Geschichte wandeln.

Herr Georg R. Wilhelm aus Berlin-Halensee hat dem »Berliner« geantwortet: »Es ist unmöglich, ein Volk umzuerziehen, indem man alle die Persönlichkeiten, die es durch lange Jahre oder Jahrhunderte als seine bedeutendsten Vertreter angesehen hat, von ihren Denkmälern heruntergeholt, die ihnen wahrhaftig gebühren. Es wird Ihnen einfach niemand glauben, was Sie da erzählen.«

Das, Herr Wilhelm, wäre schade. Denn was wir erzählt haben, ist wahr. Es ist die »blutige« Wahrheit. Vielleicht wird bald wieder Werner Hegemanns »Fridericus« erscheinen, ein Buch, das natürlich im Dritten Reich verboten war. Das sollten Sie dann auf der Stelle lesen, Herr Friedrich, ach nein, Herr Wilhelm! Es ist ein bitteres, ein böses Buch. Bitter und böse deshalb, weil es ein Mann geschrieben hat, der die Wahrheit liebte und die Geschichtslügen, ihre Unausrottbarkeit und ihre chronisch verheerenden Folgen für die Menschheit bis auf den Tod und bis zum Tod (in der Emigration) gehaßt hat.

Die Geschichtslügen... Es geht nämlich nicht bloß um Friedrich den Großen und die übrigen Denkmäler in der Siegesallee. Fahren Sie doch einmal am nächsten Sonntag in den Tiergarten und sehen Sie sich die Siegesallee an! Oder schauen Sie bei sich zu Hause in Halensee aus dem Fenster! Auf die Trümmer! Schöne Aussicht, weitersagen! Menschenskind – entschuldigen Sie, daß ich in der Hitze des Wortgefechts »Menschenskind« zu Ihnen sage, Herr Friedrich Wilhelm – es geht um sehr viel mehr!

Wenn Friedrich II. von Preußen ein großer Mann war, so war er's, obwohl er jene drei Kriege vom Zaune brach und sein Volk schon bis in den Abgrund geführt hatte! Er wurde ein großer Mann – aber um welchen Preis? Und wer zahlte denn die Kosten für seine höchst langwierige Erziehung zum »großen Mann«? Die Mütter, die Väter, die Kinder, die Frauen, die Söhne, die Bräute! Ist es immer noch nicht an der Zeit, zu erkennen, daß diese Art Fürstenerziehung ein bißchen kostspielig ist?

Es geht nicht nur um Friedrich den Großen und Napoleon, nicht nur um Philipp II. von Spanien und Elisabeth von England, nicht um Alexander, Cäsar, Xerxes, Wallenstein oder Karl XII. von Schweden. Es geht um mehr. Es geht um die Geschichtsschreibung. Und es geht um den Geschichtsunterricht. Nicht nur in Deutschland, aber augenblicklich ganz besonders in Deutschland. Denn es geht um Deutschlands Zukunft. Es geht uns nicht nur, aber ganz besonders um Deutschlands Zukunft. Und wie sich diese Zukunft gestalten wird, hängt nicht zuletzt davon ab, wie wir die Kinder lehren werden, die Vergangenheit zu sehen.

Gibt es denn nur im Kriege Tapferkeit? Werden denn die Völker nur durch Schlachten groß? Oder klein?

Man hat uns in der Schule die falsche Tapferkeit gelehrt, Herr Wilhelm. Man hat uns die falschen Jahreszahlen eingetrichtert und abgefragt. Man hat uns die gefährliche Größe ausgemalt, und die echte Größe fiel unter das Katheder. Man hat die falschen Ideale ausposaunt, und die wahren hat man verschwiegen. Man hat uns Kriegsgeschichte für Weltgeschichte verkauft. Wollen wir denn wirklich, daß die Weltgeschichte weiterhin Kriegsgeschichte bleibt? Ist das Ihr Ernst?

Wir müssen dem Geschichtsunterricht die Maske vom Gesicht holen. Es geht um Ihre Kinder. Nicht um die meinigen. Als ich sah, wohin Deutschland unweigerlich steuerte, verzichtete ich darauf, Kinder zu haben und aufzuziehen, nur damit sie eines Tages totgeschossen oder zu Krüppeln werden.

Ich habe zwar keine eigenen Kinder. Aber ich fordere trotzdem einen neuen Geschichtsunterricht.

Februar 1946

Auch eine Auskunft

Ein Mann, von dem ich wissen wollte,
warum die Menschen einander betrügen,
sprach: »Wenn ich die Wahrheit sagen
    sollte,
müßt' ich lügen.«

Hymnus auf die Bankiers

Der kann sich freuen, der die nicht kennt!
Ihr fragt noch immer: Wen?
Sie borgen sich Geld für fünf Prozent
und leihen es weiter zu zehn.

Sie haben noch nie mit der Wimper gezuckt.
Ihr Herz stand noch niemals still.
Die Differenzen sind ihr Produkt.
(Das kann man verstehn, wie man will.)

Ihr Appetit ist bodenlos.
Sie fressen Gott und die Welt.
Sie säen nicht. Sie ernten bloß.
Sie schwängern ihr eignes Geld.

Sie sind die Hexer in Person
und zaubern aus hohler Hand.
Sie machen Gold am Telefon
und Petroleum aus Sand.

Das Geld wird flüssig. Das Geld wird knapp.
Sie machen das ganz nach Bedarf.
Und schneiden den andern die Hälse ab.
Papier ist manchmal scharf.

Sie glauben den Regeln der Regeldetri
und glauben nicht recht an Gott.
Sie haben nur eine Sympathie.
Sie lieben das Geld. Und das Geld liebt sie.
(Doch einmal macht jeder Bankrott!)

1929

Anmerkung: Die Konsumenten sind die linke Hand des gesellschaftlichen Organismus, die Produzenten sind die rechte Hand. Die Bankiers sind die Heimlichkeiten zwischen den beiden.

Gehupft wie gesprungen
(Aus den »Lehrsätzen des armen Mannes«)

Ob vom Kölner Dom, ob vom Zirkuszelt,
ob vom Dach einer Dampfwäscherei –
für den Arbeiter, der herunterfällt,
ist das völlig einerlei.

Maskenball im Hochgebirge

Eines schönen Abends wurden alle
Gäste des Hotels verrückt, und sie
rannten schlagerbrüllend aus der Halle
in die Dunkelheit und fuhren Ski.

Und sie sausten über weiße Hänge.
Und der Vollmond wurde förmlich fahl.
Und er zog sich staunend in die Länge.
So etwas sah er zum erstenmal.

Manche Frauen trugen nichts als Flitter.
Andre Frauen waren in Trikots.
Ein Fabrikdirektor kam als Ritter.
Und der Helm war ihm zwei Kopf zu groß.

Sieben Rehe starben auf der Stelle.
Diese armen Tiere traf der Schlag.
Möglich, daß es an der Jazzkapelle –
denn auch die war mitgefahren – lag.

Die Umgebung glich gefrornen Betten.
Auf die Abendkleider fiel der Reif.
Zähne klapperten wie Kastagnetten.
Frau von Cottas Brüste wurden steif.

Das Gebirge machte böse Miene.
Das Gebirge wollte seine Ruh.
Und mit einer mittleren Lawine
deckte es die blöde Bande zu.

Dieser Vorgang ist ganz leicht erklärlich.
Der Natur riß einfach die Geduld.
Andre Gründe hierfür gibt es schwerlich.
Den Verkehrsverein trifft keine Schuld.

Man begrub die kalten Herren und Damen.
Und auch etwas Gutes war dabei:
Für die Gäste, die am Mittwoch kamen,
wurden endlich ein paar Zimmer frei.

                                      1930

Fragen und Antworten

Es ist schon so: Die Fragen sind es,
aus denen das, was bleibt, entsteht.
Denk an die Frage deines Kindes:
»Was tut der Wind, wenn er nicht weht?«

Der imaginäre Garten, worin die Fragen gesät werden und die Antworten wachsen, ist groß. Es gibt Nutzfragen, wie es Nutzpflanzen gibt, und man erntet nahrhafte Antworten. Es gibt Zierfragen, und die buntblühenden Antworten tun uns wohl. Sie schmücken das Heim, bis sie welken, ungemein. Mehr haben sie nicht im Sinn. Es gibt pompöse Fragen. Tucholsky nannte sie »Proppleme«. Die plustrigen Antworten hierauf nehmen im Garten viel Platz weg. Aber sie sind beliebt und weitverbreitet. Es gibt parasitäre Fragen und Antworten. Sie pflegen sich auf echten, knorrigen und schattigen Antworten anzusiedeln und, von diesen unbeachtet, aus zweiter Hand zu leben. Es gibt ungenießbare und giftige Antworten, die sich von den eßbaren kaum unterscheiden. Unkraut, das keiner gesät hat, wuchert zwischen Würzkräutern und grünem Antwortkohl. Manchmal kommen Gärtner mit ihren Scheren und stutzen große, mächtige Antworten, damit sie das liebliche Landschaftsbild nicht stören. Und zuweilen stecken Scherzbolde farbig aufgedonnerte Papierblumen zwischen echte Dahlien und Astern. Da kann es dann geschehen, daß ein kurzsichtiger Botaniker den Spaß nicht merkt, sondern über die vermeintlich neue Blumensorte ein dickes Buch schreibt.

Besonders hübsch und sehenswert sind die am Gartenrand gelegenen Spezialbeete mit den dort blühenden Antworten auf jene Fragen, die uns schlichten Bürgern nie kämen. Sie wirken exotisch wie Orchideen oder gar, als seien sie aus buntem Draht geflochten. Am vorigen Sonntag blieb ich vor einem solchen Spezialbeet stehen. Ein Schild teilte mit, daß hier von einem Medizinischen Informationsdienst eine grundsätzliche Frage ausgesät worden sei. Sie lautete: »Wem gehören operativ entfernte Gegenstände?« Einige der Antworten, die bereits aus dem Boden geschossen waren, sahen recht kurios aus. Zahnplomben, beispielsweise, sind nur zu Lebzeiten Eigentum des Inhabers. Stirbt der Gute, so zählen sie zum Nachlaß und gehören den Erben. Bei Gewehrkugeln und Granatsplittern, die der Arzt entfernt hat, ist das anders. Der Feind, also der Schütze oder der Kanonier, hat durch den Abschuß sein Besitzrecht freiwillig aufgegeben. Die »Sache« ist somit herrenlos geworden und bleibt es auch im Körper des Empfängers. Handelt es sich hingegen um wertvollere Gegenstände, etwa um Brillanten oder Diamanten, die ein Dieb, wie auch immer, seinem Körper einverleibt hat, so fallen diese, nach erfolgreichem Eingriffe, dem Bestohlenen wieder zu. Wie aber liegt der Fall bei Nierensteinen? Sie sind, nach erfolgreich vollzogener Operation, nicht etwa herrenloses Gut geworden. Sie gehören weder der unbekannten Macht, der wir sie verdanken, noch dem Arzt, der sie entfernt hat. Sie bleiben, obwohl sie von erheblichem wissenschaftlichen Interesse sind, nach wie vor Eigentum des Inhabers. Er kann, wenn er will, eine juristisch einwandfreie Stiftung daraus machen. Er kann sie aber auch, mit gutem Gewissen, am Stammtisch herumzeigen.

So und ähnlich sieht's im Garten der Zivilisation aus, und die ordnungsliebende Gartenverwaltung hat alle Hände voll zu tun, daß ihr und uns die Antworten nicht über den Kopf wachsen und daß die Untergärtner nicht etwa bei ihrer Arbeit in die falsche Fragentüre greifen. Gärten verwildern nur zu rasch. Nun mögen wilde Gärten ihre eigene Schönheit haben. Aber die Gartenverwaltung ist dagegen. Erst neulich herrschte im Büro des Direktors berechtigte Aufregung. Ein spanisches Jagdgeschwader hatte, während in Barcelona ein geistlicher Würdenträger die Botschaft des Papstes an den Eucharistischen Kongreß verlas, in weißen Schleifen die Worte »PAX CHRISTI« an den Himmel geschrieben. Und ein leichtfertiger Untergärtner hatte die Frage »Meinen der Papst und die spanische Luftwaffe denselben Himmel?« in ein Nutzbeet gepflanzt. Zum Glück wurde der Fehlgriff von einem Aufseher entdeckt. Man konnte die Antwort, ehe sie Wurzel faßte, wieder ausjäten. Der Untergärtner wurde ins Treibhaus strafversetzt.

Besonders gefährlich sind auch Fragen, die auf kindlichen Unbedacht zurückzuführen sind. So kam vor einiger Zeit eine Mutter zur Gartenverwaltung und wollte ihres Söhnchens Frage »Ist der Liebe Gott eigentlich evangelisch oder katholisch?« eintopfen lassen. Man sagte, sie möge die Frage dalassen, und gab ihr statt dessen einen Levkojenstock mit. Die Frage nach des Lieben Gottes Konfession wurde dann mit anderem Unkrautsamen verbrannt.

Ist Existentialismus heilbar?

Kürzlich besuchte mich eine französische Journalistin. Also unterhielten wir uns über französische Literatur. Also kamen wir auf Sartre zu sprechen. Auf Jean-Paul Sartre. Sie wissen schon. Ich zollte seinem Talent meine Anerkennung, geriet aber an die falsche Adresse. »Er ist nicht aufrichtig!« rief das französische Fräulein ärgerlich. »Er ist nicht konsequent! Sonst hätte er sich längst aufhängen müssen!« Oh, sie kenne ihn gut, fuhr sie fort. Wie oft habe sie ihm, in seinem Pariser Stammcafé, nahegelegt, doch endlich mit seiner sträflichen Inkonsequenz und sich selber Schluß zu machen! Habe er ihren Rat befolgt? Kein Gedanke! Sie war sehr erbost. Der Ärger stand ihr gut zu Gesicht.

Ich wagte einige Einwände. Unter anderem sagte ich, Sartre sei, mindestens nebenberuflich, Philosoph, und von derlei tiefschürfenden Leuten, auch noch von den glühendsten Pessimisten und Nihilisten, könne man höchstens erwarten, daß sie sich aus freien Stücken umbrächten, nicht aber auf Drängen einzelner junger Damen. Und aus freien Stücken hätte sich fast noch kein Philosoph umgebracht! Philosophieren sei der gesündeste Beruf, den es gäbe! Die Philosophen erreichten, laut Statistik, das höchste Durchschnittsalter! Scharfes Nachdenken schone vermutlich Körper und Seele! Man sieht, ich argumentierte gar nicht so übel. Das französische Fräulein aber schlug die Hände über der Frisur zusammen. »Sartre ist doch kein Philosoph!« rief sie. »Und überhaupt der Existentialismus!«

Da war es wieder gefallen, dieses schreckliche Wort. Dieses Donnerwort! Ich zuckte zusammen. Seit Jahren höre und lese ich das Wort, und jedesmal zucke ich zusammen! Es reißt mich. Ob es sich um eine Idiosynkrasie handelt? Man hat sich doch wahrhaftig im Laufe der Zeit an mancherlei gewagte Vokabeln gewöhnt! An »Quantentheorie«, »Archetyp«, »Surrealismus«, »Phenolphthalein«, »Dermatoplastik«, »Indeterminismus«, »Inflation«, »Kulturmorphologie« und, nun ja »Idiosynkrasie«! Zuerst stutzt man ein bißchen. Später gewöhnt man sich. Der Mensch ist geduldig. Schließlich verbindet man mit diesen Wörtern, wenn man sie lange genug verwendet hat, sogar einen gewissen Sinn! Aber bei dem Wort »Existentialismus« – da versage ich. Jeder bessere Mitmensch hantiert damit. Jeden Tag ist in jeder Zeitung davon die Rede. Wie Tinte fließt es von den Lippen. Wie Honigseim strömt es aus den Federn. Und was tue ich? Ich zucke zusammen. Dergleichen nagt am Selbstgefühl. Wer ist schon gerne der Dümmste! Noch dazu in Gegenwart einer französischen Journalistin...

Nach einer schlaflosen, von Selbstvorwürfen zerfleischten Nacht packte ich einen Koffer und schlich aus dem Hause. Auf dem Zettel, den ich hinterlassen hatte, stand nur: »Kurze Reise in stilles Gebirgstal. Zweck: Schwierige Lektüre. Gießt die Blumen pünktlich!« In der Buchhandlung, die ich, auf dem Weg zum Bahnhof, betrat, wußte man – ich kam nur bis zur Silbe »Ex...«– sofort, was ich benötigte. Zunächst brachte man mir ein fachphilosophisches Werk. Darin blätternd, fand ich bedenkliche Druckfehler und gab es mißgelaunt zurück. Nein, meinte der Verkäufer, das seien keine Druckfehler. Das Verbum »sein« bedeute dem Verfasser etwas anderes als »seyn«, außerdem bedeute »ist« etwas anderes als »west«, und... Ich entschuldigte mich und blätterte von neuem. Es war da vom »seienden Sein« und sogar von der »Seiendheit« die Rede. Nun gab ich das Buch erneut zurück. Ich wollte ja schließlich nicht für immer ins Gebirge, sondern höchstens für vierzehn Tage! Ich wollte mich mit einer philosophischen Meinung beschäftigen, aber doch keine neue Sprache lernen! Es ist durchaus möglich, daß man, philosophischerseits, mit dem Deutsch Kants und Schopenhauers nicht mehr auskommt. Die Physiker und Astronomen von heute kommen mit den alten, traditionellen Formeln ja auch nicht mehr zu Fache. Aber wohin soll das führen, wenn neue philosophische Lehren nur noch von ein paar Professoren und deren Assistenten verstanden werden? Und nicht mehr von den übrigen »Freunden der Weisheit«? Ich bat also um leichtere Lektüre. Immerhin wog das Bücherpaket, mit dem ich abends in X. eintraf, gut seine zehn Pfund. Existentialistische Dramen, existentialistische Gedichtbände und ein Wälzer über das Wesen der Angst, vom 1. Brief des Johannes bis zu Sigmund Freud, lagen drohend auf dem Tisch. Er wackelte. Vermutlich vor Angst. (Platzangst oder Agoraphobie.) Das Bett wackelte nicht. Trotzdem schlief ich miserabel. Ich hatte noch mehr Angst als der Tisch. (Gesteigerte Ich-Entwertung, auch Ohnmächtigerklärung des Menschen oder

Anthropokenosis.) Vielleicht lag es auch nur an dem dicken Deckbett. Im modernen Menschen soll sich einer auskennen!

Die nächsten zwei Tage regnete es in Strömen. Richtiges Existentialistenwetter. Zum Lesen von Büchern, worin laufend Angst, Einsamkeit, Ekel, Verzweiflung, Häßlichkeit und Absurdität beschrieben werden, wundervoll geeignet! Als die Kellnerin am zweiten Morgen ins Zimmer kam, um zu hören, was ich frühstücken wollte, sagte ich versehentlich: »Einmal Hoffnungslosigkeit komplett!« So weit war ich schon in die Materie eingedrungen. Das Mädchen verstand mich nicht. Die jeweils moderne Bildung gerät eben doch nur sehr langsam und spät in die Gebirgstäler. Wir einigten uns schließlich auf Spiegeleier mit Schinken. – Angst und Freiheit in ihrer geheimnisvollen Wechselbeziehung zu erforschen ist eines der existentialistischen Hauptanliegen. Die Angst sei vom Nichts erzeugt, das wie ein Etwas vor den Menschen hintritt, las ich gerade, als die stramme Kellnerin wiederkam und eine Platte mit vier Spiegeleiern vor mich hintrat, nein, hinstellte. »Noch *etwas?*« fragte sie. »*Nichts*«, antwortete ich. Die Ärmste hatte keine Ahnung, wie philosophisch wir uns unterhielten. Sie lächelte mich an, als habe sie viel Zeit. Sie hatte gut lächeln! Sie war halt, im strengen Sinne, kein Individuum und hatte sich insofern nicht nur ihrer Freiheit begeben, sondern eben auch der Angst! Außerdem war sie gewiß fromm und profitierte, im Ernstfalle, von der »Angstbekämpfung in der Gemeinschaft«.

Es regnete ohne Gnade. Der Nebel vorm Fenster verwandelte die waldigen Höhen und das Wiesental ins pure Nichts. Während ich, in echter Verlassenheit, die Spiegeleier hinunterwürgte und den existentialistischen Freiheitsbegriff erwog, fiel mir, in diesem doppelten Zusammenhange, Buridans Esel ein, jenes scholastische Tier, das sich, zwischen zwei gleich großen Heubündeln befestigt, für keines der beiden entschließen konnte und infolgedessen verhungerte. Sich nicht zu entschließen, las ich, sei auch ein Entschluß; und einen der möglichen Entschlüsse zu fassen bedeutete, in einer Welt ohne allgemeingültige Wertmaßstäbe, daß der Einzelmensch frei, daß er zur Freiheit verurteilt sei. Verurteilt? Ja. Es gäbe keine Vorausbestimmung, keine objektiven Werte, kein authentisches Gewissen. An nichts könne man sich halten, und doch müsse man handeln. Der Mensch – Existenz hin, Existenz her – sei nichts als die Summe seiner Handlungen. Der Mensch sei das, was er aus sich mache! Anläßlich dieses fundamentalen Kalenderspruchs faßte ich, in voller Freiheit handelnd, den Entschluß, das vierte Spiegelei nicht aufzuessen. Die Wirtin hatte die Eier in Talg gebraten. Außerdem war mir eingefallen, daß ich vor Jahren in einem Artikel geschrieben hatte, man dürfe sich weder Illusionen machen noch resignieren, sondern müsse, unnachgiebig, den »Abgrund als Basis« betrachten. Um alles in der Welt! Sollte ich ohne jede Ahnung, was Existentialismus bedeutet, womöglich selber ein Existentialist sein? Das fehlte gerade noch! Der Regen. Das Hammelfett. Und nun diese gräßliche Befürchtung! Mir wurde heiß und kalt. Ich ging schleunigst in die Gaststube und ließ mir eine Messerspitze Natron geben. Und ein Gläschen Kirschwasser. Mir wurde besser. Natron hilft. Manchmal. Kirschwasser immer.

Es lag auch daran, daß ich ein Buch über die erkenntnistheoretische Seite des Existentialismus mitgenommen hatte. Da merkte ich bald, daß meine gräßliche Befürchtung verfrüht gewesen war. Ich las nämlich, daß die Welt so existiere, wie wir sie erfahren, »und nur insofern«. Es sei nicht so, daß unsere Wirklichkeit die Schatten ewiger Ideen »verkörpere«, und sonst nichts. Es sei nicht so, daß wir die Welt »an sich« nicht erkennen könnten, sondern lediglich in einem uns mitgegebenen Schema, und sonst gar nicht. Es sei auch nicht so, daß wir handeln und uns einrichten müßten, »als ob« unsere Wirklichkeit die echte sei. Mir fiel ein Stein vom Herzen. Da ich so sehr an den genialen Denkpoesien Platons und Kants hänge, konnte ich Glückspilz gar kein Existentialist sein! Aber – schon wieder ein Aber – genügte es als Entschuldigung, daß ich, trotz mehrtägiger Bemühung, noch immer nicht wußte, was Existentialismus ist und daß ich statt dessen hier und da Widersprüche und Gedankensprünge bemerkt hatte? Da fiel mein Blick auf folgenden Satz: »Im Grund hat das Wort Existentialismus heute einen solchen Umfang und eine solche Ausdehnung angenommen, daß es überhaupt nichts mehr bedeutet!«

In diesem historischen Moment brach die Sonne durch die Wolken. Es hörte zu regnen auf. Der Nebel verschwand wie ein Taschentuch in der Hand eines Zauberkünstlers. Die bunten Wiesen leuchteten in ihrer Feuchte so herrlich, als habe sie ein unsichtbarer Gärtner mit einer riesigen Blumenspritze geduscht. Und die laub- und tannengrünen Berge winkten zur Gaststube herüber, als wollten sie sagen: »Nun komm schon endlich, du alter Schafskopf!«

P. S. Der alte Schafskopf kam.

Die zwei Gebote

Liebe das Leben, und denk an den Tod!
Tritt, wenn die Stunde da ist, stolz beiseite.
Einmal leben zu müssen,
heißt unser erstes Gebot.
Nur einmal leben zu dürfen,
lautet das zweite.

(Oktober 1946, Neue Zeitung.) Das hier vorgetragene Projekt wurde von vielen Seiten lebhaft begrüßt. Aus allen Teilen Deutschlands stellten sich Menschen zur Verfügung. An vielen Orten wurden Kinder- und Jugendbühnen gegründet. Der Versuch hingegen, den Plan als Ganzes voranzutreiben und zunächst in München das Modell, den Idealfall, zu schaffen, scheiterte vorläufig. Leere Versprechungen gewinnen nicht dadurch an Bedeutung, daß sie von wichtigen Behörden gemacht werden. Aber die Sache ist noch nicht aufgegeben.

Die Klassiker stehen Pate

Ein Projekt zur Errichtung ständiger Kindertheater

Nun ist es soweit. Ich bin unter die Projektmacher gegangen. Ich möchte der staunenden Mitwelt einen Plan unterbreiten. Noch dazu einen Plan, der mit Geld, Organisation, Prozenten und ähnlich profanem Zeug zu tun hat. Ich weiß, daß Schriftsteller davon die Finger lassen sollten. Doch man kann sich nicht immer nach dem richten, was man weiß.

1. Vom Sinn ständiger Kindertheater

In unseren Theatern werden gelegentlich, besonders gern gegen Weihnachten, Märchen für Kinder gespielt. Das ist schön, aber das meine ich nicht. Es gibt neuerdings in einigen Städten sogenannte »Theater der Jugend«, in denen während der gesamten Spielzeit Stücke für Jugendliche aufgeführt werden. Das ist noch viel, viel schöner. Aber das meine ich auch nicht.

Sondern ich meine folgendes: In jeder größeren deutschen Stadt müßte es in absehbarer Zeit ein »Ständiges Kindertheater« geben. Ein Gebäude, wo während des ganzen Jahres Kinder für Kinder Theater spielen. Ein Gebäude, das allen Kindern der jeweiligen Stadt gehört. Die Leitung läge in den Händen ausgezeichneter, pädagogisch veranlagter Künstler, und in den Stücken müßten, soweit erforderlich, erwachsene Schauspieler mitwirken. Eltern und andere Nichtkinder dürften die Aufführungen natürlich besuchen. Sie dürften auch, im Gegensatz zu den Kindern, Eintritt bezahlen. Davon abgesehen, dürften sie in diesem Theater nichts. Es gehörte, wie gesagt, den Kindern. Sie würden spielen, zuschauen und sich in diesen grundverschiedenen Beschäftigungen abwechseln. Sie hülfen beim Entwerfen und Malen der Bühnenbilder mit. Sie würden kritisieren und debattieren. Sie würden musizieren und Kinderopern spielen. Sie würden in Nebenräumen ihre selbstgemalten Bilder ausstellen. Sie würden sich selber gelegentlich kleine Stücke und Festspiele schreiben. Sie könnten in ihrem Theater alles tun, was mit »Kind und Kunst« zusammenhängt; und ein paar sehr geeignete, sehr gut bezahlte Fachleute hätten als gute Engel über den Wassern zu schweben. Alles, was hier spielend vor sich ginge, ließe sich am ehesten mit dem Schlagwort »musische Erziehung« bezeichnen. Schlagworte sind etwas Schreckliches.

Die musische Erziehung hingegen ist etwas Großartiges. Es hat Sinn, das Militaristische im Kind auszumerzen, weil der moderne Krieg lasterhaft und wahnwitzig ist. Aber es wäre sinnlos, das Kind gegen den Militarismus zu erziehen. Man kann nicht gegen, sondern nur für etwas erziehen! Und die musische Erziehung hat wahrhaftig positive Ziele genug. Die ästhetische Heranbildung träte der Bildung des Körpers im Sport und des Verstandes in der Schule legitim an die Seite. Zum sittigenden Einfluß käme – sekundär, doch nicht zu unterschätzen – die Rückwirkung des Kindertheaters auf das Theater überhaupt. Eine im Spiel musisch erzogene Generation beschritte, älter werdend, unzweifelhaft den Weg zu einem höheren Niveau des Theaters, der Literatur und der Kunst überhaupt. Schauspielerische, bildnerische, schriftstellerische, musikalische und kritische Talente könnten rechtzeitig erkannt und gefördert werden. Und das Urteil und der Geschmack auch aller übrigen höben sich außerordentlich.

2. Der Plan der Finanzierung

Auch wer meiner Erörterung mit Anteilnahme und Kopfnicken gefolgt sein sollte, wird nunmehr fragen: »Ganz hübsch soweit – aber wer bezahlt den Spaß?« An dieser Stelle des Gedankengangs komme ich nun mit meinem Projekt um die Ecke gebraust und rufe: »Die toten Dramatiker der ganzen Welt!«

Es gibt, mehr oder weniger bekanntlich, eine »Schutzfrist«. Die Theater sind gesetzlich verpflichtet, für Stücke, deren Verfasser höchstens 50 Jahre tot sind, Tantiemen zu zahlen. Also, solange der Autor lebt, erhält er durchschnittlich zehn Prozent der Bruttoeinnahmen; und äußerstens ein halbes Jahrhundert lang nach seinem Hinscheiden erfreuen sich seine Leibeserben und deren Erben der manchmal tröpfelnden, zuweilen rauschenden Einkünfte. Nach dieser »Schutzfrist« ist es aus und vorbei. Die Tantiemenzahlung hört ruckartig auf. Und manche Theaterdirektoren beginnen sich die Hände zu reiben.

Ich gestehe offen, daß mich die Angelegenheit, obwohl ich noch längst nicht 50 Jahre tot bin, schon immer geärgert hat. Sie ist sinnwidrig. Ein Bild von Rembrandt kriegt man, bloß weil der Maler seit Jahrhunderten verblichen ist, auch nicht geschenkt, im Gegenteil! Der Vergleich stimmt nicht ganz, ich weiß. Trotzdem finde ich, daß es gerecht und nützlich wäre, wenn die Theater auch für Stücke, deren Autoren 51 oder 2000 Jahre tot sind, eine Aufführungssteuer entrichteten. Sagen wir einmal, fünf Prozent der jeweiligen »Abendkasse«. Das Geld würde beispielsweise von der Bühnengenossenschaft eingenommen und dem Fonds »Ständige Kindertheater« zugeführt werden...

Glaubt noch jemand unter den Lesern, daß, wenn es so würde, die Frage, wie man Kindertheater finanziert, nach wie vor unlösbar wäre? Ich versuche mir auszumalen, wie die Meldung über das Inkrafttreten einer solchen Abgabe im Pantheon der Dramatiker aufgenommen würde! Da säßen sie lächelnd beisammen, Sophokles, Euripides, Shakespeare, Corneille, Schiller, Lope de Vega, Tolstoi, Molière, Raimund, Kleist, Terenz, Goethe, Grillparzer, Racine und viele, viele andere... Sogar Hebbel würde lächeln... Und Aristophanes würde, natürlich auf griechisch, sagen: »Solch eine Steuer gefällt mir. Sie macht uns zu Paten der Kinder!«... Und Scribe meinte vielleicht: »Daß ich den deutschen Kindern noch einmal soviel Spaß machen würde, hätte ich nie für möglich gehalten ...« Und Sudermann liefe am Ende ärgerlich herum, weil er noch nicht im »Patenalter« ist und das Geld immer noch an Rolf Lauckner geschickt wird ...

3. Vorteile und Weiterungen

Es hat, dezent ausgedrückt, dann und wann Theaterdirektoren gegeben, die eine gewisse Vorliebe für klassische Stücke deshalb besaßen, weil diese Werke »tantiemefrei« waren. Zehn Prozent haben oder nicht haben, ist ein Unterschied. Und zwar ein Unterschied von zehn Prozent. Aus dem entsprechenden Grunde fanden manche Direktoren – es waren wohl meist dieselben – an den Dramen lebender, wohl gar junger Autoren sehr wenig Gefallen. Das Risiko, ein vom Erfolg noch nicht geküßtes Stück zu bringen, gepaart mit der Notwendigkeit, dafür noch Prozente zu zahlen, überstieg ihre seelische Klimafestigkeit.

Vielleicht käme, infolge der Neuerung, hin und wieder einmal ein junger Autor zu Worte, der sonst nicht »riskiert« würde? Auch das wäre den Klassikern im Pantheon nicht unlieb.

Da ich gerade dabei bin, mir den Unwillen der Theaterdirektoren zuzuziehen, halte ich es für das Beste, auch gleich den Verlegern auf die Zehen zu treten, jedenfalls den »sogenannten« Verlegern – es ist *ein* Aufwaschen. Die »Schutzfrist« gilt nämlich auch für Druckwerke, lieber Leser. Und es kamen früher und kommen auch heute manchmal Bücher auf den Markt, bei denen man merkt, warum es sich dabei um Klassikerausgaben, Anthologien alter Liebeslyrik und Novellensammlungen aus der Romantik handelt. Auch hier wäre eine Steuer, eine Abgabe im Dienste der Kinder, nicht ganz verfehlt. Kinderbüchereien, Jugendbibliotheken, Studienbeihilfen, Stipendien für junge »schwerverkäufliche« Talente – es gäbe Möglichkeiten genug, die Erträge für die künftigen Generationen und für deren kulturelle Entwicklung nützlich anzuwenden.

Doch dieser kurze Hinweis auf das Verlagswesen ist ein großer Schritt von dem für heute und hier vorgesehenen Wege. Ich begebe mich wieder auf meinen Weg und lege das letzte Stück rasch zurück. Das Projekt bedürfte, wollte man ihm ernstlich nähertreten, sorgfältigster Überlegungen. Menschen, die Fachleute und Idealisten in einem wären, müßten sich zusammensetzen und zusammentun. Einigen Kennern, auch solche aus den Vereinigten Staaten waren darunter, habe ich den Plan skizziert. Sie finden die Sache sehr überlegenswert.

Stimme von der Galerie

Die Welt ist ein Theaterstück.
Spielt eure Rollen gut! Ihr spielt ums
    Leben.
Seid Freund! Seid Feind! Habt Macht!
    Habt Glück!
Ich spiel nicht mit. In jedem Stück
muß es auch Menschen, die bloß zuschaun,
    geben.

Und wenn das Stück mißfällt – so laßt
    mich schließen –
ist das noch längst kein Grund, aufs
    Publikum zu schießen.

Hamlets Geist

Gustav Renner war bestimmt die beste
Kraft im Toggenburger Stadttheater.
Alle kannten seine weiße Weste.
Alle kannten ihn als Heldenvater.

Alle lobten ihn, sogar die Kenner.
Und die Damen fanden ihn sogar noch schlank.
Schade war nur, daß sich Gustav Renner,
wenn er Geld besaß, enorm betrank.

Eines Abends, als man »Hamlet« gab,
spielte er den Geist von Hamlets Vater.
Ach, er kam betrunken aus dem Grab!
Und was man nur Dummes tun kann, tat er.

Hamlet war aufs äußerste bestürzt.
Denn der Geist fiel gänzlich aus der Rolle.
Und die Szene wurde abgekürzt.
Renner fragte, was man von ihm wolle.

Man versuchte hinter den Kulissen
ihn von seinem Rausche zu befrein,
legte ihn langhin und gab ihm Kissen.
Und dabei schlief Gustav Renner ein.

Die Kollegen spielten nun exakt,
weil er schlief und sie nicht länger störte.
Doch er kam! Und zwar im nächsten Akt,
wo er absolut nicht hingehörte!

Seiner Gattin trat er auf den Fuß.
Seinem Sohn zerbrach er das Florett.
Und er tanzte mit Ophelia Blues.
Und den König schmiß er ins Parkett.

Alle zitterten und rissen aus.
Doch dem Publikum war das egal.
So etwas von donnerndem Applaus
gab's in Toggenburg zum erstenmal.

Und die meisten Toggenburger fanden:
Endlich hätten sie das Stück verstanden.

1936

Der schöpferische Irrtum

Irrtümer haben ihren Wert;
jedoch nur hie und da.
Nicht jeder, der nach Indien fährt,
entdeckt Amerika.

(Januar 1947, Neue Zeitung.) Die Zahl der qualifizierten oder immerhin erfahrenen Theaterkritiker hatte eher ab- als zugenommen. Weil die Zeitungen nicht Abhilfe schafften, griffen die Theater hier und dort zur Notwehr. Daß sich häufig nicht sonderlich qualifizierte Theaterleute zur Wehr setzten, gerade diese, und mit recht ungeistigen Waffen, komplizierte die Situation. Unter den Zuschriften, die ich erhielt, waren solche, die meine Ironie für bare Münze nahmen. Dabei ist allerdings zu bedenken, daß die Neue Zeitung damals anderthalb Millionen Leser hatte.

Selbsthilfe gegen Kritiker

Methodologische Betrachtungen

Die Menschheit zerfällt nach Linné in gute und böse Menschen. Die bösen Menschen zerfallen ihrerseits in die Gelegenheitsbösewichte und in solche, die von Jugend auf böse sind. Und auch diese, die gebürtigen Bösewichte oder Professionals, zerfallen in zwei Teile: in die Verbrecher mit Volksschulbildung und in die Kritiker. Das ist bekannt. Das weiß heute jedes bessere Kind. Bezeichnenderweise findet man in Deutschland für letztere keinen eigenen Namen, sondern nennt sie fremdzüngig Rezensenten, Referenten, ganz allgemein Intellektuelle oder, wie schon gesagt, Kritiker. Die übelste Kategorie sind die Theaterkritiker. Ihr Gewerbe besteht darin, daß sie mit der bitterbösen Absicht ins Theater gehen, sich dort zu ärgern oder, sollte das mißlingen, zu langweilen. Und daß sie mehrere Tage später mit Hilfe gehässiger Zeitungsartikel die breite Öffentlichkeit über die Art und den Grad der gehabten Unlustgefühle aufs geschwätzigste unterrichten. Da schreiben sie dann etwa: »Das Stück war miserabel. Leider sprach Frau Schmidt-Müller den einzigen Satz in der Exposition, der mich interessiert hätte, so undeutlich, daß sie mir damit einen schlaflosen ersten Akt bereitete.« Für derlei hämische Auslassungen werden die Kritiker auch noch fürstlich bezahlt, und so ist es weiter kein Wunder, wenn sie jede Gelegenheit zu übler Nachrede rücksichtslos wahrnehmen. Goethe, der so vieles Treffende geäußert hat, verdanken wir den tiefen Satz: »Schlagt ihn tot, er ist ein Rezensent!« Leider wissen wir zur Genüge, wie wenig das deutsche Volk auf seine Dichter zu hören pflegt.

Immerhin, einmal im Lauf unserer Geschichte, es ist noch gar nicht lange her, wurde das Wort des Weisen aus Weimar beherzigt. Es war eine unvergleichliche, eine unvergeßliche Zeit, und sie hatte nur einen Fehler: sie ging vorbei. Damals nahm sich der Staat der Künste an und trug den Kritikern auf, die deutschen Meister zu ehren, und mit diesen die Gesellen, die Lehrlinge und Anlernlinge. Väterlich verwies er zuerst den Rezensenten ihr zersetzendes Gehabe. Später gab er ihnen den dienstlichen Befehl, alles Dargebotene zu bewundern, zu besingen und zu bepreisen. Und siehe da, es klappte! Die Kritiken waren glänzend, die Stücke waren glänzend, die Aufführungen waren glänzend, und die Laune der Theaterdirektoren, der Sänger, Schauspieler, Dirigenten, Flötisten und Logenschließer war glänzend. Kein Mißton konnte aufkommen. Die Künstler sahen die Kritiker, von denen sie nun unermüdlich mit Blümchen bestreut und mit Schlagsahne begossen wurden, zufrieden an und sagten: »Na also, warum denn nicht gleich?«

Gewiß, es gab Rückfälle. Es kam vor, daß eine der Intellektbestien nicht parieren wollte. Doch gegen solch atavistische Anfälle wußten die Dresseure Mittel. Wer nicht richtig lobpreisen wollte, wer da glaubte, er könne die Zunge herausstrecken oder die Zähne zeigen, wurde auf die Straße gesetzt. Später wurde das Verfahren insofern vervollkommnet, als man die unartigen Rezensenten nicht mehr verbot, sondern zur Strafe ins soldatische Ehrenkleid steckte und an eine der zahlreichen Fronten schickte. Dort konnten sie dann für den mitunter nur noch kurzen Rest des Lebens über ihre Niedertracht nachdenken. Man sieht, wie genau man dem Rat unseres großen Goethe zu gehorsamen suchte. Doch derartige Maßnahmen und Anlässe blieben selten. Im allgemeinen konnte das treffliche Wort August Kopischs, eines anderen bedeutenden deutschen Dichters, gelten, an das man heute mit Wehmut zurückzudenken geneigt ist, an den Vers:

> »Ach wie war es doch vordem
> mit Kunstbetrachtern so bequem!«

Hier muß eines Phänomens kurz gedacht werden, das ins Gebiet der kulturellen Pathologie gehört. Es gab nicht nur unter den Rezensenten Leute, denen das Fehlen der Kritik alter Schule an den Nerven zerrte, sondern auch unter den Künstlern, den Betroffenen a. D., selber! Eine widerwärtige seelische Verirrung, pervertiert, ungesund und faul bis ins Mark, um es dezent und gelassen auszudrücken. Sie sehnten sich nach den alten »Sudelköchen« zurück und nannten deren Nachfolger, müde spöttelnd, Hudelköche! Ein Schauspieler vom Deutschen Theater in Berlin erklärte einmal unter Kopfschütteln: »Ich weiß nicht, woran es liegt. Wir verdienen doch nun soviel Geld wie niemals zuvor. Wir sind das Liebkind der Regierenden. Und trotzdem macht uns das Theaterspielen keinen Spaß mehr ...« Ihm und seinesgleichen war das wolkenlose Lob durchaus verdächtig. Er konnte nicht glauben, daß er in jeder Rolle unerreicht, daß jedes der neuen Dramen meisterlich und jede Regie eine Tat sei. Er war das Pendant zum zersetzenden Kritiker, er war der zersetzte Schauspieler. Zum Glück gibt es wenig Künstler, die sich an zu viel und zu fettem Lob den Magen verderben. So blieb alles gut und schön und glänzend und großartig und einmalig. In der Kunst wie in der Politik, in der Wirtschaft wie in der Kriegsführung. Bis ...

*

Statt nun den von Klios Hand jäh abgerissenen Faden der Geschichte tapfer weiterzuspinnen, sucht man ihn mit dem Althergebrachten zu verknoten. Unter Expressionisten, Parteisekretären, Bodenreformern, Bibelforschern und anderen Gespenstern, die aus der Versenkung aufsteigen, erblickt man auch, horribile dictu, die Zeitungsbösewichte, die Beckmesser der Premieren! Sie wühlen wieder unterm Strich, die Großmaulwürfe der Presse. Und da ist kein Minister weit und breit, der sie erlegte! Kein Reichspressechef, kein Reichsdramaturg und kein Reichsfilmintendant, der sie an der winterlichen Front kaltstellen ließe! Niemand widerspricht ihnen, wenn sie die Priester und Küster der Kunst erniedrigen und beleidigen. Zwölf Jahre Dauerlob, und nun diese Reaktion? Da bleibt nur eines: Selbsthilfe! Wie ein Lauffeuer pflanzt sich von Stadttheater zu Stadttheater der Ruf fort: »Künstler, erwache!« Allenthalben im Lande stehen sie auf, die Dirigenten, Schauspieler und Direktoren, und wehren sich ihrer dünnen Haut! Das wäre ja noch schöner wäre ja das!

Schon beginnen sich am Rundhorizont einige brauchbare Kampfmethoden abzuzeichnen, und es mag für manchen Intendanten, für manchen Kapellmeister und für manchen Regisseur beizeiten wissenswert erscheinen, wie man anderwärts abfälligen Kritiken und silbenstechenden Kritikern begegnet. Die angeführten Beispiele werden zur Nachahmung empfohlen.

1. Man kann es wie in *Konstanz* machen. Der Intendant des Vorjahres nahm ihn kränkende Rezensionen nicht hin, sondern erwiderte darauf im Programmheft der Bodenseebühnen. Außerdem veröffentlichte er Zuschriften aus dem Leserkreis. Als er einen Brief abdrucken konnte, worin jemand Stein und Bein schwor, daß eine besonders herb beurteilte Inszenierung mindestens so gelungen gewesen sei wie die beste Einstudierung unter Max Reinhardt, gab der Kritiker nach, und ging, seelisch völlig durcheinander, in eines der umliegenden idyllischen Klöster.

2. Man kann es wie in *Zwickau* machen. Dort hatte ein Kritiker die Ouvertüre zu »Figaros Hochzeit« beanstandet. Genauer, nicht so sehr die Ouvertüre selber wie die Zwickauer Auffassung. Daraufhin taten sich die Orchestermitglieder des Stadttheaters zusammen und erklärten einstimmig, daß sie, falls es dem Rezensenten beikäme, das Haus jemals wieder zu betreten, streiken würden. Sie drohten, die Instrumente sofort aus der Hand zu legen. Ausnahmslos und zum eignen Leidwesen. Was aus dem Kritiker geworden ist, weiß man nicht. In Zwickau gibt es keine Klöster.

3. Man kann es wie in *Stuttgart* machen. Dort ging ein Journalist so weit, eine »Clavigo«-Inszenierung zu bemängeln. Zunächst wurde der Zeitung mitgeteilt, daß für diesen Mann künftig keine Freikarten mehr zur Verfügung stünden. Als der so empfindlich Gemaßregelte lautwerden ließ, daß er sich die Billetts von nun an käuflich erwerben wolle, erhielt er ein Hausverbot. Man gab's ihm, um Komplikationen vorzubeugen, schwarz auf weiß. Was aus dem Ärmsten geworden ist, ahnt niemand. Es heißt, daß er sich, den Kammerspielen gegenüber, eingemietet habe und an besonders wichtigen Theaterabenden blaß

wie ein Geist an seinem Fenster stehe und die Arme verlangend nach jenem Haus ausstrecke, das er nie, nie wieder betreten darf.

4. Man kann es wie in *Berlin* machen. Dort glaubte sich eine mit Recht gefeierte Schauspielerin von einem jungen Kritiker zu Unrecht verrissen, suchte ihn in seinem Stammlokal auf und verabreichte dem Erstaunten im Garderobenraum, wohin sie ihn rufen ließ, ein paar Ohrfeigen. Obwohl sie selber nachträglich von dieser Methode abgerückt ist – vor allem, weil er ihr, als sie davonrauschte, höflich die Tür aufhielt –, soll man sich nicht beirren lassen: Das Verfahren bleibt zu empfehlen. Es wird viel zu wenig gebackpfeift.

5. Man kann es auch wie in *Hannover* machen. Nachdem ein Musikkritiker geschrieben hatte, Herr Professor Krasselt habe die »Pastoralsymphonie« reichlich »unpastoral« dirigiert, ließ der gekränkte Kapellmeister auf einem den Programmheften beigefügten Zettel mitteilen, daß er in Hannover künftig nicht mehr gastieren werde. Wenn der Rezensent gar geschrieben hätte, unter den Händen des Professors Krasselt sei aus der »Pastoralsymphonie« eine »Professoralsymphonie« geworden, hätte ihn der Magistrat wahrscheinlich auf dem Städtischen Schlachthof einliefern lassen. Da er sich den Witz verkniff, kam er glimpflicher davon. Der Oberbürgermeister hielt in einer Plenarsitzung des Stadtrats eine flammende Rede gegen das Unwesen der zersetzenden Kritik. Und ein paar Tage später wurde der dreiundzwanzigjährige Delinquent für die Dauer einer Woche zur Schuttaktion eingezogen. An diesem Beispiel stimmt besonders hoffnungsfreudig, daß den Künstlern die Stadtväter zu Hilfe eilten. Der Fall wird Schule machen. Wenn's auch noch kein Minister wieder ist, der sich schützend vor die Musen stellt – Stadträte sind auch schon ganz nett. Es ist ein Anfang. Man sieht den guten Willen.

Kein schlechter Gedanke wäre es, die verschiedenen Methoden zügig zu kombinieren. Im Anschluß an eine ablehnende Kritik könnte man dem Burschen zunächst im Programmheft geharnischt antworten. Dann sollte man ihm auf Lebenszeit das Betreten des Theaters verbieten. Anschließend müßte man ihn vom kräftigsten Mitglied des Ensembles ohrfeigen und zuguterletzt als Hauptschuldigen einem Arbeitslager überweisen lassen. Zugegeben, es wäre immer erst eine halbe Sache. Aber die Demokratie ist ja nun einmal das System der Halbheiten. Und solange man sich bemühen wird, es uns zu oktroyieren, werden die Kritiker versuchen, das wilde, herrliche Blühen unserer Kunst, böse wie sie sind, zu verhindern.

Vor einem möge uns die Zukunft bewahren: von jenen Intellektuellen, deren Talent ihrer Bosheit gleichkommt! In den zwanziger Jahren unseres Jahrhunderts gab es dergleichen. In Wien schrieb damals einer nach einer Aufführung, die ihn natürlich gelangweilt hatte: »Das Stück begann halb acht. Als ich halb zwölf auf die Uhr sah, war es halb neun.« Gegen so etwas hilft keins der angeführten Mittel. Dagegen hülfe nur der totalitäre Staat.

1947

Die kopflose Stecknadel

Köpfe abschlagen ist nicht sehr klug.
Die Stecknadel, der man den Kopf ab-
　　schlug,
fand, der Kopf sei völlig entbehrlich,
und war nun vorn und hinten gefährlich.

Die folgende ironische Glosse erschien zu Beginn des Jahres 1949. Und die darin ausgesprochenen Befürchtungen waren, wie sich im Verlauf des Jahres herausstellen sollte, durchaus angebracht gewesen.

Das Goethe-Derby

Die Bleistifte sind messerscharf gespitzt. Die Federhalter haben frisch getankt. Die neuen Farbbänder zittern vor Ungeduld. Die Schreibmaschinen scharren nervös mit den Hufen. Die deutsche Kultur und die umliegenden Dörfer halten den Atem an. Es kann sich nur noch um Sekunden handeln. Da! Endlich ertönt der Startschuß! Die Federn sausen übers Papier. Die Finger jagen über die Tasten. Die Rotationsmaschinen gehen in die erste Kurve. Die Mikrophone beginnen zu glühen. Ein noch gut erhaltener Festredner bricht plötzlich zusammen. Das Rennen des Jahres hat begonnen: das Goethe-Derby über die klassische 200-Jahr-Strecke! Das olympische Flachrennen! Ein schier unübersehbares, ein Riesenfeld! (Hinweis für den Setzer: Vorsicht! Nicht Rieselfeld!) Ein Riesenfeld! Was da nicht alles mitläuft!

»Goethe und der Durchstich der Landengen«, »Faust II, Law und die Emission von Banknoten«, »Klopstock, Goethe und der Schlittschuhsport«, »Weimar und der historische Materialismus«, »Erwirb ihn, um ihn zu besitzen«, »Das Genie und die zyklische Pubertät«, »Goethe und die Bekämpfung der Kleidermotten«, »Die abgerundetste Persönlichkeit aller Zeiten«, »Sesenheim, ein Nationalheiligtum«, »Goethe und die Leipziger Messe«, »Goethe als Christ«, »Goethe als Atheist«, »Goethe als Junggeselle« »War Johann Wolfgang ein schwererziehbares Kind?«, »Goethe und der Sozialismus«, »Goethe und der Monopolkapitalismus«, »Goethe auf Carossas Spuren«, »Ist Oberst Textor, USA, ein Nachkomme von Goethes Großvater Textor?«, »Goethe und die doppelte Buchführung«, »Goethes Abneigung gegen Hunde auf der Bühne«, »Von Lotte in Wetzlar zu Lotte in Weimar«, »Goethe und die Feuerwehr«, »Goethe und der Zwischenkiefer«, »Wo stünde Goethe heute?«, »Voilà c'est un homme!«, »Spinozas

Einfluß auf Goethes Pantheismus«, »Genie und Kurzbeinigkeit«, »Vom Mütterchen die Frohnatur«, »Goethe als Weltbürger Nr. 1«, »Faust als...«, »Cotta und Göschen über...«, »Newtons Farbenlehre und...«, »Tiefurt zur Zeit...«, »Die Freimaurerei und ihr Einfluß auf...«, »Goethe in...«, »Goethe mitnachnächstnebstsamtbeiseit...«

Es dürfte ziemlich schrecklich werden. Keiner wird sich lumpen lassen wollen, kein Redakteur, kein Philologe, kein Pastor, kein Philosoph, kein Dichter, kein Rektor, kein Bürgermeister und kein Parteiredner. Seine Permanenz, der Geheimrat Goethe! In Göttingen verfilmen sie den Faust. In München verfilmen sie den Werther. Von allen Kalenderblättern dringt seine Weisheit auf uns ein. Kaufen Sie die herrlichen Goethe-Goldorangen! Skifahrer benutzen die unverwüstlichen Berlichingen-Fausthandschuhe! Davids Goethe-Büste für den gebildeten Haushalt! Der Goethebüstenhalter, Marke Frau von Stein, in jedem Fachgeschäft erhältlich! O Mädchen, mein Mädchen, die Schallplatte des Jahres! Goethe-Tropfen erhalten Sie bis ins hohe Alter jung und elastisch!

Sind diese Befürchtungen übertrieben? Von der falschen Feierlichkeit bis zur echten Geschmacklosigkeit wird alles am Lager sein, und wir werden prompt beliefert werden. Am Ende des Jubiläumsjahres – wenn uns bei dem Wort »Goethe« Gesichtszuckungen befallen werden – wollen wir's uns wiedersagen. Die Schuld trifft das Vorhaben. Goethe, wie er's verdiente, zu feiern, mögen ein einziger Tag oder auch ein ganzes Leben zu kurz sein. Ein Jahr aber ist zu viel.

Was auch geschieht

Was auch immer geschieht:
Nie dürft ihr so tief sinken,
von dem Kakao, durch den man euch zieht,
auch noch zu trinken!

1932

Die Naturgeschichte der Schildbürger

Neulich kam mir eines unserer Volksbücher in die Hände: »Der Schildbürger wunderseltsame, abenteuerliche, unerhörte und bisher unbeschriebene Geschichten und Thaten.« Da nun die mit Beifuß, Kümmel und Majoran gewürzte, hausschlachtene Sprache der alten Schwänke so herzhaft schmeckt wie Landleberwurst, griff ich zu. Und las mich fest. Und machte eine Entdeckung. Ich entdeckte, wie das so zu sein pflegt, natürlich nur, was längst entdeckt worden ist. Aber auch Columbus hat sich nicht daran gestoßen, daß die Wikinger vor ihm in Amerika gelandet sind. Er war trotzdem verblüfft. Mir ging's wie ihm. Ich las in aller Ausführlichkeit, daß die Schildbürger, mindestens in der ersten verbrieften Generation, ganz und gar nicht blöd und albern, sondern überdurchschnittlich intelligent waren und daß ihre sprichwörtliche Dummheit auf einem freiwilligen und wohlüberlegten Entschluß beruht. In den Bilderbüchern steht kein Wort davon. Die kinderlieben Herausgeber und Bearbeiter haben sich, juristisch gesprochen, der Unterschlagung schuldig gemacht, und es wird nachgerade Zeit, die Unterschlagung und den Fund zu melden.

Also: Schilda (oder Schildau, Kreis Torgau, ehemals Provinz Sachsen) war eine Kleinstadt mit Feldern, Gärten und Allmendewiesen vor der Ringmauer, mit Schweinen auf dem Marktplatz und Ackergäulen in den Ställen. Und die Bürger waren fleißig, tüchtig, erfahren, beherzt und gescheit. Wenn man anderswo nicht weiterwußte, schickte man einen Boten nach Schilda, daß er guten Rat einhole. Schließlich kamen sogar Abgesandte aus fernen Königreichen, brachten fürstliche Geschenke und baten, die Stadt möge ihren Monarchen den einen oder anderen klugen Mann als ständigen Ratgeber schikken. So verließen im Laufe der Jahre immer mehr Schildbürger ihre Vaterstadt, erwarben sich im Auslande Ehre und Hochachtung und sandten ab und zu Geld nach Hause.

Das mochte gut und schön sein, doch Schilda geriet es nicht zum besten. Denn nun mußten die Frauen die Felder bestellen, das Vieh und das Federvieh schlachten, den Marktplatz pflastern, die Pferde beschlagen, die Katastersteuern festsetzen, die Ernte verkaufen, die Kinder lesen und rechnen lehren – kurz, es war zuviel. Deshalb ging es mit Schilda bergab. Die Felder verrotteten. Das Vieh verkam. Der Gemeinde-Etat war zerrüttet. Die Kinder wurden frech und blieben dumm. Und die Frauen wurden vor lauter Sorgen, Tränen und Gezänk häßlich. Schließlich schrieben sie den Männern einen Brief, daß und warum es so nicht weitergehe, und sie sollten sich schleunigst heimscheren.

Da erschraken die Auslandsschildbürger, packten die Koffer, verabschiedeten sich von den tiefbetrübten Kurfürsten und Königen und fuhren mit der Extrapost nach Hause. Hier schlugen sie erst einmal die Hände über den Köpfen zusammen. Dann krempelten sie die Hemdsärmel hoch und begannen vor ihrer eigenen Tür zu kehren. Ein paar Tage später trafen sich alle im »Roten Ochsen« beim Bier und klagten einander ihr Leid. Vorm Gasthof standen schon wieder fünf Gesandte aus fremden Ländern mit dringenden Gesuchen. »Schickt sie weg!« sagte der Ochsenwirt. »Diesmal können wir unseren guten Rat selber brauchen.« Und dann überlegten sie, was zu tun sei. Man konnte, da Diplomatie zur Klugheit gehört, ehrenhafte Anträge fremder Potentaten nicht rundheraus ablehnen, das war klar. Andrerseits mußte man Schilda retten; denn das Hemd ist jedermann näher als der Rock. Beim sechsten Glase wischte sich der Schweinehirt, der in Mantua zehn Jahre lang Geheimrat gewesen war, den Schnauzbart und erklärte dezidiert: »Die Klugheit war unser Verderb. Nur die Dummheit kann uns retten. Und sie wird es tun. Drum wollen wir uns künftig dummstellen. Es wird nicht ganz leicht sein. Aber wer könnte es besser und naturgetreuer als so gescheite Leute wie wir?«

Der Antrag wurde einstimmig angenommen. Bereits vier Wochen später begann man mit dem Bau jenes dreieckigen Rathauses, das in die Geschichte eingegangen ist, weil man die Fenster »vergaß«. Durch diesen Trick und andere Streiche erlangten die Schildbürger eine nagelneue, von ihrer früheren grundverschiedene Berühmtheit. Man holte sie nicht mehr ins Ausland, doch man kam nach Schilda. Der Fremdenverkehr blühte. Die Devisen flossen. Die Handelsbilanz wurde aktiv. Die Stadt war gerettet. Und ihren Spaß hatten die Einwohner obendrein.

So und nicht anders ist es gewesen. In unseren Bilderbüchern liest man nichts davon. Die neueste Bearbeitung, die ich mir besorgt habe, fängt folgendermaßen an: »Als die Schildbürger ihre Stadt erbauten, vergaßen sie das Schulhaus. Seitdem wurden sie dumm und immer dümmer.« Ach, du heiliger Strohsack! Das sollen euch die Kinder glauben? Habt ihr denn völlig vergessen, wie gescheit und gewitzt ihr wart, als ihr noch kurze Hosen trugt?

Mitleid und Perspektive
oder
Die Ansichten eines Baumes

Hier, wo ich stehe, sind wir Bäume,
die Straße und die Zwischenräume
so unvergleichlich groß und breit.
Mein Gott, mir tun die kleinen Bäume
am Ende der Allee entsetzlich leid!

Die einäugige Literatur

In Anbetracht des heutigen Themas habe ich mir meinen besten weißen Vollbart umgeschnallt. Nicht nur um den Lesern, sondern, wenn mein Blick zufällig in den Spiegel fallen sollte, auch mir selber jenen Respekt einzujagen, der geboten erscheint, sooft es profunde Banalitäten in aller Öffentlichkeit auszusprechen gilt. Banalitäten und ähnliche Selbstverständlichkeiten erregen, da sie, wie das Familiensilber, nur selten in Gebrauch genommen werden, jedesmal Unbehagen und Verblüffung, womöglich Ärger. Solchen Regungen entgegenzutreten, bedarf es des Respekts. Um Respekt einzuflößen, bedarf es der Würde. Um würdig zu erscheinen, bedarf es eines weißen Bartes.

Als ich neulich, in aller Harmlosigkeit, in dieser Zeitung den Vorschlag machte, die großen Männer der Geschichte ab und zu von den Sockeln der Legende herunterzuholen – natürlich nur leihweise und nicht, um sie zu zertrümmern, sondern bloß, um sie etwas abzustauben und dabei näher und genauer als bisher zu betrachten –, bekam ich von verschiedenen Lesern ausgemachte, hausgemachte Unfreundlichkeiten zu hören. Etwas Selbstverständliches vorzuschlagen ist immer gefährlich. Von den Menschen unbillige Dinge zu fordern, wie ihr Vermögen, ihre Freiheit, ihr Leben und das ihrer Kinder, ist eine Kleinigkeit. Aber zu verlangen, sie möchten einmal nachdenken, und zwar, wenn möglich, mit dem eigenen Kopfe statt mit dem üblicherweise dazu verwandten, jahrhundertealten Kopf aus dem Familienwappen, das bringt die Gemüter zur Weißglut. Mein alter Lehrer, der Eckensteher Sokrates, hat es erlebt. Soweit er es erlebt hat...

Dieser äußerst behutsamen und milden Einleitung schien ich mich heute bedienen zu müssen. Denn es geht wieder um eine Selbstverständlichkeit! Es gilt, vom ernstesten Thema der Welt zu sprechen: vom Humor. Vom Humor und seinen kleineren Geschwistern, wie der Satire, der Komik, dem Scherz, der Heiterkeit, der Ironie. Vom Humor also. Es gibt ihn bei allen Völkern und bei ganz wenigen Menschen; es gibt ihn in allen Literaturen und fast nirgends. Am rarsten jedoch ist er in der deutschen Literatur. Und in der deutschen Literaturgeschichte ist man darauf stolz.

Sehr geschätztes Publikum, lassen Sie uns mit einem kleinen, einfachen, ungefährlichen Experiment beginnen! Mit einem netten, die Freizeit gestaltenden Gesellschaftsspiel! Also, fragen Sie, bitte, die fünfköpfige Familie, die in Ihrer Küche wohnt, sowie den einsamen Herrn, der mutterseelenallein in der gegenüberliegenden Villa haust, fragen Sie sich selber, Ihre Verwandten und alle übrigen Landsleute: »Wieviel deutsche Lustspiele kennt ihr, und wie heißen sie?« Das Endresultat kann ich Ihnen schon jetzt prophezeien. Man wird Ihnen nennen: Lessings »Minna von Barnhelm«, Kleists »Zerbrochenen Krug«, Grillparzers »Weh dem, der lügt«, Büchners »Leonce und Lena«, Freytags »Journalisten« und Hauptmanns »Biberpelz«.

Wie gesagt, nach einigem Hängen und Würgen wird dieses klägliche halbe Dutzend schon voll werden. Da bin ich ganz ohne Sorge. Einer wird mit Curt Goetz herausrücken. Aber den nehmen wir nicht. Der ist noch nicht im literaturbiblischen Alter. Es werden die namentlich aufgezählten sechs klassischen Lustspiele genannt werden. Ich habe es prophezeit. Woher ich es weiß? Ich bin kein Gedankenleser. Ich arbeite nicht mit doppeltem Boden. Es handelt sich um keinen Zufall. Es handelt sich vielmehr um eine Seitenansicht des deutschen Schicksals: Wir haben nur diese sechs Lustspiele! Ich finde wenige Dinge auf der Welt so gräßlich wie zwei Ausrufungszeichen hintereinander – trotzdem: Wir besitzen sechs deutsche Lustspiele!!

Jeder halbwegs Gebildete müßte es wissen. Es weiß auch jeder. Es ist ihm nur noch nicht eingefallen. Es ist selbstverständlich. Ist es selbstverständlich? Es ist unerhört! Die Literatur eines angesehenen, wegen seiner Dichtung mit Recht verehrten Kulturvolkes hat auf der einen Seite Tausende von Tragödien, Schauspielen, Epen, Erziehungsromanen, Meisternovellen, Oden, Hymnen, Sonetten und Elegien – und auf der anderen gleich großen Waagschale ängstigen sich sechs einsame Lustspiele, von denen noch nicht einmal alle sechs »Feingold« gestempelt sind! Wir haben kaum einen humoristischen Roman; kaum ein Gedicht, das lachen kann; keinen echten Satiriker; keinen Dichter, den es aus fröhlichem Herzen verlangt hätte, ein Buch für die Kinder zu schreiben; nur einen Gottfried Keller, doch der stammt aus der Schweiz; einen einzigen Wilhelm Busch, und dessen Verse werden auf Aschenbecher gemalt! Sträuben sich Ihnen, nun Sie dieses Mißverständnis, das Sie immer gekannt haben, endlich wissen, die Haare?

Ich sitze seit zirka fünfundzwanzig Jahren mit gesträubtem Haar vor meinen Bücherregalen. So lange sagte ich mir und anderen: »Da stimmt doch etwas nicht!«

Sehr geschätztes Publikum, da stimmt noch manches andere nicht. Haben Sie einmal auf deutschen Universitäten Literaturgeschichte und Ästhetik gehört? Bücher von Professoren, Dramaturgen und ähnlich erwachsenen Männern gelesen? Mit denkenden Dichtern gesprochen? Nein? Aha! Lassen Sie sich in Kürze folgendes sagen: Diese Herren schreiben und sprechen zwar von tragischen Verwicklungen, von heroischen Stoffen, von Pflichtkonflikten, vom epischen Drama, von Mitleid und Furcht, vom historischen Roman, vom Ödipuskomplex und ähnlichen Dingen so hurtig und fließend, wie die Bäcker Brötchen backen – aber von der heiteren Kunst?

Von der heiteren Muse, vom Humor gar, dem höchsten Kleinod der leidenden und dichtenden Erdkrustenbewohner, sprechen die deutschen Dichter und Denker allenfalls am 29. Februar, sonst nicht. Sie verachten solche Kindereien. Sie nehmen nur das Ernste ernst. Wer ins deutsche Pantheon hinein will, muß das Lachen an der Garderobe abgeben. Jean Paul war ungefähr der letzte große Deutsche, der über das Komische ernstlich nachgedacht hat.

Wenn man sich die Zeit und den Mut nähme, in einem Kreise solch »tierisch« ernster Tragödiendichter schüchtern zu erklären, daß es wohl zwar gleich schwer sein mag, ein ernstes wie ein heiteres Meister-Stück zu liefern, daß es aber dreimal schwieriger sei, ein durchschnittliches Lustspiel zu schreiben als eine durchschnittliche heroisch aufgezäumte Tragödie, in welcher der Held so lange zwischen der Vaterlandsliebe und seiner Hulda hin und her gerissen wird, bis sich schließlich der Schlußvorhang wohltätig über seiner und Huldas Leiche senkt... Wenn man, begann ich diesen Satz vor fünf Minuten, sich Mut und Zeit dazu nähme... Doch soviel Zeit hat nicht einmal ein Humorist.

Und noch etwas: Es ist noch schwerer, ein mittelmäßiges Lustspiel zu schreiben als ein entsprechendes, möglichst historisches

Trauerspiel. Wieviel mühsamer ist es nun erst, sich selber, den Herrn Dichter persönlich, zur inneren Heiterkeit zu erziehen, statt ein Leben lang, mit den Dackelfalten der Probleme auf der Stirn, herumzurennen und die gleiche Verzweiflung auf stets neues Papier zu bringen! Es ist leicht, das Leben schwerzunehmen. Und es ist schwer, das Leben leichtzunehmen. Das gilt, heute mehr denn je, für alle Menschen. Für uns Deutsche im besonderen. Und ganz speziell für unsere tragischen Barden und ihre theoretisierenden Herolde und Stabstrompeter.

Daß unsere großen klassischen Dichter in ihren Werken dem Lachen abgewandt waren, müssen wir fatalistisch hinnehmen. Nur ganz, ganz leise wollen wir murren und fragen: »Warum schenkte uns der gütige Dichterhimmel keinen Zwillingsbruder Mozarts?« Aber an den weniger großen Toten und Lebendigen wollen wir uns ein wenig reiben. Ihnen und den Literaturaposteln, den Deutschlehrern und den Snobs des »tierischen« Ernstes wollen wir auf den Knien etwas mehr Sinn für die heitere Kunst wünschen. Etwas weniger Dünkel der lichteren, sonnigeren Hälfte der Kunst gegenüber. Die deutsche Literatur ist einäugig. Das lachende Auge fehlt. Oder hält sie es nur krampfhaft zugekniffen?

Der auf die Heiterkeit verächtlich hinunterblickende Hochmut unserer Dichter und Eckermänner wirkt sich, Böses fortzeugend, im täglichen Kunstbetrieb folgerichtig aus. Der Regisseur inszeniert als nächstes Stück »nur« ein Lustspiel. Der Filmproduzent geht diesmal »nur« mit einer Filmkomödie ins Atelier. Der Verleger bringt kommende Ostern von seinem Spitzenautor »nur« ein leichtes, heiteres Buch heraus. Der Redakteur arbeitet an keiner seriösen, sondern »nur« an einer humoristischen Zeitschrift. Der Kapellmeister studiert diesmal »nur« eine Operette ein. Der Schauspieler tritt »nur« in einem Kabarett auf. Von ihnen allen wird die leichte Muse »nur« auf die leichte Achsel genommen, und dann wird mit dieser Achsel auch noch entschuldigend gezuckt!

Da gäbe es künftig vieles gutzumachen. Und, darüber hinaus, gut zu machen... Wer mir einwenden wollte, die Geringschätzung sei lediglich eine Reaktion auf die unzureichende Qualität der angebotenen leichten Ware und unsere leichte Kunst tauge nichts, dem müßte ich erwidern: Unsere Tragödien und Oden von gestern und heute taugen größtenteils genausowenig, und ihr nehmt sie trotzdem wichtig! Es ist schon so: Der dem Humor erwiesene deutsche Dünkel ist angeboren und wird seit je gehegt und gepflegt, als sei er eine Tugend.

Handelt es sich hierbei nun nur um eine vererbte, künstlich und künstlerisch entwickelte Mangelkrankheit unserer Dichter, oder ist etwa das deutsche Volk im ganzen weniger zum Lachen und zur Sehnsucht nach Heiterkeit und Harmonie aufgelegt als andere Völker? Wer den kometenhaften Aufstieg des Nationalsozialismus und den Einbruch dieser konzentrierten, unbändigen Humorlosigkeit in die Weltgeschichte aus eigener Anschauung kennt, könnte, besonders an regnerischen Tagen, glauben, der Humormangel gehöre zu unserem Volkscharakter. Doch wer die jüngste deutsche Vergangenheit miterlebt hat, kennt ja auch unsere verschiedenen Volksstämme, ihren Mutterwitz, ihre sprichwörtlichen »komischen Figuren« und den damit verbundenen Anekdotenschatz, und so wird er, besonders an schönen, sonnigen Tagen, das deutsche Volk für nicht weniger lachlustig und freudedurstig halten als andere Völker auch. So wird ihm nichts anderes übrigbleiben, als an die »Mangelkrankheit unserer Dichter« und ihrer gebildeten Hintermänner zu glauben und mit mir im Verein um deren Einsicht und Besserung zu beten. Ernst ist das Leben, heiter sei die Kunst!

Hoffentlich klettern nun aber unsere Hymniker und Tragödiendichter nicht gleich schwadronenweise vom hohen Roß, um sich auf ihre nachdenklichen Hosen zu setzen und uns mit Lustspielen zu beschenken. Denn dann, o Freunde, hätten wir nichts zu lachen.

Februar 1946

Eine kleine Sonntagspredigt
Vom Sinn und Wesen der Satire

Über dem geläufigen Satze, daß es schwer sei, *keine* Satire zu schreiben, sollte nicht vergessen werden, daß das Gegenteil, nämlich das Schreiben von Satiren, auch nicht ganz einfach ist. Das schwierigste an der Sache wird immer die Vorausberechnung der Wirkung bleiben. Zwischen dem Satiriker und dem Publikum herrscht seit alters Hochspannung. Sie beruht im Grunde auf einem ebenso einseitigen wie resoluten Mißverständnis, das der fingierte Sprecher eines Vierzeilers von mir, eben ein satirischer Schriftsteller, folgendermaßen formuliert:

> Ich mag nicht länger drüber schweigen,
> weil ihr es immer noch nicht wißt:
> Es hat keinen Sinn, mir die Zähne zu zeigen –
> Ich bin gar kein Dentist!

Wie gesagt, die Verfasser von Satiren pflegen mißverstanden zu werden. Seit sie am Werke sind – und das heißt, seit geschrieben wird –, glauben die Leser und Hörer, diese Autoren würfen ihrer Zeit die Schaufenster aus den gleichen Motiven ein wie die Gassenjungen dem Bäcker. Sie vermuten hinter den Angriffen eine böse, krankhafte Lust und brandmarken sie, wenn sie es vorübergehend zum Reichspropagandaminister bringen, mit dem Participium praesentis »zersetzend«. Solche Leser sind aus Herzensgrund gegen das Zersetzen und Zerstören. Sie sind für das Positive und Aufbauende. *Wie* aufbauend sie wirken, kann man, falls sie es vorübergehend zum Reichspropagandaminister bringen, später bequem und mit bloßem Auge feststellen.

In der Mittelschule lernt man auf lateinisch, daß die Welt betrogen werden wolle. In der eigenen Muttersprache lernt man's erst im weiteren Verlauf – aber gelernt wird's auf alle Fälle, in *der* Schulstunde fehlt keiner. Die umschreibende Redensart, daß die Menschen sich und einander in die Augen *Sand* streuen, trifft die Sache nicht ganz. Man streut sich auf der Welt keineswegs Sand in die Augen. So plump ist man nicht. Nein, man streut einander Zucker in die Augen. Klaren Zucker, raffinierten Zucker, sehr raffinierten sogar, und wenn auch das nicht hilft, schmeißt man mit Würfelzucker! Der Mensch braucht den süßen Betrug fürs Herz. Er *braucht* die Phrasen, weich wie Daunenkissen, sonst kann sein Gewissen nicht ruhig schlafen.

Als ich vor rund fünfundzwanzig Jahren nach bestem Wissen und Gewissen zu schreiben begann, kamen immer wieder Beschwerdebriefe. Mit immer wieder dem gleichen Inhalt. Wo, wurde resigniert oder auch böse gefragt, wo bleibt denn nun bei Ihnen das Positive? Ich antwortete schließlich mit einem Gedicht und zitiere ein paar Strophen, weil sie zum Thema gehören und heute nicht weniger am Platze sind als damals:

> Und immer wieder schickt ihr mir Briefe,
> in denen ihr, dick unterstrichen, schreibt:
> »Herr Kästner, wo bleibt das Positive?«
> Ja, weiß der Teufel, wo das bleibt.
>
> Noch immer räumt ihr dem Guten und Schönen
> den leeren Platz überm Sofa ein.
> Ihr wollt euch noch immer nicht dran gewöhnen,
> gescheit und trotzdem tapfer zu sein.
>
> Die Spezies Mensch ging aus dem Leime
> und mit ihr Haus und Staat und Welt.
> Ihr wünscht, daß ich's hübsch zusammen*reime*,
> und denkt, daß es dann zusammen*hält*?
>
> Ich will nicht schwindeln. Ich werde nicht schwindeln.
> Die Zeit ist schwarz. Ich mach euch nichts weis.
> Es gibt genug Lieferanten von Windeln,
> und manche liefern zum Selbstkostenpreis ...

Dem Satiriker ist es verhaßt, erwachsenen Menschen Zucker in die Augen und auf die Windeln zu streuen. Dann schon lieber Pfeffer! Es ist ihm ein Herzensbedürfnis, an den Fehlern, Schwächen und Lastern der Menschen und ihrer eingetragenen Vereine – also an der Gesellschaft, dem Staat, den Parteien, der Kirche, den Armeen, den Berufsverbänden, den Fußballklubs und so weiter – Kritik zu üben. Ihn plagt die Leidenschaft, wenn irgend möglich, das Falsche beim richtigen Namen zu nennen. Seine Methode lautet: Übertriebene Darstellung negativer Tatsachen mit mehr oder weniger künstlerischen Mitteln zu einem mehr oder weniger außerkünstlerischen Zweck. Und zwar nur im Hinblick auf den Menschen und dessen Verbände, von der Ein-Ehe bis zum Weltstaat. Andere, anders verursachte Mißstände – etwa eine Überschwemmung, eine schlechte Ernte, ein Präriebrand – reizen den Satiriker nicht zum Widerspruch. Es sei denn, er brächte solche Katastrophen mit einem anthropomorph vorgestellten Gott oder einer Mehrzahl vermenschlichter Götter in kausale Zusammenhänge.

Der satirische Schriftsteller ist, wie gesagt, nur in den Mitteln eine Art Künstler. Hinsichtlich des *Zwecks*, den er verfolgt, ist er etwas ganz anderes. Er stellt die Dummheit, die Bosheit, die Trägheit und verwandte Eigenschaften an den Pranger. Er hält den Menschen einen Spiegel, meist einen Zerrspiegel, vor, um sie durch Anschauung zur Einsicht zu bringen. Er begreift schwer, daß man sich über ihn ärgert. Er will ja doch, daß man sich über *sich* ärgert! Er will, daß man sich schämt. Daß man gescheiter wird. Vernünftiger. Denn er glaubt, zumindest in seinen glücklicheren Stunden, Sokrates und alle folgenden Moralisten und Aufklärer könnten recht behalten: daß nämlich der Mensch durch Einsicht zu bessern sei.

Lange bevor die »Umerziehung der Deutschen« aufs Tapet kam, begannen die Satiriker an der »Umerziehung des Menschengeschlechts« zu arbeiten. Die Satire gehört, von ihrem Zweck her beurteilt, nicht zur Literatur, sondern in die Pädagogik! Die satirischen Schriftsteller sind Lehrer. Pauker. Fortbildungsschulmeister. Nur – die Erwachsenen gehören zur Kategorie der Schwererziehbaren. Sie fühlen sich in der Welt ihrer Gemeinheiten, Lügen, Phrasen und längst verstorbenen Konventionen »unheimlich« wohl und nehmen Rettungsversuche außerordentlich übel. Denn sie sind ja längst aus der Schule und wollen endlich ihre unverdiente Ruhe haben. Rüttelt man sie weiter, speien sie Gift und Galle. Da erklären sie dann, gefährlichen Blicks, die Satiriker seien ordinäres Pack, beschmutzen ihr eigenes Nest, glaubten nicht an das Hohe, Edle, Ideale, Nationale, Soziale und die übrigen heiligsten Güter, und eines Tages werde man's ihnen schon heimzahlen! Die Poesie sei zum Vergolden da. Mit dem schönen Schein gelte es den Feierabend zu tapezieren. Unbequem sei bereits das Leben, die Kunst sei gefälligst bequem!

Es ist ein ziemlich offenes Geheimnis, daß die Satiriker gerade in Deutschland besonders schwer dran sind. Die hiesige Empfindlichkeit grenzt ans Pathologische. Der Weg des satirischen Schriftstellers ist mit Hühneraugen gepflastert. Im Handumdrehen schreien ganze Berufsverbände, Generationen, Geschlechter, Gehaltsklassen, Ministerien, Landsmannschaften, Gesellschaftsschichten, Parteien und Haarfarben auf. Das Wort »Ehre« wird zu oft gebraucht, der Verstand zu wenig und die Selbstironie – nie.

Das wird und kann die Satiriker nicht davon abhalten, ihre Pflicht zu erfüllen. »Sie können nicht schweigen, weil sie Schulmeister sind«, hab ich in einem Vorwort geschrieben, » – und Schulmeister müssen schulmeistern. Ja, und im verstecktesten Winkel ihres Herzens blüht schüchtern und trotz allem Unfug der Welt die törichte, unsinnige Hoffnung, daß die Menschen vielleicht doch ein wenig, ein ganz klein wenig besser werden könnten, wenn man sie oft genug beschimpft, bittet, beleidigt und auslacht. Satiriker sind Idealisten.«

Zum Schluß der Predigt sei diesen beklagenswerten Idealisten ein Spruch auf ihren mühseligen Weg mitgegeben:

> Vergeßt in keinem Falle,
> auch dann nicht, wenn vieles mißlingt:
> Die Gescheiten werden nicht alle!
> (So unwahrscheinlich das klingt.)

August 1947

Unsanftes Selbstgespräch

Merk dir, du Schaf,
weil es immer gilt:
Der Photograph
ist nie auf dem Bild.

Klassenzusammenkunft

Sie trafen sich, wie ehemals,
im ersten Stock des Kneiplokals.
Und waren zehn Jahre älter.
Sie tranken Bier. (Und machten Hupp!)
Und wirkten wie ein Kegelklub.
Und nannten die Gehälter.

Sie saßen da, die Beine breit,
und sprachen von der Jugendzeit
wie Wilde vom Theater.
Sie hatten, wo man hinsah, Bauch.
Und Ehefrau'n hatten sie auch.
Und fünfe waren Vater.

Sie tranken rüstig Glas auf Glas
und hatten Köpfe bloß aus Spaß
und nur zum Hütetragen.
Sie waren laut und waren wohl
aus einem Guß, doch innen hohl,
und hatten nichts zu sagen.

Sie lobten schließlich haargenau
die Körperformen ihrer Frau,
den Busen und dergleichen.
Erst dreißig Jahr, und schon zu spät!
Sie saßen breit und aufgebläht
wie nicht ganz tote Leichen.

Da, gegen Schluß, erhob sich wer
und sagte kurzerhand, daß er
genug von ihnen hätte.
Er wünsche ihnen sehr viel Bart
und hundert Kinder ihrer Art
und gehe jetzt zu Bette. –

Den andern war es nicht ganz klar,
warum der Kerl gegangen war.
Sie strichen seinen Namen.
Und machten einen Ausflug aus.
Für Sonntag früh. Ins Jägerhaus.
Doch dieses Mal mit Damen.

                1928

Sachliche Romanze

Als sie einander acht Jahr kannten
(und man darf sagen: sie kannten sich gut),
kam ihre Liebe plötzlich abhanden.
Wie andern Leuten ein Stock oder Hut.

Sie waren traurig, betrugen sich heiter,
versuchten Küsse, als ob nichts sei,
und sahen sich an und wußten nicht weiter.
Da weinte sie schließlich. Und er stand dabei.

Vom Fenster aus konnte man Schiffen winken.
Er sagte, es wäre schon Viertel nach vier
und Zeit, irgendwo Kaffee zu trinken. –
Nebenan übte ein Mensch Klavier.

Sie gingen ins kleinste Café am Ort
und rührten in ihren Tassen.
Am Abend saßen sie immer noch dort.
Sie saßen allein, und sie sprachen kein Wort
und konnten es einfach nicht fassen.

1929

Warnung vor Selbstmord

Diesen Rat will ich dir geben:
Wenn du zur Pistole greifst
und den Kopf hinhältst und kneifst,
kannst du was von mir erleben.

Weißt wohl wieder mal geläufig,
was die Professoren lehren?
Daß die Guten selten wären
und die Schweinehunde häufig?

Ist die Walze wieder dran,
daß es Arme gibt und Reiche?
Mensch, ich böte deiner Leiche
noch im Sarge Prügel an!

Laß doch deine Neuigkeiten!
Laß doch diesen alten Mist!
Daß die Welt zum Schießen ist,
wird kein Konfirmand bestreiten.

War dein Plan nicht: irgendwie
alle Menschen gut zu machen?
Morgen wirst du drüber lachen.
Aber, bessern kann man sie.

Ja, die Bösen und Beschränkten
sind die Meisten und die Stärkern.
Aber spiel nicht den Gekränkten.
Bleib am Leben, sie zu ärgern!

1929

Höhere Töchter im Gespräch

Die eine sitzt. Die andre liegt.
Sie reden viel. Die Zeit verfliegt.
Das scheint sie nicht zu stören.
Die eine liegt. Die andre sitzt.
Sie reden viel. Das Sofa schwitzt
und muß viel Dummes hören.

Sie sind sehr wirkungsvoll gebaut
und haben ausgesuchte Haut.
Was mag der Meter kosten?
Sie sind an allen Ecken rund.
Sie sind bemalt, damit der Mund
und die Figur nicht rosten.

Ihr Duft erinnert an Gebäck.
Das Duften ist ihr Lebenszweck,
vom Scheitel bis zur Zehe.
Bis beide je ein Mann mit Geld
in seine gute Stube stellt.
Das nennt man dann: Die Ehe.

Sie knappern Pralinés und Zeit;
von ihren Männern, Hut und Kleid
und keine Kinder kriegend.
So leben sie im Grunde nur
als 44er Figur,
teils sitzend und teils liegend.

Ihr Kopf ist hübsch und ziemlich hohl.
Sie fühlen sich trotzdem sehr wohl.
Was läßt sich daraus schließen?
Man schaut sie sich zwar gerne an,
doch ganz gefielen sie erst dann,
wenn sie das Reden ließen.

1930

Gewisse Ehepaare

Ob sie nun gehen, sitzen oder liegen,
sie sind zu zweit.
Man sprach sich aus. Man hat sich ausgeschwiegen.
Es ist soweit.

Das Haar wird dünner, und die Haut wird gelber,
von Jahr zu Jahr.
Man kennt den andern besser als sich selber.
Der Fall liegt klar.

Man spricht durch Schweigen. Und man schweigt
mit Worten.
Der Mund läuft leer.
Die Schweigsamkeit besteht aus neunzehn Sorten.
(Wenn nicht aus mehr.)

Vom Anblick ihrer Seelen und Krawatten
wurden sie bös.
Sie sind wie Grammophone mit drei Platten.
Das macht nervös.

Wie oft sah man einander beim Betrügen
voll ins Gesicht!
Man kann zur Not das eigne Herz belügen,
das andre nicht.

Sie lebten feig und wurden unansehnlich.
Jetzt sind sie echt.
Sie sind einander zum Erschrecken ähnlich.
Und das mit Recht.

Sie wurden stumpf wie Tiere hinterm Gitter.
Sie flohen nie.
Und manchmal steht vorm Käfige ein Dritter.
Der ärgert sie.

Nachts liegen sie gefangen in den Betten
und stöhnen sacht,
während ihr Traum aus Bett und Kissen Ketten
und Särge macht.

Sie mögen gehen, sitzen oder liegen,
sie sind zu zweit.
Man sprach sich aus. Man hat sich ausgeschwiegen.
Nun ist es Zeit...

1930

Sogenannte Klassefrauen

Sind sie nicht pfuiteuflisch anzuschauen?
Plötzlich färben sich die Klassefrauen,
weil es Mode ist, die Nägel rot!
Wenn es Mode wird, sie abzukauen
oder mit dem Hammer blauzuhauen,
tun sie's auch. Und freuen sich halbtot.

Wenn es Mode wird, die Brust zu färben
oder, falls man die nicht hat, den Bauch ...
Wenn es Mode wird, als Kind zu sterben
oder sich die Hände gelbzugerben,
bis sie Handschuhn ähneln, tun sie's auch.

Wenn es Mode wird, sich schwarzzuschmieren ...
Wenn verrückte Gänse in Paris
sich die Haut wie Chinakrepp plissieren ...
Wenn es Mode wird, auf allen vieren
durch die Stadt zu kriechen, machen sie's.

Wenn es gälte, Volapük zu lernen
und die Nasenlöcher zuzunähn
und die Schädeldecke zu entfernen
und das Bein zu heben an Laternen –
morgen könnten wir's bei ihnen sehn.

Denn sie fliegen wie mit Engelsflügeln
immer auf den ersten besten Mist.
Selbst das Schienbein würden sie sich bügeln!
Und sie sind auf keine Art zu zügeln,
wenn sie hören, daß was Mode ist.

Wenn's doch Mode würde, zu verblöden!
Denn in dieser Hinsicht sind sie groß.
Wenn's doch Mode würde, diesen Kröten
jede Öffnung einzeln zuzulöten!
Denn dann wären wir sie endlich los.

1930

Für Stammbuch und Stammtisch

Freunde, nur Mut!
Lächelt und sprecht:
»Die Menschen sind gut,
bloß die Leute sind schlecht.«

Zeichner sind Schriftsteller
Über Paul Flora

Der Zeichner ist mit dem Schriftsteller viel enger verwandt als mit dem Maler. Diese einigermaßen gewagte Behauptung und Zuordnung stimmt sogar noch dann, wenn der Maler und der Zeichner ein und dieselbe Person sind. Es gibt innigere Familienbande als die Personalunion. Der Zeichner und der Schriftsteller sind Zwillinge. Die genealogische Entfernung zwischen dem Zeichner und dem Maler wurde in unserem Jahrhundert besonders sinnfällig. Der Maler liebt die Farbe mehr als die Welt. Er ist weitergegangen und hat, im Reiche seiner Kunst, den Erbanspruch der Welt verneint und annulliert. Er malt »non objectif«, und das heißt, beim Wort genommen, »gegenstandslos«. Er setzt farbige Kreise, Dreiecke und Wellenlinien ins Spannungsfeld der Leinwand, und das kann, für Kenner, ein Bild sein: ein gegenstandsloses Bild, ohne die fatale Nebenbedeutung des Attributs.

Gegenstandslose Zeichnungen gibt es nicht. Der Zeichner mag die Welt noch so sehr verwandeln und verändern, ja, er mag sie bis dicht an den Abgrund der Geometrie locken – er stürzt sie nicht hinunter! Es wäre Selbstmord. Er läßt die Welt, so sehr er ihr zusetzt, am Leben. Eine Linie muß noch etwas anderes sein als eine Linie: vielleicht ein Gitterstab, vielleicht ein Degen oder eine Radspeiche. Ein Kreis darf nicht nur ein Kreis sein, sondern auch der Sonnenball, ein Augapfel oder die Erdkugel. Gemalte Geometrie kann Kunst sein. Gezeichnete Geometrie wäre übergeschnappte Mathematik.

Der Zeichner und der Schriftsteller, diese Zwillinge, sind Erzähler. Sie fabulieren, berichten, träumen, klagen an, spotten, lachen und schwärmen. Zu allem braucht man Welt: Palmen, Gesichter, Pluderhosen, Kirchenportale, Kentauren, Blumentöpfe, Karyatiden, Generäle und reisende Engländer. Beide Zwillinge hantieren mit Stift und Feder. Beide schreiben, was sie zu erzählen haben, auf Papier. Der eine bedient sich der Buchstaben. Der andere schreibt in Bilderschrift. Und er hat den beneidenswerten Vorteil, daß seine Geschichten, Anekdoten, Pamphlete, Hymnen und Humoresken nicht übersetzt zu werden brauchen. Für den Zeichner gibt es keine Fremdsprachen. Er schreibt in der Muttersprache aller Völker. Der Zeichner ist ein Bilderschriftsteller. Er ist ein Literat.

Obwohl ein solcher Satz und seine Deduktion bedenklich nach Theorie schmecken, beruht meine Überzeugung von ihrer Richtigkeit im Grunde auf jahrzehntelanger Erfahrung. Seit ich schreibe, stehe ich der Gilde der Zeichner nahe. Ich war mit Walter Trier und E. O. Plauen innig befreundet. Ich kannte Rudolf Großmann, Schaefer-Ast und Rudolf Schlichter. Ich kenne George Grosz, Richard Seewald, Chaval und Henry Meyer-Brockmann. Die Zeichner sind die Literaten der bildenden Kunst, das steht außer jedem Zweifel. Und ihr Literaturzweig trägt prachtvolle Früchte: Steinberg, Thurber, Addams, Searle, Bosc, Dubout, Peynet, Effel, Vicky, Steger, Szewczuk, die Bilek, man kann nicht alle aufzählen! Lauter Talente, und jedes mit seiner eigenen, unverwechselbaren Handschrift! (Wo bleibt der Graphologe, der diese Bilder-Handschriften analysierte?)

Österreichs bekanntester Zeichner, den eben Genannten aus Amerika, England, Frankreich, Deutschland und der Schweiz ebenbürtig, heißt Paul Flora. Er stammt aus Südtirol, jenem märchenschönen, sagenhaften Grenzlande deutscher Sprache jenseits der Alpen, mit seinen Weinbergen und Obstgärten, seinen Burgruinen und den Erinnerungen an die Minnesänger, an die Kaiser des Mittelalters und den Zauberer Merlin. Das Städtchen, wo er 1922 geboren wurde, liegt an der Etsch und hat zwei Namen. Es heißt Glurns, und es heißt Glorenza. Und auch der blumenhafte Name »Flora« erzählt davon, wie sich im Bozener Land deutsches und italienisches Blut vermählten, und damit zweierlei Sitte, Temperament und Kultur. Umarmungen solcher Art zeugen Kunst. Heute lebt Flora im nördlichen Tirol, zwischen Bauern und Bergen, und Innsbruck ist ihm Großstadt genug.

Er schreibt seine Linien so zart und zärtlich aufs Papier, als habe er Angst, ihm weh zu tun. Und wo er nur irgend kann, läßt er das unbeschriebene, unverletzte Weiß aufs effektvollste mitwirken. Das Äußerste, was er dem Blatt zumutet, sind haarfeine, haargenaue Linien. Seine Feder haucht und flüstert. Sie streichelt, wenn sie strichelt. Das kompakte Schwarz, neben dem unbefleckten Weiß die einzige laute »Farbe« des Zeichners, meidet er wie die Sünde. Noch die schwärzesten Vollbärte und Pferdeschweife flicht er aus Haarstrichen. Wenn dann allerdings in einem Raubtierkäfig der Dompteur, dieser Herr und Meister der Löwen und Tiger, einen wirklich schwarzen Zylinder trägt, so werden davor die wildesten Bestien zahm wie die Linien, woraus sie gemacht sind. Dann wirkt das Schwarz wie ein Paukenschlag im Streichquartett! Auch vom Grau will Flora nichts wissen. Seine entzückenden Stühle, Fahrräder und Manegen, seine Welt und seine Träume werfen keine Schatten. Er kokettiert nicht mit der dritten Dimension.

»Grotesk und zugleich graziös« hat Hermann Hesse Floras Zeichnungen genannt. Man kann es nicht besser und knapper sagen. Diese Grazie überglänzt und überheitert auch die dunkelsten und martialischsten Sujets. Wie könnte denn jemand den Geschöpfen weh tun wollen, der nicht einmal dem Zeichenpapier weh tun kann? Noch Floras Revolutionen, Schlachten und Tyrannenmorde sind aus Spaß und Filigran gemacht. Andre Zeichner mögen hassen, anklagen und verachten oder sich und ihre Tusche vor Lachen ausschütten – Paul Floras Linien lächeln. Wir, die wir sie betrachten, lächeln. Und er, der Bilderschriftsteller, lächelt selber, hoffentlich, auch.

München 1956

Begegnung mit Tucho
Über Kurt Tucholsky

Sehr oft bin ich ihm nicht begegnet. Denn als ich 1927 nach Berlin kam, um das Fürchten zu lernen, hieß sein Wohnort schon: Europa. Bald hauste er in Frankreich, bald in Schweden, bald in der Schweiz. Und nur selten hörte man: »Tucho ist für ein paar Tage in Berlin!« Dann wurden wir eilig in der Douglasstraße zusammengetrommelt. »Wir«, das waren die Mitarbeiter der »Weltbühne«: Carl von Ossietzky, Arnold Zweig, Alfred Polgar, Rudolf Arnheim, Morus, Werner Hegemann, Hermann Kesten und einige andere. Tucholsky saß dann zwischen uns, keineswegs als sei er aus Paris oder Gripsholm, sondern höchstens aus Steglitz oder Schöneberg auf einen Sprung in den Grunewald herübergekommen; und kam er gerade aus der Schweiz, so dachte man, während man ihm belustigt zuhörte, nicht ganz ohne Besorgnis: Da werden nun also alle Eidgenossen berlinern!

An solchen Abenden ging es hoch her. Da wurden das Weltall und die umliegenden Ortschaften auseinandergenommen. Emmi Sachs und das Dienstmädchen reichten kleine Brötchen und große Cocktails herum. Und Edith Jacobsohn, die Verlegerin, blickte wohlgefällig durch ihr Monokel. Einmal, weiß ich noch, war meine Mutter, die mir aus Dresden frische Wäsche gebracht hatte, dabei. Sie saß leicht benommen inmitten der lauten Männer, die sie nicht kannte, und hörte von Büchern und Menschen reden, die sie noch weniger kannte. Da rückte Tucholsky seinen Stuhl neben den ihren und unterhielt sich mit ihr über mich. Er lobte ihren »Jungen« über den grünen Klee, und das verstand sie nun freilich. Das war ihr Spezialgebiet. Er aber sah mich lächelnd an und nickte mir zu, als wollte er sagen: So hat jeder seine Interessen – man muß sie nur herauskriegen!

Ein einziges Mal, 1931 oder 1932, war ich länger mit ihm zusammen. Vierzehn Tage lang, und das war purer Zufall. Am Ende einer Schweizer Urlaubsreise war ich in Brissago gelandet. Am Lago Maggiore, nicht weit von Locarno. In Brissago lag ein schönes, großes, bequemes Hotel mit einem alten Park, einem sandigen Badestrand und anderen Vorzügen. Hier gedachte ich ein neues Buch anzufangen, mietete außer einem Balkonzimmer noch einen zweiten Balkon und zog jeden Tag mit der Sonne und einem Schreibblock von einer Hotelseite zur anderen, ließ mich braunbrennen, blickte auf den See hinunter und malte zögernd kariertes Papier mit Wörtern voll. Als ich eines Abends – ich war schon mehrere Tage da – beim Portier nach Post fragte, sah ich einen großen Stapel Postpakete liegen. Das konnten nur Bücher sein! Und auf jedem der Pakete stand: »An Herrn Dr. Kurt Tucholsky. Absender: Die Redaktion der Weltbühne.«

Wir waren einander noch nicht begegnet, weil er dauernd in seinem Dachzimmer gehockt und auf der Reiseschreibmaschine klaviergespielt hatte. Denn Ossietzky brauchte Artikel. – Am Abend saßen wir miteinander in der Veranda, tranken eine Flasche Asti spumante und freuten uns wie die Kinder, wenn sie eine Gelegenheit entdeckt haben, sich von den Schularbeiten zu drücken. Wir blickten auf den See, und es war, als führen wir auf einem großen langsamen Dampfer durch die gestirnte Nacht. Beim Mokka wurden wir dann wieder erwachsen und organisierten die neue Situation. Tagsüber, schworen wir, wollten wir uns nicht stören, sondern tun, als ob der andere überhaupt nicht da wäre. Einander flüchtig zu grüßen wurde einstimmig konzediert. Abends wollten wir uns dann regelmäßig zum Essen treffen und hinterdrein ein paar Stunden zusammen sein.

So geschah es auch. Während ich tagsüber am Strand lag oder von einem Balkon zum anderen zog, damit in meinem Reich die Sonne nicht untergehen möge, klapperte Tucholskys Schreibmaschine unermüdlich, der schönen Stunden und Tage nicht achtend. Der Mann, der da im Dachstübchen schwitzte, tippte und Pfeife rauchte, schuftete ja für fünf – für Peter Panter, Theobald Tiger, Ignaz Wrobel, Kaspar Hauser und Kurt Tucholsky in einer Person! Er teilte an der kleinen Schreibmaschine Florettstiche aus, Säbelhiebe, Faustschläge. Die Männer des Dritten Reiches, Arm in Arm mit den Herren der Reichswehr und der Schwerindustrie, klopften ja damals schon recht vernehmlich an Deutschlands Tür. Er zupfte sie an der Nase, er trat sie gegen das Schienbein, einzelne schlug er k.o. – ein kleiner dicker Berliner wollte mit der Schreibmaschine eine Katastrophe aufhalten.

Abends kam er, frisch und munter, zum Essen an unseren Verandatisch herunter. Wir sprachen über den Parteienwirrwarr, über die wachsende Arbeitslosigkeit, über die düstere Zukunft Europas, über die »Weltbühne« natürlich, über neue Bücher, über seine Reisen. Und wenn wir später am See und im Park spazierengingen, gerieten wir meistens ins Fachsimpeln. Dann war vom Satzbau die Rede, von Chansonpointen, von der »Überpointe« in der letzten Strophe und ähnlichem Rotwelsch. In einer entlegenen Ecke des Parks stand, in einer kleinen, von Oleanderbüschen umgebenen Orchestermuschel, ein altes, verlassenes Klavier. Manchmal setzte er sich an den ziemlich verstimmten Kasten und sang mir Chansons vor, die er für »Schall und Rauch«, für Gussy Holl, für Trude Hesterberg und andere geschrieben hatte. Diese Vortragsabende für einen einzigen Zuhörer, am abendlichen See und wahrhaftig unter Palmen, werde ich nicht vergessen.

Oft war er niedergeschlagen. Ein Gedanke quälte und verfolgte ihn. Der Gedanke, was aus dem freien Schriftsteller, aus dem Individuum im Zeitalter der Volksherrschaft werden solle. Er war bereit, dem arbeitenden Volk und dem Sozialismus von Herzen alles hinzugeben, nur eines niemals: die eigene Meinung! Und dann marterte ihn damals schon, was ihn immer mehr und immer unerträglicher heimsuchen sollte – mit keinem Mittel zu heilende, durch keine Kur zu lindernde Schmerzen in der Stirnhöhle.

Als wir uns trennten, wußten wir nicht, daß es für immer sein werde. Ich fuhr nach Deutschland zurück. Bald darauf schlug die Tür zum Ausland zu. Eines Tages hörten seine Freunde und Feinde, daß er aus freien Stücken noch einmal emigriert war. Dorthin, von wo man nicht wieder zurückkehren kann.

1946

Das letzte Kapitel

Am 12. Juli des Jahres 2003
lief folgender Funkspruch rund um die Erde:
daß ein Bombengeschwader der Luftpolizei
die gesamte Menschheit ausrotten werde.

Die Weltregierung, so wurde erklärt, stelle fest,
daß der Plan, endgültig Frieden zu stiften,
sich gar nicht anders verwirklichen läßt,
als alle Beteiligten zu vergiften.

Zu fliehen, wurde erklärt, habe keinen Zweck.
Nicht eine Seele dürfe am Leben bleiben.
Das neue Giftgas krieche in jedes Versteck.
Man habe nicht einmal nötig, sich selbst zu entleiben.

Am 13. Juli flogen von Boston eintausend
mit Gas und Bazillen beladene Flugzeuge fort
und vollbrachten, rund um den Globus sausend,
den von der Weltregierung befohlenen Mord.

Die Menschen krochen winselnd unter die Betten.
Sie stürzten in ihre Keller und in den Wald.
Das Gift hing gelb wie Wolken über den Städten.
Millionen Leichen lagen auf dem Asphalt.

Jeder dachte, er könne dem Tod entgehen.
Keiner entging dem Tod, und die Welt wurde leer.
Das Gift war überall. Es schlich wie auf Zehen.
Es lief die Wüsten entlang. Und es schwamm übers Meer.

Die Menschen lagen gebündelt wie faulende Garben.
Andre hingen wie Puppen zum Fenster heraus.
Die Tiere im Zoo schrien schrecklich, bevor sie starben.
Und langsam löschten die großen Hochöfen aus.

Dampfer schwankten im Meer, beladen mit Toten.
Und weder Weinen noch Lachen war mehr auf der Welt.
Die Flugzeuge irrten, mit tausend toten Piloten,
unter dem Himmel und sanken brennend ins Feld.

Jetzt hatte die Menschheit endlich erreicht, was sie wollte.
Zwar war die Methode nicht ausgesprochen human.
Die Erde war aber endlich still und zufrieden und rollte,
völlig beruhigt, ihre bekannte elliptische Bahn.

            1930

Der Abschied

Nun ich mich ganz von euch löse,
hört meinen Epilog:
Freunde, seid mir nicht böse,
daß ich mich selber erzog!

Wer sich strebend verwandelt,
restlos und ganz und gar,
hat unselig gehandelt,
wenn er nicht wird, was er war!

Variante zum »Abschied«

Ein Mensch, der Ideale hat,
der hüte sich, sie zu erreichen.
Sonst wird er eines Tages statt
sich selber andren Menschen gleichen.

Das Zeitalter der Empfindlichkeit

Wenn am kommenden Sonntag ein Fußballkapitän erklärte: »Wir spielen ab heute mit fünfzehn Mann«, würde man ihn zunächst auslachen. Beharrte er auf seinem Standpunkt, so brächte man ihn in die psychiatrische Klinik. Nehmen wir nun an, auf Grund von Überlegungen und Zufällen setzte sich, etwa in fünfzig Jahren, das Fünfzehn-Mann-System durch und es erklärte dann ein Fußballkapitän: »Wir spielen ab heute mit elf Mann«, würde man ihn zunächst auslachen. Beharrte er auf seinem Standpunkt, so brächte man ihn in die psychiatrische Klinik.

Dieses Beispiel soll zweierlei veranschaulichen. Einmal: Spielregeln sind unantastbar. Zum andern: Spielregeln wandeln sich, indem man sie antastet. Das gilt nicht nur für Fußballklubs, sondern für jede Gemeinschaft. Das Zusammenleben – im Staat, in der Sippe, in der Partei, in der Kirche, in der Zunft, im Verein – ist ohne Spielregeln unmöglich. Deshalb haßt man die Spielverderber weit mehr und fanatischer als die Falschspieler. Denn die Falschspieler betrügen zwar, aber sie tun es »regelrecht«. Doch wenn jemand auftaucht und behauptet, die Monarchie sei eine überholte, abgetakelte Staatsform oder gar, die Erde drehe sich um die Sonne, muß er gewärtigen, daß man ihn verbrennt. Eines Tages werden dann seine Thesen die neuen Spielregeln bestimmen.

Die Gemeinschaften merken nicht, wenn und wann ihre Konventionen altern. Sie merken's auch nicht, wenn diese mausetot sind. Und die Repräsentanten der Gemeinschaften? Sie *wollen* es nicht merken. Sie verteidigen die Totems und Tabus mit Krallen und Klauen, mit Bann und Acht. Jene Männer, die mit dem Finger auf das Welken und Sterben der alten Regeln zeigen und neue, lebendige Regeln fordern, sind ihre natürlichen Feinde. Luther, Swift, Goya, Voltaire, Lessing, Daumier und Heinrich Heine waren solche Spielverderber. Sie gewannen den Kampf. Aber erst nachdem sie gefallen waren.

Von Lessing gibt es ein paar Sätze, die das Spannungsverhältnis zwischen den Wortführern der reaktionären Kräfte und dem Spielverderber, den einzig sein Gewissen treibt, unübertrefflich kennzeichnen. »Ich habe auf kein gewisses System schwören müssen. Mich verbindet nichts, eine andere Sprache als die meinige zu reden. Ich bedauere die ehrlichen Männer, die nicht so glücklich sind, dieses von sich sagen zu können. Aber diese ehrlichen Männer müssen nur andern ehrlichen Männern nicht auch den Strick um die Hörner werfen wollen, mit welchem *sie* an die Krippe gebunden sind. Sonst hört mein Bedauern auf, und ich kann nichts als sie verachten.«

Solche ehrlichen Männer, die nichts als ihre eigene Sprache reden, sind rarer als vierblättriger Klee. Die Lessings gibt es nicht im Dutzend. Da müssen sich erst Ehrlichkeit, Verstand, Mut, Talent und kaltes Feuer in ein und demselben Menschen mischen, ehe halbwegs ein echter Spielverderber zustande kommt. Und wie oft vereinigen sich diese fünf Gaben schon in einem einzigen Manne? Luthers Satz »Hier stehe ich, ich kann nicht anders!« gehört ins Deutsche Museum. Ins Raritätenkabinett.

Nun gibt es auch kleinkalibrige Spielverderber. Sie sind die »Unruhe« des konventionellen Alltags. Man nennt sie Journalisten. Es gibt nicht nur Journalisten der Feder, sondern auch des Zeichenstifts. Und es gab sie! Erinnern Sie sich noch jener kräftigen Beiträge, die von einigen Spielverderbern unseres Jahrhunderts herrühren und aus frühen Jahrgängen des Münchner »Simplicissimus« stammen? Also aus jenen guten alten und aschgrauen Tagen, die man sich ehestens mit Stichworten wie »Reisekaiser« und »Affäre Zabern«, »Boxeraufstand« und »Prozeß Eulenburg« »Schlotbarone« und »Ostelbier«, »Bülow« und »Hertling«, »Wehrvorlage«, »Peterspfennig« und »Sittlichkeitsvereine« ins müde Gedächtnis zurückruft? Wer in den vergilbten Bänden blättert und liest, studiert nicht nur die Geschichte des deutschen Jugendstils, erlebt nicht nur den gewittrigen Vorabend des ersten Weltkrieges, sondern erfährt in Bild und Text, an zahllosen Beispielen, wie Polemik aussehen kann, auch wenn sie nicht eben von lauter Daumiers und Lessings geführt wird. Wenn sich heutzutage jemand erdreistete, staatliche und kirchliche Mißstände, Justizwillkür und Kunstschnüffelei so anzuprangern, wie es etwa Ludwig Thoma als »Peter Schlemihl« getan hat, man briete den Kerl am Spieß!

Die Publizisten und das pp. Publikum sind mittlerweile ins Zeitalter der Empfindlichkeit hineingetreten. Wir haben vor lauter Aufregungen, und es gab ja genug, »total« vergessen, den

Maulkorb abzunehmen, den man uns 1933 umgebunden hatte. Die einen können nicht mehr schreiben. Die anderen können nicht mehr lesen. Versuchen sie's trotzdem, so lesen sie, statt mit den Augen, versehentlich mit den Hühneraugen. Man kann ohne Übertreibung von einer Hypertrophie des Zartgefühls sprechen. Schon in den zwanziger Jahren schrieb Kurt Tucholsky, auch so ein rastloser Spielverderber, in einem satirischen Gedicht:

> Sag mal, verehrtes Publikum:
> bist du wirklich so dumm?
> Ja, dann ...
> Es lastet auf dieser Zeit
> der Fluch der Mittelmäßigkeit.
> Hast du so einen schwachen Magen?
> Kannst du keine Wahrheit vertragen?
> Bist also nur ein Grießbreifresser?
> Ja, dann ...
> Ja, dann verdienst du's nicht besser!

Was schriebe er erst, wenn er noch lebte? Über das Publikum? Und gar über unsere Repräsentanten? Ganz besonders über unsere Rrrrrepräsentanten und -onkels, die, faßt man sie am Knopf, Hilfe schreien, weil sie ihre Knöpfe mit den heiligsten Gütern der Nation verwechseln? Und was schließlich schriebe er über seine lieben Kollegen? Ehrlichkeit, Verstand, Mut, Talent und kaltes Feuer, noch dazu in Personalunion, wie selten sind sie geworden! Dort bricht einer mit gewaltigem Getöse und Handgepäck zu einem fulminanten Leitartikel auf und nach den ersten Sätzen wieder zusammen! Hier schleicht ein Kritiker mit seiner abgerüsteten Armbrust hinters Gebüsch und legt vorsichtig an. Wenn das nicht Tells Geschoß wird! Man wartet und wartet. Blickt endlich hinter den Busch, und siehe – der Brave ist überm Zielen eingeschlafen! Da wieder verspricht uns einer, er träfe mit jedem Pfeil ins Schwarze. Statt dessen knallt er dann mit einer veritablen Kanone mitten ins Blaue!

Kritik, Kontroverse, Pamphlet und Polemik sind mehr denn je Fremdwörter. Die Leser müssen wieder lesen und wir Publizisten müssen wieder schreiben lernen. Es sei denn, wir entschlössen uns, dem Ratschlag eines zeitgenössischen Epigrammatikers zu folgen, der in seiner »Großdeutschen Kunstlehre« schreibt:

Die Zeit zu schildern, ist eure heilige Pflicht.
Erzählt die Taten! Beschreibt die Gesinnungen!
Nur – kränkt die Schornsteinfeger nicht!
Kränkt die Jäger und Briefträger nicht!
Und kränkt die Neger, Schwäger, Krankenpfleger
    und Totschläger nicht!
Sonst beschweren sich die Innungen.

Das Epigramm ist übrigens ironisch gemeint. Es wäre schade, wenn einige Leser den Autor womöglich mißverstünden.

1952

EINE DEUTSCHE CHRONIK
1933–1966

Die Grenzen der Aufklärung

*Ob Sonnenschein, ob Sterngefunkel:
Im Tunnel bleibt es immer dunkel.*

Über das Auswandern

Am selben Tage, an dem, vor nun fast vierzehn Jahren, in Berlin das Reichstagsgebäude brannte, traf ich, aus Meran kommend, in Zürich ein, wohin mir ein deutscher Verleger entgegengereist war. Er gab mir den Rat, in der Schweiz zu bleiben; und einige Kollegen, die bereits emigriert waren, Anna Seghers befand sich unter ihnen, teilten seine Meinung. Die deutschen Zeitungsagenturen meldeten, die Kommunisten hätten den Reichstag angezündet. Uns allen war klar, daß es sich im Gegenteil um ein Manöver Hitlers handelte, hinter dem sich nichts weiter verbergen konnte, als die Absicht, geplante innerpolitische Gewaltmaßnahmen mit dem Schein des Rechts in Gegenmaßnahmen umzufälschen. Er fingierte diesen Angriff seiner politischen Feinde, um ihre Vernichtung als bloße Selbstverteidigung hinzustellen. Daß ich trotzdem nach Berlin zurückkehren wollte, führte in dem kleinen Züricher Café zu lebhaften Auseinandersetzungen. Kurz bevor mein Zug aus Zürich abfuhr, kam am Nebengleis ein Schnellzug aus Deutschland an. Dutzende von Bekannten und Kollegen stiegen aus. Sie waren über Nacht geflohen. Der Reichstagsbrand war das Signal gewesen, das sie nicht übersehen hatten. Als sie mich und meine Absicht erkannten, verstärkten sie den warnenden Chor der Freunde. Ich aber fuhr nach Berlin zurück und bemühte mich in den folgenden Tagen und Wochen, weitere Gesinnungsgenossen von der Flucht ins Ausland abzuhalten. Ich beschwor sie zu bleiben. Es sei unsere Pflicht und Schuldigkeit, sagte ich, auf unsere Weise dem Regime die Stirn zu bieten. Der Sieg dieses Regimes und die schrecklichen Folgen eines solchen Sieges seien, sagte ich, natürlich nicht aufzuhalten, wenn die geistigen Vertreter der Fronde allesamt auf und davon gingen. Sie hörten nicht auf mich. Hätten sie auf mich gehört, dann wären sie heute wahrscheinlich alle tot. Dann stünden sie, auch sie, in den Listen der Opfer des Faschismus. Mir wird, sooft ich daran denke, heiß und kalt. Wenn es mir damals gelungen wäre, auch nur einen einzigen zu überreden, den man dann gequält und totgeschlagen hätte? Ich trüge dafür die Schuld...

Januar 1947

Bei Verbrennung meiner Bücher

Im Jahre 1933 wurden meine Bücher in Berlin, auf dem großen Platz neben der Staatsoper, von einem gewissen Herrn Goebbels mit düster-feierlichem Pomp verbrannt. Vierundzwanzig deutsche Schriftsteller, die symbolisch für immer ausgetilgt werden sollten, rief er triumphierend bei Namen. Ich war der einzige der Vierundzwanzig, der persönlich erschienen war, um dieser theatralischen Frechheit beizuwohnen.

Ich stand vor der Universität, eingekeilt zwischen Studenten in SA-Uniform, den Blüten der Nation, sah unsere Bücher in die zuckenden Flammen fliegen und hörte die schmalzigen Tiraden des kleinen abgefeimten Lügners. Begräbniswetter hing über der Stadt. Der Kopf einer zerschlagenen Büste Magnus Hirschfelds stak auf einer langen Stange, die, hoch über der stummen Menschenmenge, hin und her schwankte. Es war widerlich.

Plötzlich rief eine schrille Frauenstimme: »Dort steht ja der Kästner!« Eine junge Kabarettistin, die sich mit einem Kollegen durch die Menge zwängte, hatte mich stehen sehen und ihrer Verblüffung übertrieben laut Ausdruck verliehen. Mir wurde unbehaglich zumute. Doch es geschah nichts. (Obwohl in diesen Tagen gerade sehr viel zu ›geschehen‹ pflegte.) Die Bücher flogen weiter ins Feuer. Die Tiraden des kleinen abgefeimten Lügners ertönten weiterhin. Und die Gesichter der braunen Studentengarde blickten, den Sturmriemen unterm Kinn, unverändert geradeaus, hinüber zu dem Flammenstoß und zu dem psalmodierenden, gestikulierenden Teufelchen.

In dem folgenden Jahrdutzend sah ich Bücher von mir nur die wenigen Male, die ich im Ausland war. In Kopenhagen, in Zürich, in London. – Es ist ein merkwürdiges Gefühl, ein verbotener Schriftsteller zu sein und seine Bücher nie mehr in den Regalen und Schaufenstern der Buchläden zu sehen. In keiner Stadt des Vaterlandes.

Es hat zwölf Jahre gedauert, bis das Dritte Reich am Ende war. Zwölf Jahre haben genügt, Deutschland zugrunde zu richten. Und man war kein Prophet, wenn man, in satirischen Strophen, diese und ähnliche Ereignisse voraussagte. Daß keine Irrtümer vorkommen konnten, lag am Gegenstand: am Charakter der Deutschen. Den Gegenstand seiner Kritik muß der Satiriker natürlich kennen. Ich kenne ihn.

1946

Schwierigkeiten, ein Held zu sein

Als am 10. Mai 1933 die deutschen Studenten in allen Universitätsstädten unsere Bücher tonnenweise ins Feuer warfen, spürten wir: Hier vollzieht sich Politik, und hier ereignet sich Geschichte. Die Flammen dieser politischen Brandstiftung würden sich nicht löschen lassen. Sie würden weiterzüngeln, um sich fressen, auflodern und Deutschland, wenn nicht ganz Europa in verbrannte Erde verwandeln. Es würde so kommen und kam so. Es lag in der Unnatur der Sache.

Sie machten sich viel mit Fackeln und Feuer zu schaffen, jene Pyrotechniker der Macht. Es begann mit dem brennenden Reichstag und endete mit der brennenden Reichskanzlei. Es begann mit Fackelzügen und endete mit Feuerbestattung. Zwischen dem Reichstagsbrand und der Bücherverbrennung, also zwischen dem 27. Februar und dem 10. Mai 1933, arbeiteten sie freilich ohne Streichhölzer und Benzin. Sie sparten Pech und Schwefel. Es ging auch so. Der Feldmarschall und Reichspräsident kapitulierte in der Potsdamer Garnisonskirche. Das geschah am 21. März. Zwei Tage später kapitulierten, mit Ausnahme der Sozialdemokratie, die Parteien in der Krolloper. Eine Woche später wurden die Länder ›gleichgeschaltet‹. Am 1. April wurde der Judenboykott inszeniert. Es war eine mißglückte Inszenierung, und man setzte das blutige Stück vorübergehend vom Spielplan ab. Am 7. April wurden die Gauleiter als Reichsstatthalter herausstaffiert. Am 2. Mai wurden die Gewerkschaften aufgelöst. Zwei Monate hatte man mit der seidnen Schnur gewinkt, und es ging wie am seidnen Schnürchen. Am 10. Mai aber brauchte man wieder Feuer. Für die Bücher.

Der kleine hinkende Teufel, nicht der von Le Sage, sondern der aus Rheydt im Rheinland, dieser mißratene Mensch und mißglückte Schriftsteller, hatte das Autodafé fehlerlos organisiert. Eine Münchner Zeitung schrieb am 5. Mai: »Die Hinrichtung des Ungeistes wird sich zur selben Stunde in allen Hochschulstädten Deutschlands vollziehen. In einer großen Staffelreportage zwischen 11 und 12 Uhr nachts wird gleichzeitig der Deutschlandsender ihren Verlauf aus sechs Städten, darunter auch München, mitteilen. Schon einmal weihten deutsche Burschen öffentlich vor allem Volk einen Haufen Bücher dem Feuer. Das war vor nunmehr hundert Jahren auf der Wartburg, und die achtundzwanzig Schriften, die der Zorn der Flammen damals ergriff, ... waren Werke des Muckertums, der Knechtsgesinnung, von Bütteln, Spießern und Dreigroschenseelen im Sold der Herrschenden hingesudelt ... Und heute steht abermals das Gericht über sie auf, und abermals schichtet der deutsche Bursch ihnen das Feuer der Vernichtung.«

Die Parallele zum Wartburgfest Anno 1817 zu ziehen, zur Verbrennung einiger preußischer Polizeivorschriften sowie etlicher Bände von Kotzebue und eines Autors namens Schmalz, der Vergleich eines Ulks mit der Verbrennung nicht des »deutschen Ungeistes«, sondern des deutschen Geistes, das war eine Frechheit ohne Beispiel. »Die Lüge hat ein kurzes Bein«, hieß es schon damals. Was hatten denn die Bücher von Heinrich und Thomas Mann, von Döblin und Leonhard Frank, von Werfel und Wassermann, von Brecht und Renn, von Alfred Neumann und Polgar, von Stefan Zweig und Lernet-Holenia, von Heuss und Rathenau, von Sigmund Freud und Lindsay, die Übersetzungen der Bücher von Sinclair, Barbusse und Gorki, von Wells, Jack London, Dos Passos, Hašek, Hemingway und James Joyce mit Muckertum und Knechtsgesinnung und gar mit preußischen Polizeivorschriften zu tun? Die Zahl der Autoren, deren Bücher verbrannt wurden, geht in die Hunderte.

Der Lügner wußte, wie infam er log. Er nahm sich nicht einmal die Mühe, seinen Haß und Neid gescheiter zu artikulieren, und er hatte recht. Denn »der deutsche Bursch schichtete das Feuer der Vernichtung«, wie es so schön hieß, sowieso. In der Münchner Zeitung vom 5. Mai 1933 steht weiter: »Es mag einen tüchtigen Stoß geben, denn nicht nur die Studenten sind aufgefordert worden, ihre Bücherschränke zu sichten, sondern an die ganze Bevölkerung ging der Ruf, und vor allem aus den Leih- und Volksbüchereien erwartet man kräftigen Zuzug. Und darum stehen heute schon die Lastwagen bei der Studentenschaft gerüstet, und sie hat sich für das Werk der Zerstörung sogar schon mit einer pyrotechnischen Firma in Verbindung gesetzt. Am Nachmittag soll der Stapel schon aufgebaut werden. Eine gute Stunde lang dürften die Flammen wohl Nahrung finden.« Eine gute Stunde lang! Es war für Deutschland und die Welt keine gute Stunde.

Die Feuer brannten. Auf dem Opernplatz in Berlin. Auf dem Königsplatz in München. Auf dem Schloßplatz in Breslau. Vor der Bismarcksäule in Dresden. Auf dem Römerberg in Frankfurt. Sie loderten in jeder deutschen Universitätsstadt. Die Studenten hielten in brauner Uniform die Ehrenwache. Die Sturmriemen unterm akademischen Kinn. In Berlin hatten sie sich vor der Universität und der Bibliothek aufgebaut, sahen zum Scheiterhaufen hinüber und kehrten ihrer ›Alma mater‹ den Rücken. Und den Standbildern der Brüder Humboldt am Haupttor. Sie blickten zackig geradeaus, die Studenten. Hinüber zum Brandmal, wo der kleine ›Teufel aus der Schachtel‹ schrie und gestikulierte und wo die Kommilitonen die Bücher zentnerweise ins Feuer schippten. Ich habe Gefährlicheres erlebt, Tödlicheres – aber Gemeineres nicht!

»Ein Revolutionär muß alles können!« brüllte der personifizierte Minderwertigkeitskomplex aus Rheydt. »Er muß ebenso groß sein im Niederreißen der Unwerte wie im Aufbauen der Werte.« Und die Frankfurter Zeitung vom 11. Mai berichtet: »Niemals, so meinte er, hätten junge Männer so wie jetzt das Recht, mit Ulrich von Hutten auszurufen: ›O Jahrhundert, o Wissenschaften! Es ist eine Lust zu leben!‹«

Was hatte, vom abscheulichen Beispiel abgesehen, an diesem Abend stattgefunden? Hatte, diesmal auch, der dämonische Gefreite und Obdachlose aus Braunau am Inn gebrüllt? Nein. Hatten seine Marodeure und sein Pöbel die Bücher ins Feuer geworfen? Nein. Viel Schrecklicheres, etwas Unausdenkbares war geschehen: Ein Doktor der Philosophie, ein Schüler Gundolfs, hatte die deutschen Studenten aufgefordert, höchstselbst den deutschen Geist zu verbrennen. Es war Mord und Selbstmord in einem. Das geistige Deutschland brachte sich und den deutschen Geist um, und der Arrangeur, auch und gerade er, war, wie er das zu formulieren pflegte, ein Arbeiter der ›Stirn‹. Es war nicht nur Mord und nicht nur Selbstmord, es war Mord als Inzest, es war, mathematisch gesagt, Massenmord und Selbstmord hoch drei.

Nun blieb zu tun nichts mehr übrig. Dieses »Nichts nichtete« dann, im November des gleichen Jahres, in seiner Rektoratsrede vor den Freiburger Studenten »der größte deutsche Philosoph unseres Jahrhunderts«, auch er der Schüler eines jüdischen

Gelehrten, als er sagte: »Nicht Lehrsätze und ›Ideen‹ seien die Regeln eures Seins. Der Führer selbst und allein ist die heutige und künftige Wirklichkeit und ihr Gesetz.« Ob der bedeutende Mann, als er »euer Sein« sagte, Sein mit i oder mit y ausgesprochen hat, weiß ich nicht. Möge er der größte Philosoph unseres glorreichen Jahrhunderts sein oder seyn und bleiben! Ich glaube und ich hoffe, daß ihm, eines Tages im Pantheon, Sokrates und Seneca, Spinoza und Kant nicht die Hand geben werden.

An dieser Stelle möchte ich einem anderen Philosophen meine ehrliche Bewunderung und Verehrung zollen: Eduard Spranger, einem meiner Leipziger Lehrer, einem aufrechten Mann. Er trat demonstrativ von seiner Berliner Professur zurück und begründete diesen Rücktritt sogar vor einer Pressekonferenz.

Doch das Ehrgefühl und der Widerstand im Detail nützten nichts. Auch die Selbstmorde und die Emigration von Professoren konnten nichts helfen. Der inzestuöse, der perverse Coup war geglückt. Man hatte sich an sich selber verraten. Der neue Judas hatte etwas Unmögliches zuwege gebracht: Er hatte, vor den Augen der Menge und der ausgesandten Häscher, sich selbst geküßt.

Ich habe mich, damals schon und seitdem manches Mal gefragt: ›Warum hast du, am 10. Mai 1933 auf dem Opernplatz in Berlin, nicht widersprochen? Hättest du, als der abgefeimte Kerl eure und auch deinen Namen in die Mikrophone brüllte, nicht zurückschreien sollen?‹ Daß ich dann heute nicht hier stünde, darum geht es jetzt nicht. Nicht einmal, daß es zwecklos gewesen wäre, steht zur Debatte. Helden und Märtyrer stellen solche Fragen nicht. Als wir Carl von Ossietzky baten, bei Nacht und Nebel über die Grenze zu gehen – es war alles vorbereitet –, sagte er nach kurzem Nachdenken: »Es ist für sie unbequemer, wenn ich bleibe«, und er blieb. Als man den Schauspieler Hans Otto, meinen Klassenkameraden, in der Prinz-Albrecht-Straße schon halbtotgeschlagen hatte, sagte er, bevor ihn die Mörder aus dem Fenster in den Hof warfen, blutüberströmten Gesichts: »Das ist meine schönste Rolle.« Er war, nicht nur auf der Bühne am Gendarmenmarkt, der jugendliche Held. Gedenken wir dieser beiden Männer in Ehrfurcht! Und fragen wir uns, ob wir es ihnen gleichgetan hätten!

Als ich in jener Zeit, anläßlich der Amateurboxmeisterschaften, im Berliner Sportpalast saß und als zu meiner Überraschung bei jeder Sieger-Ehrung die Besucher aufstanden, den Arm hoben und die beiden Lieder sangen, blieb ich als einziger sitzen und schwieg. Hunderte schauten mich drohend und lauernd an. Nach jedem Boxkampf wurde das Interesse an mir größer. Trotzdem lief dieses Nebengefecht des Abends, zwischen dem Sportpalast und mir, glimpflich ab. Es endete unentschieden. Was ich getan, genauer, was ich nicht getan hatte, war beileibe keine Heldentat gewesen. Ich hatte mich nur geekelt. Ich war nur passiv geblieben. Auch damals und sogar damals, als unsere Bücher brannten.

Ich hatte angesichts des Scheiterhaufens nicht aufgeschrien. Ich hatte nicht mit der Faust gedroht. Ich hatte sie nur in der Tasche geballt. Warum erzähle ich das? Warum mische ich mich unter die Bekenner? Weil, immer wenn von der Vergangenheit gesprochen wird, auch von der Zukunft die Rede ist. Weil keiner unter uns und überhaupt niemand die Mutfrage beantworten kann, bevor die Zumutung an ihn herantritt. Keiner weiß, ob er aus dem Stoffe gemacht ist, aus dem der entscheidende Augenblick Helden formt. Kein Volk und keine Elite darf die Hände in den Schoß legen und darauf hoffen, daß im Ernstfall, im ernstesten Falle, genügend Helden zur Stelle sein werden.

1958

»Ist Gott oder Hitler größer?«

Es ließe sich denken, daß die in der Überschrift aufgeworfene Frage, ob Gott oder Hitler größer sei, heutzutage einige Verwunderung erregt. Nicht nur bei kirchenfrommen Menschen und nicht nur bei jenen, die, als unverbesserliche Intellektbestien und wurzellose Asphaltpflanzen, dem Nationalsozialismus von Anfang an feindlich gegenüberstanden. Möglicherweise werden sogar viele Deutsche, die der »Partei« angehörten, angesichts der etwas abwegigen Frage stutzen. Selbst jemandem, der an Gott niemals, an Hitler aber zwanzig Jahre geglaubt haben sollte – und auch dafür gibt es Beispiele –, müßte die Inkommensurabilität, also die Unmöglichkeit einleuchten, die beiden »Größen« zu vergleichen. Und noch wer an keinen von beiden geglaubt hätte, wäre kaum auf diese wahnwitzige Frage verfallen.

Das alles hindert nicht, daß sie gestellt worden ist. Die Kenntnis hierüber verdanken wir dem Bande »Dokumente 1933–1945, zum Abwehrkampf der deutschen evangelischen Pfarrerschaft gegen Verfolgung und Bedrückung«. Auf Seite 23 dieses auch sonst außerordentlich interessanten Buches, das vom Kirchenrat Fritz Klingler herausgegeben worden ist, wird ein »Fragebogen der BDM-Führerinnenschule in A.... (Oberhessen)« abgedruckt. Er wurde den zu hohen Ehren und Pflichten auserwählten Mädchen am 16. Januar 1938 vorgelegt, zu einer Zeit demnach, als Hitler den blutigen, kahlen Gipfel seiner Macht noch nicht einmal erstiegen hatte. Die neun Fragen lauteten:

1. Wann waren Sie zuletzt in der Kirche?
2. Lebt für Sie Gott im Himmel mit seinem Sohn oder in Ihrem Herzen?
3. Sind Sie ein Gotteskind?
4. Wie stehen Sie der Kirche gegenüber?
5. Ist Gott oder Hitler größer, mächtiger und stärker?
6. Wem soll man danken, Gott oder Hitler?
7. Wer ist Ihr Führer und Ihr Glaube?
8. Benötigen Sie Gebote?
9. Wie denken Sie über Weihnachten, und glauben Sie auch an die Legende des Weihnachtsfestes?

Es fällt schon schwer, sich die oberhessischen Mädchenköpfe vorzustellen, die sich über diesen zwar kurzen, trotzdem unüberbietbaren Fragebogen beugen und ihn, wie das Gesetz es befahl, beantworten mußten. Sich nun gar jene anderen Köpfe auszumalen, in denen solche Fragen erstmalig Blasen schlugen und für Prüfungszwecke ausgekocht wurden, übersteigt schließlich jede, auch die tollkühnste Phantasie. Es ist durchschnittlich begabten Menschen vollkommen unmöglich, sich in Byzantinerseelen zu versetzen, aus denen derartig eingedickter Unsinn herausquillt. Der Schritt von theoretischem Größenwahn solchen Kalibers zu den sadistischen Ausschreitungen in Mauthausen und dem selbstgewählten Untergang in Stalingrad ist viel kleiner und verständlicher als der vorher in den Gehirnen zurückgelegte Weg: vom folgsamen, fleißigen, schulmeisterlichen Deutschen zu einem Menschen, der sich auf Fragebögen bei jungen Mädchen allen Ernstes erkundigt, ob man Gebote benötige und ob man Gott oder Hitler anbeten solle.

Die Frage, wer von den beiden »größer, mächtiger und stärker« sei, ist mittlerweile vom Verlauf der Geschichte beantwortet worden. Und es wird nachgerade von vielen als indezent empfunden, wenn ab und zu auf den apokalyptischen Aberwitz des letzten Jahrzehnts mit Fingern gezeigt wird. »Man zeigt nicht mit dem Finger«, sagen jetzt, empfindlich geworden und leicht verletzlich, Leute, die nicht das mindeste dabei fanden, wenn noch vor etlichen Jahren, ganz, ganz andere Dinge gesagt und getan wurden. Nun, es scheint noch lange nicht an der Zeit, zwei bis drei Paar Glacéhandschuhe über die Finger zu ziehen, mit denen man an die Vergangenheit rührt! Hierfür ist die Krankheit des schlechten Gedächtnisses leider zu verbreitet. Es handelt sich um eine Modekrankheit, und man sollte die »eingebildeten« Kranken unserer Tage und ihr Erinnerungsvermögen nicht verzärteln. Was war, darf im Interesse dessen, was werden soll, nicht einfach in den Schubkästen des Unterbewußtseins verbuddelt werden. Das sind Dienstmädchenmanieren, die sich in der Weltgeschichte ganz und gar nicht empfehlen.

Mai 1946

Politik und Liebe

Die Geschichte lehrt mit schöner Eindringlichkeit, daß die »großen« Männer, also jene, die am meisten erobert und zerstört haben, diese ihre Fähigkeiten nicht nur an fremden Völkern, sondern auch an fremden Damen zu demonstrieren pflegten. Das macht ihre Biographien so dick und deren Lektüre so interessant.

Nun war es immer schon ein öffentliches Geheimnis, daß Adolf Hitler mit der Eroberung von Frauenherzen nicht übermäßig viel Zeit verplempert hat. Er tanzte privatim völlig aus der Reihe. Er war sozusagen Nichttänzer. Man sah es kommen, daß seine Biographie künftige Leser werde bitter enttäuschen müssen. Wenn man bedenkt, wie sich noch Napoleon bemüht hat, um die Nachwelt in puncto puncti amüsant zu unterhalten!

Immerhin bestanden noch bescheidene Hoffnungen. Doch nun sind auch diese zerschellt. Schuld daran ist ein Berichterstatter der AFP, der die sagenumwobene Filmschauspielerin und -regisseurin Leni Riefenstahl in einem bayerischen Gebirgshotel aufsuchte und in der »Basler Nationalzeitung« über den Besuch sehr ausführlich berichtet hat. Der Bericht ist niederschmetternd! Hitler muß mit der Eroberung der ganzen Welt Tag und Nacht zu tun gehabt haben, daß ihm für die »halbe« tatsächlich keine Sekunde übriggeblieben ist!

Leni Riefenstahl, die während vieler Jahre im Dritten Reich für die Favoritin des Dschingis-Khans aus Braunau gehalten wurde, hat uns nun aufgeklärt. Es war nichts! Absolut nichts! Warum ließ sich Hitler mit ihr fotografieren? Um das falsche »Gerücht«, sie sei Jüdin, zu dementieren. Warum machte er sie, eine Regieanfängerin, zum Filmdiktator während der Olympiade 1936 in Berlin? Warum durfte diese Frau an einem einzigen Film fünf geschlagene Jahre drehen? An dem Film »Tiefland«, der auch heute noch nicht fertig ist? Goebbels mußte zähneknirschend den Mund halten – und den Mund zu halten war für ihn doch gewiß keine kleine Strafe! Sie blockierte jahrelang im Ufagelände in Babelsberg die große Mittelhalle; und die anderen Regisseure, deren Filme in Monaten abgedreht werden mußten, konnten samt dem Produktionschef sehen, wo sie blieben. Frau Riefenstahl ging zu Außenaufnahmen nach Spanien;

sie ging nach Tirol; sie ging ins Sanatorium; sie kam wieder und drehte weiter. Wenn das Dritte Reich wirklich tausend Jahre gedauert hätte, der Film »Tiefland«, das kann man ohne Übertreibung versichern, hätte bestimmt noch ein paar Jahre länger gedauert! Warum durfte sie?

»Ich war nie die Geliebte Hitlers«, erklärte sie dem Herrn von der Presse wörtlich. Und an dem Wort einer Dame darf man nicht zweifeln. Da man am Wort zweier Damen erst recht nicht zweifeln darf, mischte sich die weißhaarige Mama der Nicht-Geliebten ins Gespräch und sagte: »Böse Zungen behaupten, daß meine Tochter Beziehungen zu Hitler unterhalten habe, was durchaus nicht wahr ist!« Da nun bekannt ist, daß Mütter nicht unbedingt darüber im Bilde sind, was die Töchter treiben, wenn sie angeblich in der Klavierstunde sind, und da Leni Riefenstahl längst das Klavierstundenalter hinter sich hat, fügte die Mama erläuternd hinzu: »Sie wissen wohl, daß Hitler seit etwa zehn Jahren Eva Braun, die Sekretärin des Fotografen Hoffmann, als Freundin und später als Frau hatte.« Damit war nun der Pressevertreter mundtot gemacht. Denn wenn ein Mann zehn Jahre lang die Sekretärin eines Fotografen »als Freundin und später als Frau« hat, scheidet er natürlich im freien Wettbewerb aus. Das sieht ein Kind ein.

Falls aber auch dieses Argument für nicht ganz stichhaltig gelten sollte, war die alte, welterfahrene Dame zu weiteren Auskünften gern bereit. Sie meinte: »Hoffmann hatte Hitler davon überzeugen können, daß er den Frauen gegenüber zu schüchtern sei, und er hatte dem Führer Eva Braun verschafft.«

Nun fällt es einem wie Schuppen von den Augen. Der Mann, der die Menschen millionenweise abschlachten und Europa in Flammen aufgehen ließ, war Frauen gegenüber zu schüchtern! Da mußte erst der kleine »Professor« Hoffmann kommen, der bekanntlich zu Frauen ganz und gar nicht schüchtern war, und ihm seine Sekretärin Eva Braun andrehen. Adolf und Eva vor dem Sündenfall, und der Fotograf als Schlange! Vielleicht hat Hoffmann seinem Führer, wenn sie gemeinsam die Bilder für die Große Deutsche Kunstausstellung auserwählten, an Professor Zieglers Aktmalereien überhaupt erst den Unterschied zwischen Mann und Frau klargemacht? Oder noch besser an Thoraks überlebensgroßen Plastiken?

Um nun wieder auf besagte Leni Riefenstahl zurückzukommen

– es erscheint also auch glaubhaft, daß sie »nie die Geliebte Hitlers« gewesen ist. Sie war keine unscheinbare Sekretärin, sondern eine hochinteressante Frau, eine Filmschauspielerin, von vielen geheimnisvollen Abenteuern umwittert! Er traute sich nicht. Aber er verlieh ihr Einfluß und Macht, damit die Welt glauben sollte, er sei ein verfluchter Kerl. So kann es schon zugegangen sein ... Und Frau Riefenstahl steht in jungfräulicher Glorie vor der verlegenen Mitwelt.

Doch sie ist nicht nur moralisch, sondern auch politisch ohne Makel. Die Mama erzählte dem Onkel von der Zeitung: »Weder Leni noch mein Mann waren jemals Parteimitglieder, so wenig wie ich selber.« Warum soll das nicht wahr sein? Und: »Die Politik hat Leni nie interessiert.« Warum denn auch? Sie brauchte mit Adolf nicht Mann und Frau zu spielen, und auch nicht Führer und Parteigenossin – er traute sich nicht, von ihr irgend etwas zu wollen. Er schenkte ihr den deutschen Film. Das war ihm Glücks genug.

Und ihr auch. »Wir wußten nichts von den Greueln und Grausamkeiten«, sagte sie. Na ja, wenn man fünf Jahre an einem einzigen Film dreht und dabei bis nach Spanien kommt – woher soll man's denn auch wissen. Es sagt einem ja keiner was!

Außerdem, Hitler hatte nie Zeit für die Liebe, und Frau Riefenstahl hatte nie Zeit für die Politik. Auch heute hat sie keine Zeit dafür, Politik interessiert sie nun einmal nicht! Da kann man nichts machen. In nobler Bescheidenheit meinte sie deshalb zum Schluß: »Ich bin eine Künstlerin und habe nur einen Wunsch, meine Arbeit wiederaufnehmen zu können und den großen Film ›Tiefland‹ zu vollenden.«

Wer das liest, muß gesundheitlich allerdings ziemlich auf dem Posten sein und einige nette Verwandte auf dem Lande haben, die ihm gelegentlich etwas Butter und Speck zukommen lassen, sonst bricht er beim Lesen womöglich ohnmächtig zusam ...

Eben erwache ich aus einer tiefen Ohnmacht ... Was war denn eigentlich passiert? Ach, richtig. Leni Riefenstahl, die Künstlerin, hat jetzt nur einen Wunsch. Sie möchte ihren großen Film ›Tiefland‹ vollenden.

Sie hat sich wirklich nie für Politik interessiert. Sonst wäre ihr gelegentlich aufgefallen, daß das Dritte Reich vorbei ist.

November 1945

Unser Weihnachtsgeschenk

Als ich am 10. November 1938, morgens gegen drei Uhr, in einem Taxi den Berliner Tauentzien hinauffuhr, hörte ich zu beiden Seiten der Straße Glas klirren. Es klang, als würden Dutzende von Waggons voller Glas umgekippt. Ich blickte aus dem Taxi und sah, links wie rechts, vor etwa jedem fünften Haus einen Mann stehen, der, mächtig ausholend, mit einer langen Eisenstange ein Schaufenster einschlug. War das besorgt, schritt er gemessen zum nächsten Laden und widmete sich, mit gelassener Kraft, dessen noch intakten Scheiben.

Außer diesen Männern, die schwarze Breeches, Reitstiefel und Ziviljacketts trugen, war weit und breit kein Mensch zu entdecken. Das Taxi bog in den Kurfürstendamm ein. Auch hier standen in regelmäßigen Abständen Männer und schlugen mit langen Stangen »jüdische« Schaufenster ein. Jeder schien etwa fünf bis zehn Häuser als Pensum zu haben. Glaskaskaden stürzten berstend aufs Pflaster. Es klang, als bestünde die ganze Stadt aus nichts wie krachendem Glas. Es war eine Fahrt wie quer durch den Traum eines Wahnsinnigen.

Zwischen Uhland- und Knesebeckstraße ließ ich halten, öffnete die Wagentür und setzte gerade den rechten Fuß auf die Erde, als sich ein Mann vom nächsten Baum löste und leise und energisch zu mir sagte: »Nicht aussteigen! Auf der Stelle weiterfahren!« Es war ein Mann in Hut und Mantel. »Na hören Sie mal«, begann ich, »ich werde doch wohl noch ...« – »Nein«, unterbrach er drohend. »Aussteigen ist verboten! Machen Sie, daß Sie sofort weiterkommen!« Er stieß mich in den Wagen zurück, gab dem Chauffeur einen Wink, schlug die Tür zu, und der Chauffeur gehorchte. Weiter ging es durch die gespenstische »Nacht der Scherben«. An der Wilmersdorfer Straße ließ ich wieder halten. Wieder kam ein Mann in Zivil leise auf uns zu. »Polizei! Weiterfahren! Wird's bald?«

Am Nachmittag stand in den Blättern, daß die kochende Volksseele, infolge der behördlichen Geduld mit den jüdischen Geschäften, spontan zur Selbsthilfe gegriffen habe.

Ich mußte dieses »kleine Erlebnis« ausführlich berichten, um mein Thema im weiteren Verlauf unzweideutig klarmachen zu können. – Was war geschehen? Die Regierung hatte ein gemeines Verbrechen angeordnet. Die Polizei hatte die kommandierten Verbrecher während der Tat geschützt. Sie hätte jeden braven Bürger, der die Ausführung des Verbrechens zu hindern gesucht hätte, festgenommen. Und am nächsten Tage log die Regierung das Verbrechen in eine überraschende Volksaktion um.

Die gepriesene »Umwertung der Werte« war Wirklichkeit geworden. In diesem Fall und in Millionen anderer Fälle. Und der Umkehrung der Werte entsprach die geplante und tausendfach erzielte Umkehrung des menschlichen und staatsbürgerlichen Gewissens. Ein Staat hatte es sich zur Aufgabe gemacht, das dem Menschen eingeborene Gewissen und Rechtsempfinden innerhalb der Landesgrenzen radikal auszurotten. Wer ein schlechter Kerl war oder wurde, konnte es weit bringen. Wer auf die Stimme in seinem Innern hörte, kam vor Gericht und wurde als Verbrecher – als »Staatsfeind« – verurteilt. Mörder regierten. Hehler waren Polizist. Lumpen sprachen Recht. Und das Gewissen saß auf der Anklagebank.

Gut und Böse, unwandelbare Maßstäbe des menschlichen Herzens, wurden durch Gesetz und Verordnung ausgetauscht. Der Milchhändler, der einem unterernährten »artfremden« Kind eine Flasche Milch zusteckte, wurde eingesperrt, und die Frau, die ihn angezeigt hatte, bekam das Verdienstkreuz. Wer unschuldige Menschen umbrachte, wurde befördert. Wer seine menschliche oder christliche Meinung sagte, wurde geköpft oder gehängt. Ein Mann, der vor 1933 Polizeioffizier gewesen war, wurde wegen achtbarer Handlungen in seinem ehemaligen Büro von einem Menschen streng verhört, der ihm damals im gleichen Zimmer als gemeiner Verbrecher gegenübergesessen hatte. Jetzt saß nur eben der andere hinter dem gleichen Schreibtisch. Schauspieler, die eine widerliche Denunziantin auf der Straße nicht mehr gegrüßt hatten, wurden zu Staatsrat Hinkel befohlen, der ihnen scharfe Strafen androhte, wenn sie die Dame weiterhin »schnitten«. Wer einen unschuldig Verfolgten verbarg, mußte um sich und seiner Familie Leben zittern. Als man mich einmal in der Bankfiliale, wo ich seit Jahren gut bekannt war, verhaftete, duckten sich die Buchhalter und Kassierer über Bücher und

Geldbündel, damit man ihre verstörten und ratlosen Gesichter nicht etwa sähe. Wer mein Freund blieb, war selber gefährdet. Wer sich abwandte, konnte ungestört Karriere machen. Der Lehrer, der den Schülern gegenüber bewußt log, blieb im Amt und avancierte zum Schulratshelfer. Wer die Kinder nicht anlügen wollte, flog auf die Straße.

Man könnte jahrelang, ohne zu essen und zu schlafen, solche und treffendere Beispiele aufzählen. Und es wird nötig sein, sie nach und nach aufzuzählen. Denn hier, auf dem Gebiete des Gewissens und Charakters, lag der furchtbarste, der unheimlichste Fluch jener zwölf Jahre. Die Männer an der Macht und ihre Partei erstrebten systematisch die größte, teuflischste Seelenverderbnis aller Zeiten. Das Gewissen vieler, die nicht besser oder schlechter waren als andere Menschen auf der Welt, wurde ratlos. Was war Schuld, was Unschuld? Was Recht, was Unrecht? Der untrüglich die rechte Richtung weisende Kompaß im Herzen des einzelnen wurde durch einen aus der Hölle heruntergestürzten riesigen Magnetstein irritiert und täglich mehr und mehr außer Kraft gesetzt. Man lebte immer weniger mit seinem Gewissen im Einklang. Viele wurden unsicher und schwach. Viele rannten, nur um dem Inferno in der eigenen Brust zu entfliehen, die alten Wahrheiten wie Beschwörungen hinausschreiend, ins Verderben und unter den Galgen.

Die Ratlosigkeit des Gewissens, das war das Schlimmste. Die Ausweglosigkeit aus dem morastigen Labyrinth, in das der Staat ein Volk hineingetrieben hatte und an dessen Ausgängen die Henker standen. Wer es nicht erlebt hat, wer nicht verzweifelnd in diesem Labyrinth herumgeirrt ist, der hat es zu leicht, den ersten Stein auf dieses Volk zu werfen.

Nun aber ist diese Qual, die Dante in seinem »Inferno« zu schildern vergaß, zu Ende. Diese Qual, an der gemessen die Ängste während der schwersten Bombenangriffe auf unsere unverteidigten Städte Kindereien waren. Wir können wieder beginnen, mit unserem Gewissen in Harmonie zu leben. Was auch sonst kommen mag – daß wir wieder das dürfen, ist ein Schicksalsgeschenk, über das wir uns an diesem Weihnachtsfest, erlöst aufatmend, aller Not zum Trotze freuen wollen.

Weihnachten 1945

Mama bringt die Wäsche
Aus Berliner Tagebuchblättern

17. Januar 1944

Vorgestern nacht war nun also meine Wohnung an der Reihe. Ein paar Kanister »via airmail« eingeführten Phosphors aufs Dach, und es ging wie das Brezelbacken. Geschwindigkeit ist keine Hexerei. Dreitausend Bücher, acht Anzüge, einige Manuskripte, sämtliche Möbel, zwei Schreibmaschinen, Erinnerungen in jeder Größe und mancher Haarfarbe, die Koffer, die Hüte, die Leitzordner, die knochenharte Dauerwurst in der Speisekammer, die Zahnbürste, die Chrysanthemen in der Vase und das Telegramm auf dem Schreibtisch: »ankomme 16. früh anhalter bahnhof bringe weil paketsperre frische wäsche persönlich muttchen.« Wenigstens einer der Schreibmaschinen wollte ich das Leben retten. Leider sausten mir schon im dritten Stock brennende Balken entgegen. Der Klügere gibt nach.

Hinterher ist einem seltsam leicht zumute. Als habe sich das spezifische Gewicht verändert. Für solidere Naturen bestimmt ein abscheuliches Gefühl. Nicht an die Güter hänge dein Herz! Die Bücher werden mir am meisten fehlen. Einige Briefe. Ein paar Fotos. Sonst? Empfindungen wie: »Jetzt geh ich heim, leg mich auf die Couch, guck in den Kronleuchter, denk an fast gar nichts, lauf nicht ans Telefon und nicht an die Tür, wenn's läutet, bin so allein, daß die Tapete Gänsehaut kriegt...« Damit ist's aus. Für Jahrzehnte. Und dann die Bettwäsche, die Oberhemden, die gestickten Taschentücher, die Krawatten, die mir Mutter allweihnachtlich schenkte. Die stolze Schenkfreude, die sie nach jeder großen Wäsche immer wieder neu hineingeplättet hat. Das ist nun mitverbrannt. Ich glaubte, dergleichen könne gar nicht verbrennen. Man muß, ehe man mitreden kann, alles erst am eignen Leib erfahren. Oder an der eignen Leibwäsche. Na ja.

Den Schlüssel hab ich noch. Wohnung ohne Schlüssel ist ärgerlich. Schlüssel ohne Wohnung ist geradezu albern. Ich wollte die Dinger wegwerfen. In eine passende Ruine. Und ich bring's nicht fertig! Mir wär's, als würfe ich frisches Brot auf den Müll. Welch unsinnige Hemmung Schlüsseln gegenüber, die wohnungslos geworden sind! Trotzdem ist es so. Non scholae sed vitae discimus.

Wenn wenigstens die Mama nicht gekommen wäre! Seit den ersten Angriffen auf Berlin hatte ich ihre Besuche hintertrieben. Zuweilen mit wilden Ausreden. Wozu ihre Besorgnisse durch den Augenschein noch steigern? Ein paarmal war sie richtig böse geworden. Ich hatte es hingenommen. Und nun rückte sie mit dem Wäschekarton an! Ausgerechnet in dem Augenblick, in dem mir die Engländer die Wohnung gekündigt hatten. Die Stadt brannte noch. Das Verkehrsnetz war zerrissen. Die Feuerwehr stand unrasiert und übernächtig vor züngelnden Fassaden. In der Roscherstraße war kein Durchkommen. Möbel lehnten und lagen naß, schief und schmutzig im Rinnstein. An den Ecken wurden heißer Kaffee und Klappstullen verteilt.

Was half's? Ich zog also gestern im Morgengrauen zum Bahnhof Charlottenburg. Natürlich gesperrt. Zum Bahnhof Zoo. Gesperrt. Zu Fuß an den schimmelfarbigen Flaktürmen vorbei zum Bahnhof Tiergarten. Die Stadtbahn fuhr. Bis Lehrter Bahnhof. Alles aussteigen. Pendelverkehr bis Friedrichstraße. Umsteigen. Anhalter Bahnhof. Gesperrt. Wo kommen die Züge aus Dresden an? Am Görlitzer Bahnhof. Ankunftszeiten? Achselzucken. Als ich im Görlitzer Bahnhof einpassierte, war ich genau drei Stunden unterwegs. Der Schnellzug aus Dresden. Vielleicht gegen zehn Uhr. Vielleicht auch gegen elf. Ich stellte mich an die Sperre und wich nicht von der Stelle, bis, nach endlosem Warten, der Zug einlief. Er hatte, irgendwo bei Berlin, auf freier Strecke halten müssen.

Die Reisenden sahen blaß und nervös aus. Den Qualm über der Stadt hatten sie von weitem ausgiebig beobachten können. Ängstlich suchten ihre Augen nach den Angehörigen hinter der Sperre. Was alles war in der Neuzeit über Nacht möglich, wer weiß, schwerer Angriff auf die Reichshauptstadt, noch jetzt von den Bränden bonbonrosa angehauchte Rußwolken überm Dächermeer, die lächerlichen Luftschutzkeller, mit den Fenstern halb überm Gehsteig, die Gas- und Wasserröhren in Kopfhöhe, rasch tritt der Tod den Menschen an. Siemensstadt soll auch wieder drangewesen sein, und wenn Paula erst einmal schläft, kann man neben dem Bett Kanonenkugeln abschießen, sie hört nichts, dann das Kind anziehen, der Rucksack, der schwere Koffer, der verfluchte Krieg. Ley hat eine Bar im Bunker, wo hab ich eigentlich die Fahrkarte. Mensch, gib gefälligst mit deiner dämlichen Kiste Obacht, und bitte, lieber Gott, laß ihnen nichts passiert sein...

Da entdeckte ich die Mama. Mit dem Wäschekarton an der Hand. Ich winkte. Sie sah unverwandt geradeaus. Ich rief. Winkte. Rief. Jetzt bemerkte sie mich. Lächelte verstört. Nickte mehrmals. Ging hastig auf die Sperre zu und hielt dem Beamten steif die Fahrkarte entgegen.

Noch während wir in der dröhnenden Bahnhofshalle standen, berichtete ich ihr, was geschehen war. Die Wohnung sei verbrannt. Das gesamte Gartenhaus. Das Vorderhaus. Die Seitengebäude. Auch andere Häuser in der Straße. In den Straßen ringsum. In anderen Vierteln. Berlin eigne sich heute ganz und gar nicht für Mütter über siebzig. »Weißt du was«, sagte ich, »wir bleiben hier in der Nähe, essen in einer Kneipe zu Mittag, unterhalten uns gemütlich – und mit dem ersten Nachmittagszug fährst du zurück. Es wird zeitig dunkel. Am Ende gibt's wieder Alarm. Vielleicht auch nicht: denn seit sie meine Wohnung erwischt haben, hat Berlin für sie enorm an Reiz eingebüßt. Trotzdem...« Ich lachte ziemlich künstlich.

Da fragte sie leise: »Die Teppiche auch?«

Mir verschlug's den Atem.

»Und das neue Plumeau?«

Ich erklärte ihr noch einmal und so behutsam, wie eine Bahnhofshalle es zuläßt, daß das Feuer keine Ausnahme gemacht habe. Die Teppiche seien fort, das neue Plumeau von Thiels aus der Prager Straße, das Klavier, auf dem ich als Kind die Dur- und Molltonarten geübt hatte, die Möbel aus den Deutschen Werkstätten, die Cottasche Goethe-Jubiläumsausgabe, das Zwiebelmuster, die dünnstieligen Weingläser, die Badewanne, die Tüllvorhänge, der Liegestuhl samt dem Balkon...

»Komm!« sagte sie, »ich muß die Wohnung sehen!« Es gelang ihr noch nicht, die vier Zimmer aus der Welt wegzudenken. Sie lief auf die Straße. War nicht zu halten. Wir fuhren. Stiegen aus. Stiegen um. U-Bahn, Stadtbahn. Ab Tiergarten pendelte ein Omnibus. An einer Station kam ich mit der einen Hand und dem Wäschekarton nicht ins Abteil. Der Rest war längst im Wagen. Die Leute rührten sich nicht. Ich mußte sehr laut werden, bis ich meine Hand und den Karton wieder hatte. Die Mama stand oder saß, je nachdem, und starrte ins Leere. Tränen liefen über ihr Gesicht wie über eine Maske.

Zwei Stunden dauerte es diesmal bis Charlottenburg. Vom Bahnhof aus steuerte sie den von früher her gewohnten Weg, kaum daß ich Schritt halten konnte. Der Zugang durch die Sybelstraße war abgeriegelt. Also Dahlmannstraße, Kurfürstendamm, Küstriner Straße. Über Stock und Stein, über Stuck und Stein. Auch hier ging's plötzlich nicht weiter. Trümmer, Qualm, Feuerwehr, Einsturzgefahr, es hatte keinen Zweck. Noch ein paar Schritte. Aus. Die Räume überm Haustor waren heruntergesackt. Der Schutt versperrte den Blick in den Hof. Der Sargdeckel war zugeklappt. Die Mama blickte ratlos um sich. Dann packte sie meinen Arm und sagte: »Bring mich zurück.«

Wieder zwei Stunden Fahrt. Unheimliches Gedränge. Autobus, Stadtbahn, U-Bahn, aussteigen, pendeln, umsteigen. Meine Befürchtung, der Anblick solcher Ruinenfelder wie etwa des Hansaviertels werde ihr Herz meinethalben mit neuer, stärkerer Angst erfüllen, erwies sich als unbegründet. Sie sah auch jetzt nicht links noch rechts. Wahrscheinlich schaute sie in den großen Wäscheschrank aus hellgrünem Schleiflack. In das Fach mit den Überschlaglaken, Bettüchern und Kopfkissenbezügen. In das Fach mit den sorgfältig gestapelten Oberhemden. In die Schachteln mit den exakt gefalteten Taschentüchern. Auf die säuberlich geschichteten Frottiertücher, Handtücher und Wischtücher.

Da waren auch noch die zwei nagelneuen Kamelhaardecken. Von Salzmanns. Und der dunkelblaue Bademantel vom Geburtstag vor zwei Jahren. Und das Silber. Für zwölf Personen. Stück um Stück nacheinander gekauft. Mein Junge, wissen Sie, hat eine Aussteuer wie ein heiratsfähiges Mädchen. Und jedes Jahr schenk ich ihm etwas hinzu. Ja, selbstverdient, natürlich. Dreiundsiebzig werd ich im April. Aber wenn ich ihm nichts mehr schenken könnte, würde mir das Leben keinen Spaß mehr machen. Er sagt zwar jedesmal, nun müßte ich endlich mit Arbeiten aufhören. Doch das laß ich mir nicht nehmen. Schriftsteller ist er. Er darf aber nicht schreiben. Seine Bücher hat man verbrannt. Und nun die Wohnung ...

Als der Schnellzug anrückte, dunkelte es bereits. Ich lief eine Weile nebenher und winkte. Sie biß sich auf die Lippen und versuchte zu lächeln.

Dann fuhr ich wieder nach Charlottenburg. Neun Stunden war ich insgesamt in Berlin herumgegondelt. Am Mantel fehlten zwei Knöpfe. Als ich am Stuttgarter Platz aus dem Omnibus kletterte, sagte jemand: »Es wird gleich Voralarm geben!« Da fing ich zu laufen an. Manchmal schlug mir der Wäschekarton gegen die Beine. In der Ferne heulte die erste Sirene. Das mußte Grunewald sein.

Aus der Perspektive einer denkenden Ameise

In einem Regal meiner Berliner Bibliothek stand, unauffällig zwischen anderen Bänden, während des Dritten Reiches ein blau eingebundenes Buch, dessen Blätter, wenigstens in der ersten Zeit, völlig weiß und leer waren. In Fachkreisen nennt man solche Bücher ohne Worte »Blindbände«.

Der unverfängliche Blindband wurde mein Notizbuch für verfängliche Dinge. Die leeren Seiten füllten sich mit winziger Stenographie. In Stichworten hielt ich, als seien es Einfälle für künftige Romane, vielerlei fest, was ich nicht vergessen wollte.

Warum ich die Arbeit nach kurzer Zeit wieder abbrach, weiß ich heute nicht mehr. Außer allerlei nicht mehr auffindbaren Gründen dürfte mitgespielt haben, daß der Alltag auch im Krieg und unterm Terror, trotz schwarzer Sensationen, eine langweilige Affäre ist. Es ist schon mühsam genug, ihn hinzunehmen und zu überdauern. Auch noch sein pünktlicher Buchhalter zu sein überstieg meine Geduld. Ich begnügte mich mit Stichproben.

Das Dritte Reich brach zusammen. Die Sieger bestanden einmütig auf der bedingungslosen Kapitulation. Deutschland wurde in vier Besatzungszonen aufgeteilt und militärisch verwaltet. Seuchen und Bürgerkrieg konnten vermieden werden. Ruhe hieß die erste Bürgerpflicht. Am Leben bleiben hieß die zweite. Der erschöpften Bevölkerung war beides recht. Sie ließ sich regieren, und sie wurde, da der Zivilverkehr stillag, punktuell regiert. Die Methode war handlich. Da sie sich anbot, brauchte man sie nicht zu erfinden.

Im Wirrwarr jenes Halbjahres bewegte ich mich von Berlin über Tirol nach Bayern. Das Land glich einem zerstörten Ameisenhaufen, und ich war eine Ameise unter Millionen anderer, die im Zickzack durcheinanderliefen. Ich war eine Ameise, die Tagebuch führte. Ich notierte, was ich im Laufen sah und hörte. Ich notierte, was ich hoffte und befürchtete, während ich mich totstellte. Ich notierte nicht alles, was ich damals erlebte. Das versteht sich. Doch alles, was ich damals notierte, habe ich erlebt. Es sind Beobachtungen aus der Perspektive einer denkenden Ameise. Und es sind Notizen, die zum Teil nur aus Stichworten, halben Sätzen und Anspielungen bestehen. Das genügte, weil die

Niederschrift nur für mich bestimmt war, nur als Zündstoff fürs eigene Gedächtnis.

Als ich nun, fünfzehn Jahre danach, ans Veröffentlichen dachte, an Leser außer mir selber, mußte ich den Wortlaut ergänzen. Meine Aufgabe war, die Notizen behutsam auseinanderzufalten. Ich mußte nicht nur die Stenographie, sondern auch die unsichtbare Schrift leserlich machen. Ich mußte dechiffrieren. Ich mußte das Original angreifen, ohne dessen Authentizität anzutasten. Es war eine mühsame Beschäftigung, eher die eines Konservators als eines Schriftstellers, und ich habe sie so gewissenhaft durchgeführt, wie ich es vermochte.

Das Tausendjährige Reich hat nicht das Zeug zum großen Roman. Es taugt nicht zur großen Form, weder für eine »Comédie humaine« noch für eine »Comédie inhumaine«. Man kann eine zwölf Jahre lang anschwellende Millionenliste von Opfern und Henkern architektonisch nicht gliedern. Man kann Statistik nicht komponieren. Wer es unternähme, brächte keinen großen Roman zustande, sondern ein unter künstlerischen Gesichtspunkten angeordnetes, also deformiertes blutiges Adreßbuch, voll erfundener Adressen und falscher Namen.

Meine Skepsis gilt dem umfassenden Versuch, dem kolossalen Zeitgemälde, nicht dem epischen oder dramatischen Segment, den kleinen Bildern aus dem großen Bild. Sie sind möglich, und es gibt sie. Doch auch hier steht Kunst, die sich breitmacht, dem Ziel im Weg. Das Ziel liegt hinter unserem Rücken, wie Sodom und Gomorrha, als Lots Weib sich umwandte. Wir müssen zurückblicken, ohne zu erstarren.

Die Nation müsse die Vergangenheit bewältigen, heißt es. Wir sollen bewältigen, was wir vergessen haben? Das klingt nach leerer Predigt. Und die Jugend soll bewältigen, was sie nicht erlebt hat und nicht erfährt? Man sagt, sie erfahre es. Wenn nicht zu Hause, dann in der Schule. Die Lehrer, sagt man, schreckten vor dem schlimmen Thema nicht zurück, wenn auch nur die politisch unbescholtenen. Die Zurückhaltung der anderen, hat einer unserer Kultusminister gesagt, sei begreiflich. Aber bedenklich, hat er gesagt, sei das nicht. Denn sie träten demnächst, soweit sie vorher nicht stürben, in den Ruhestand. Und dann stünden weder sie noch sonst ein Hindernis dem regulären Unterricht in Zeitgeschichte im Weg. Weil ihre Nachfolger zu Hitlers Lebzeiten noch kleine Kinder gewesen und schon deshalb unbescholten seien. Hat er gesagt. Wie sie, ohne selber angemessen unterrichtet worden zu sein, die nächste Generation angemessen unterrichten sollten, das hat er nicht gesagt.

Was nicht gut ist, hat einen Vorzug: Es kann besser werden. Die Historiker sind nicht müßig. Die Dokumente werden gesammelt und ausgewertet. Das Gesamtbild wird für den Rückblick freigelegt. Bald kann die Vergangenheit besichtigt werden. Auch von Schulklassen. Man wird zeigen und sehen können, wie es gekommen und gewesen ist. Doch das Lesen in der großen, in der Großen Chronik darf nicht alles sein. Sie nennt Zahlen und zieht Bilanzen, das ist ihre Aufgabe. Sie verbürgt die Zahlen und verbirgt den Menschen, das ist ihre Grenze. Sie meldet, was im großen ganzen geschah. Doch dieses Ganze ist nur die Hälfte.

Lebten und starben denn Zahlen? Waren die Reihen jüdischer Mütter, die ihre weinenden Kinder trösteten, während man sie auf polnischen Marktplätzen in deutsche Maschinengewehre trieb, Zahlenketten? Und war der SS-Scharführer, den man danach ins Irrenhaus bringen mußte, eine Ziffer?

Die Menschen wurden wie vielstellige Zahlen auf die schwarze Tafel geschrieben und, Schwamm darüber, ausgelöscht. In der Großen Chronik ist für sie alle Platz, doch nur für alle miteinander. Der einzelne kommt darin nicht vor. Man findet ihn in anderen Büchern. Wer in sie hineinblickt, starrt durch kein Teleskop, in kein Mikroskop und auf keinen Röntgenschirm. Das bloße Auge genügt. Bruchteile der Vergangenheit zeigen sich im Maßstab 1:1. Sie wird anschaulich. Der Mensch wird sichtbar. Er erscheint in natürlicher Größe. Er wirkt nicht sonderlich groß. Nein. Nicht einmal aus der Nähe. Gerade aus der Nähe nicht.

1945

Eine unbezahlte Rechnung

Die »Neue Zeitung« veröffentlicht die Fotokopie einer Rechnung. Einer »Kostenrechnung« der Reichsanwaltschaft beim Volksgerichtshof, ausgeschrieben von der Gerichtskasse Moabit am 11. Mai 1944. Einer Rechnung, die damals an eine Frau geschickt wurde, damit diese die Unkosten begleiche, die dem Staat daraus erwachsen waren, daß er ihren Mann am 3. Mai 1944 hatte hängen lassen. Einer Rechnung über 585,74 RM, die »binnen einer Woche« bezahlt werden mußten, da »nach Ablauf der Zahlungsfrist die zwangsweise Einziehung ohne weitere Mahnung« zu gewärtigen war. Einer Rechnung, deren Echtheit unbezweifelbar ist und die man trotzdem nicht glauben will. Einer Rechnung, die der Gerichtskasse längst bezahlt wurde, mit jenem Staat aber noch lange nicht beglichen ist!

Tausende und aber Tausende solcher Rechnungen sind vom nationalsozialistischen Staat ausgeschrieben worden. Es genügte ihm nicht, unschuldige Menschen aufzuhängen. Er ließ sich auch, gemäß den Paragraphen der Gerichtskosten-Gebührenordnung, die aus dem Mord erwachsenen Unkosten aufs Postscheckkonto überweisen. Er war ein ordnungsliebender Massenmörder, dieser Staat. »Gebühr für Todesstrafe«: 300 RM. War das etwa zuviel? Gebühr für den »Pflichtanwalt«, also für den Mann, der sanftmütig zu erklären hatte: »Mein Mandant ist mit seiner Erdrosselung selbstverständlich einverstanden«, 81,60 RM. Ist das zu teuer? Und so genau! Die sechzig Pfennige waren vermutlich die Auslagen des Herrn Doktor für die Straßenbahn. »Vollstreckung des Urteils«: 158,18 RM. Das ist geschenkt! Dafür, daß ich einen ehrlichen, tapferen, klugen Mann hängen soll, würde ich mehr verlangen! Und noch eins – wie mögen diese bürokratischen Teufel wohl auf die achtzehn Pfennige am Ende der Summe verfallen sein?

O armer Erich Knauf! Zwanzig Jahre kannte ich ihn. Setzer in der »Plauener Volkszeitung« war er gewesen, bevor er Redakteur, Verlagsleiter und Schriftsteller wurde. Ein Mann aus dem Volke. Und sein Leben lang ein Mann für das Volk. Ein Mann, den wir jetzt brauchen könnten wie das liebe Brot! Einer von denen, die den staatlich konzessionierten Verbrechern samt ihrer doppelten Buchführung bis aufs Blut verhaßt waren.

Dabei fällt mir ein anderer Mann ein. Ein ganz anderer Mann. Was mag der wohl machen? Jener Lump, der Abend für Abend fein säuberlich eintrug, was Knauf und E. O. Plauen, der Zeichner, gesagt hatten? Der dann hinging und die beiden an den Strick lieferte? Der, ehe die zwei davon wußten, über »die ja nun bald frei werdenden Zimmer« im Haus disponierte? Was macht denn dieser Herr Schulz, damals Hauptmann der Reserve im OKW? Dieser Verleger von Zeitschriften, die sich mit »Körperkultur« befaßten, um auf Glanzpapierseiten Nacktfotos abbilden zu können? Wie geht es ihm denn, dem Herrn Hauptmann? Hat er das letzte Kriegsjahr gesund und munter überstanden?

Januar 1946

Die Lust ist zäher als das Gewissen

Berlin, 7. Februar 1945

Wir waren wieder ein paar Tage in L. an der Havel, und es ging, wie fast jedesmal, hoch her. Textilkaufleuten verwehrt das Schicksal, Not zu leiden. Da hilft kein Sträuben. Man trägt ihnen, nach Einbruch der Dunkelheit, das Notwendige samt dem Überflüssigen korbweise ins Haus. Man drängt ihnen auf, was es nicht gibt. Bei Nacht kommen nicht nur die Diebe, sondern auch die Lieferanten. Sie bringen Butter, Kaffee und Kognak, weiße Semmeln und Würste, Sekt und Wein und Schweinebraten, und sie brächten den Kreisleiter der NSDAP, wenn er eßbar wäre. Karl honoriert so viel Mannesmut und Hilfsbereitschaft mit Kostüm- und Anzugstoffen, und dann ruft er vom Berliner Geschäft aus ein Dutzend Freunde und Bekannte an. »Kommt doch am Sonntag für eine halbe Woche aufs Land! Abgemacht? Wir freuen uns!«

Der Gastgeber freut sich. Die Gäste freuen sich. Die Freude ist allgemein. Man lacht und tafelt in einem Landhaus an der Havel, und die russischen Panzer stehen, bei Frankfurt und Küstrin, an der Oder. Man trinkt Sekt und tanzt, und noch gestern saßen wir, in Charlottenburg und Wilmersdorf, im Keller, während zwölfhundert Flugzeuge ihre Bomben ausklinkten. Man raucht Importen und pokert, und ringsum ziehen die Trecks, auf der Flucht aus dem Osten, ins Ungewisse. Man verkleidet und maskiert sich und improvisiert Kabarettszenen, und nicht weit von hier, in Brandenburg und Oranienburg, beginnen die Häftlinge zu hoffen und die Lagerkommandanten zu zittern. Manchmal treten wir, noch halbmaskiert und mit vollen Gläsern in der Hand, aus dem Haus ins Dunkel und betrachten, gegen Potsdam hin, die langsam und lautlos sinkenden feindlichen Leuchtkugeln und glitzernden Christbäume. Neulich sagte ich, als wir so am Ufer standen: »Es ist, als komme man ins Kino und der Film habe schon angefangen.« Da ließ eine der Frauen die Taschenlampe kurz aufblitzen und fragte geschäftig: »Darf ich, bitte, Ihre Eintrittskarten sehen? Was haben Sie für Plätze?« – »Natürlich Loge«, antwortete Karl. »Mittelloge, erste Reihe!«

Man tafelt, lacht, tanzt, pokert, schäkert, verkleidet und enthüllt sich und weiß, daß das Schiff sinkt. Niemand macht sich Illusionen. Die nächste Woge spült ihn selber über Bord. Und keiner hat Mitleid. Ertrinkende schreien um Hilfe? »Kann dir die Hand nicht geben, derweil ich eben tanz!« Die Lust ist zäher als das Gewissen. Wenn das Schiff sinkt, fällt der Katechismus ins Wasser. Polarforscher, heißt es, seien notfalls imstande, wissenschaftliche Mitarbeiter zu verzehren. Schlechte Zeiten, schlechte Manieren.

Kleine Chronologie

März 1945

Mit einem Handkoffer, einem Rucksack, einer Manuskriptmappe, einer Reiseschreibmaschine und einem Regenschirm fort aus Berlin. Sogar mit den erforderlichen Ausweisen. Als angebliches Mitglied einer Filmproduktionsgruppe, die in Tirol angeblich Aufnahmen machen will. Die Russen stehen bei Küstrin. Die Nationalsozialisten errichten, in voller Uniform und in vollem Ernst, geradezu kindische Straßensperren. Nachtfahrt über Potsdam, Dessau, Bamberg nach München. Beiderseits der Autobahn von Tieffliegern lahmgeschossene Fahrzeuge. Unterwegs, vier Uhr morgens, beginnt der Wagen zu brennen. Wir löschen mit Schnee. Auf einem Gut bei München schieben wir das angebratene Auto in eine Scheune. Mit der Eisenbahn geht es weiter. In Innsbruck Luftwarnung. Die Innsbrucker wandern, mit Klappstühlchen und Ruhekissen, in die Felshöhlen. Wie Tannhäuser in den Hörselberg.

April 1945

Der Ortsgruppenleiter von Mayrhofen im Zillertal beordert die dreißig Männer der Filmgruppe – Architekten, Schreiner, Kameraleute, Autoren, Friseure, Schauspieler, Dramaturgen, Beleuchter, Aufnahmeleiter, Tonmeister – zum Volkssturm nach Gossensaß in Südtirol. Er tut's auf besonderes Betreiben der Direktorin des ins Hochgebirge »ausgewichenen« Lehrerinnenseminars, das die Hotels bevölkert. Die energische Pädagogin ist mit dem Gauleiter Hofer befreundet, der in Bozen residiert. Obwohl der Kontakt mit Berlin unterbrochen ist, gelingt es dem Produktionsleiter, unsere Einberufung rückgängig zu machen. Wir kaufen von den Bauern fürs letzte Geld Butter in gelben Klumpen und zehnpfundweise Schweizerkäse. Nur das Brot ist knapp. Lottchen strickt für eine Kellnerin Wadenstrümpfe mit Zopfmuster. Die Kellnerin beschafft uns Brot. Wir bewundern den Bergfrühling, pflücken Enzian und Trollblumen und treffen die ersten über die Pässe herunterkletternden Soldaten der am Po endgültig geschlagenen deutschen Südarmee. Der Bürgermeister und der Ortsgruppenleiter kommen abends ins Haus, um unserer Wirtin mitzuteilen, daß nun auch ihr letzter Sohn gefallen ist. Sie und die Tochter schreien die halbe Nacht. Wie Tiere im brennenden Stall. Dann wirft die Mutter das Hitlerbild in den Vorgarten. Im Morgengrauen holen sie es wieder herein.

Mai 1945
Großdeutschland hat kapituliert. Der Ortsgruppenleiter ist über Nacht spurlos verschwunden. Die Seminardirektorin hat sich, auf einem Hügel vorm Ort, mit vier Kolleginnen und Kollegen umgebracht. Die Verdunkelung wird aufgehoben. Als wir abends durch die erleuchteten Gäßchen gehen, sehen wir hinter den hellen Fenstern die Bäuerinnen an der Nähmaschine. Sie haben das Hakenkreuz aus den Fahnen herausgetrennt und nähen weiße Bettücher neben die rote Bahn. Denn Weiß-Rot sind die Farben der österreichischen Freiheitspartei. Zwei amerikanische Panzer halten beim Kramerwirt, der nun, als Freund Schuschniggs, Bürgermeister geworden ist. Immer mehr deutsche Soldaten kommen über die Berge. Die Pfade zu den Schneegipfeln sind mit fortgeworfenen Waffen, Orden und Rangabzeichen besät. Teile der »Rainbow Division« übernehmen die militärische Verwaltung des Tals. Beim Kramerwirt verhandeln Offiziere des Stabs der Wlassow-Armee, der nach Hintertux geflüchtet ist, mit einem amerikanischen Obersten wegen der Übergabe. Wir müssen uns in der Dorfschule melden und werden von amerikanischen Soldaten registriert. Auf einem einsamen Waldspaziergang begegnen wir einem riesigen Negersergeanten, der, ein aufgeklapptes Messer vorsorglich in der Hand haltend, vergnügt »Grrrüß Gott!« ruft. Die Lokalbahn fährt nicht mehr. Die Seminaristinnen wandern, ihre schweren Koffer schleppend, talab. Endlich dürfen sie heim. Nach Innsbruck. Zum Brenner. Ins Pustertal.

Juni 1945
Unsere Bewegungsfreiheit ist sehr beschränkt. Unsere neuen Ausweise gelten nur fünf Kilometer im Umkreise. Überall stehen Schilderhäuser und Kontrollposten. Der Briefverkehr hat aufgehört. Wir sind isoliert. Die Radioapparate sind umlagert. Was soll werden? Unsere Filmhandwerker bauen sich Wägelchen für ihr Gepäck. Schlimmstenfalls wollen sie nächstens zu Fuß nach Berlin zurück. Zu ihren Kindern und Frauen. Und zu den

Russen. Aus Innsbruck fahren amerikanische Spezialisten vor und beschlagnahmen das gesamte Filminventar. Kurz darauf tauchen in verstaubten Jeeps die ersten Amerikaner und Engländer aus München auf. Es sind Kulturfachleute, Emigranten darunter. Alte Kollegen. Sie fahren kreuz und quer durchs Land und suchen festzustellen, wer von uns den Krieg überlebt hat, sowie, wer nach ihrer Meinung wert ist, ihn überlebt zu haben.

Juli 1945
   Ich fahre, auf nicht ganz legale Art, in die Nähe von München. Zu fachlichen Besprechungen. Wildes Plänemachen und heftiges Mißtrauen lösen einander ab. Ewig kehrt die Frage wieder: »Warum sind Sie nicht emigriert, sondern in Deutschland geblieben?« Dem, der es nicht versteht, kann man's nicht erklären. Anschließend acht Tage vergeblichen Wartens, auf einem Gut im Dachauer Moos, daß das Auto aus Tirol zurückkommt. Eisenbahn, Post, Telegraph, Telephon – alles ist tot. Gäste und Gastgeber werden nervös. Endlich fährt der Wagen in den Hof. Nun geht's wieder hinauf in die Zillertaler Alpen. Die Filmgruppe befindet sich in Auflösung. Es ist kein Geld da. Die Firma existiert nicht mehr. Der Produktionsleiter fährt heimlich fort, um irgendwo Geld aufzutreiben. Er wird unterwegs verhaftet. Monatelang wird man von ihm nichts mehr hören. Die Berliner Filmschreiner, Filmschlosser, Friseure, Elektrotechniker und Schneider verdingen sich. Verdienen ihren Unterhalt mit Feldarbeit. Oder als Handwerker. Oder als Zwischenhändler von Zigaretten, Butter, Käse und Kaffee. Die Zillertaler sind ungeduldig. Wenn wir Kurgäste wären, ja, aber so? Hinaus mit den Berlinern, der alte, ewig junge Schlachtruf ertönt. Im Rathaus erscheinen zwei französische Offiziere. Die Amerikaner übergeben Tirol den Marokkanern, heißt es. Auf einen Lastwagen gepfercht, mit einer hoffentlich noch gültigen Order, verlassen wir die Zillertaler Alpen und rattern, über Kufstein, ins Bayrische.

August 1945
   Zwischenstation am Schliersee. Keine Verbindung mit Berlin, Leipzig, Dresden, nicht einmal mit München. Es ist, als läge die übrige Welt auf dem Mond. Mein letztes Paar Schuhe ist hin. Ein abgemusterter deutscher Leutnant hilft mir aus. Ein ameri-

kanischer Sergeant, Pelzhändler von Beruf, freundet sich mit uns an. Er erzählt von Kanada und Alaska, von Pelzjägern, Hundeschlitten und Eskimobräuchen. Unser letztes Geld ist bis zum allerletzten Geld zusammengeschrumpft. Wir stecken hilflos fest, wie Nägel in einer Wand. Wer wird uns herausziehen? Und wann? Da, eines Tages, hält ein wackliges Auto vor dem Bauernhaus. Man holt uns für ein paar Tage nach München. Einige Schauspieler wollen dort ein Kabarett eröffnen. Daraus wird, wie sich bald zeigt, nichts werden. Wenn sich alle Pläne dieser Wochen verwirklichten, gäbe es bald mehr Kabaretts und Theater als unzerstörte Häuser. Immerhin, wir sind endlich wieder in einer Großstadt. Schliersee sieht uns auf Jahre hinaus nicht wieder.

September 1945
  München ist »der« Treffpunkt derer geworden, die bei Kriegsende nicht in Berlin, sondern in West- oder Süddeutschland steckten. Mitten auf der Straße fallen sie einander um den Hals. Schauspieler, Dichter, Maler, Regisseure, Journalisten, Sänger, Filmleute – tags und abends stehen sie im Hof der Kammerspiele, begrüßen die Neuankömmlinge, erfahren Todesnachrichten, erörtern die Zukunft Deutschlands und der Zunft, wollen nach Berlin, können's nicht, wägen ab, ob's richtiger sei, hier oder in Hamburg anzufangen. In den Kammerspielen etabliert sich, zunächst noch sehr improvisiert, das Kabarett »Die Schaubude«. In der Reitmorstraße beginnt man, ein zerbombtes Theater für kommende Programme herzurichten. Die Stadt und der Staat ernennen Intendanten für erhaltene und noch im Bau befindliche Bühnen. Alle Welt scheint am Werke, einen Überfrühling der Künste vorzubereiten. Daß man wie die Zigeuner leben muß, hinter zerbrochnen Fenstern, ohne Buch und zweites Hemd, unterernährt, angesichts eines Winters ohne Kohle, niemanden stört das. Keiner merkt's. Das Leben ist gerettet. Mehr braucht's nicht, um neu zu beginnen. Die ersten Briefe von zu Hause treffen ein. Nicht per Post. Sie werden hin- und hergeschmuggelt. Die Besorgung eines Briefes nach Berlin oder Dresden kostet zwanzig bis fünfzig Mark. Es ist ein neuer Beruf. Manche dieser geheimnisvollen Boten stecken das Geld ein und die Post ins Feuer. Hans Habe kreuzt auf. Als amerikanischer Captain. Er soll, in den Restgebäuden des »Völkischen Beobach-

ters«, im Auftrage der Militärregierung eine Millionenzeitung für die amerikanische Zone starten. Ob wir die Feuilletonredaktion übernehmen wollen? Einverstanden. Im Auto fahren wir im Land umher und trommeln Mitarbeiter zusammen. Wo kriegen wir Bücher her? Woher ein Archiv? Woher einen Musikkritiker? Woher ausländische Zeitschriften? Wir arbeiten Tag und Nacht. Es geht zu wie bei der Erschaffung der Welt. Besprechungen in Stuttgart wegen der Gründung einer Jugendzeitschrift. Wegen des Neudrucks von im Jahre 1933 verbrannten Büchern. In der Reitmorstraße wächst die »Schaubude« Stein um Stein. Auf geht's!

Am 18. Oktober 1945 erschien die erste Nummer der »Neuen Zeitung«. Am 1. Januar 1946 erschien bei Rowohlt in Stuttgart das erste Heft des »Pinguin«, unserer Jugendzeitschrift. Wenig später eröffneten wir mit einem neuen Programm das Kabarett »Die Schaubude« im eignen Haus.

Steinreiche Flüchtlinge

Mayrhofen, 17. April 1945

Täglich tauchen Lastautos und Postomnibusse mit Flüchtlingen auf. Alle wollen bleiben. Alle werden weitergeschickt. Mayrhofen ist überfüllt. Die Gemeinde erteilt keine Aufenthaltsgenehmigungen mehr, es sei denn... Es sei denn, man wäre ein ungarischer Großindustrieller, womöglich der Bruder eines Horthy-Ministers, zöge zehntausend Reichsmark aus der Westentasche und fragte den Bürgermeister leichthin, ob der Betrag genüge. Die Gemeindekasse tat einen Luftsprung, und der splendide Herr mit dem schönen grauen Vollbart durfte, samt Familie, bleiben. Die Familie besteht aus einer Tochter, einer Schwiegertochter, einem Sohn und einem Schwiegersohn.

Beim Anblick der fünf aus Budapest käme man, wenn man es nicht wüßte, nie auf den Gedanken, daß sie, um bleiben zu dürfen, auch noch Eintritt bezahlt haben. Man dachte viel eher, so unzeitgemäß die Vermutung wäre, daß sie der Verschönerungsverein von Mayrhofen für teures Geld zum Bleiben bewogen habe!

Seit sie hier sind, hat sich der Ort verändert. Die zwei Frauen sind schön, elegant, dezent und so gepflegt, als gingen sie täglich zu Antoine. Die jungen Herren sind, in Manier und Kleidung, Männer von Welt. Beim Anblick ihrer Chaussure stöhnte mein letztes Paar Jakoby-Schuhe, aus klaffenden Sohlen, gequält auf. Und der Alte mit dem imposanten Barte hieß schon am zweiten Tag »der Patriarch«. Fünf Menschen haben, ohne es zu wollen, das Dorf verwandelt. In der Luft schwebt ein Hauch Parfüm. In ein paar hundert müd gewordenen Augen zwinkert Wohlgefallen. Erinnerungen an versunkene und verschüttete Zeiten werden wach und rekeln sich. Luxus, Eleganz, Komfort, Kosmetik, Fluidum, lauter Fremdwörter und lauter Plusquamperfekta! Die ungarische Familie scheint aus einem Märchenbuch zu stammen, das verbrannt ist. »Es war einmal« stand auf dem Umschlag. Märchenhaft und doch ganz und gar lebendig spazieren die fünf an uns vorüber. Wir bleiben stehen, es geht nicht anders, und blicken ihnen nach. Sind wir in der Rue St.-Honoré oder an der

Place Vendôme? Gehen sie ins Ritz? Wir müssen lächeln. Paris liegt in der Luft. Paris liegt an der Ziller.

Der Patriarch sitzt täglich etliche Stunden im »idyllisch gelegenen« Waldcafé, hat eine auffällig altmodische Kladde vor sich liegen und rechnet. Wenn er nachdenkt, streicht er sich den soignierten Bart. Worüber denkt er nach? Was bedeuten seine Zahlenkolonnen? Addiert er das Familienvermögen? Die im Koffer mitgebrachten Banknoten, den Schmuck in den Kassetten und den Saldo der Konten in Zürich, London und New York? Wie viele Millionen hat er denn nun beisammen, der Bruder des ungarischen Kriegsministers?

Die Kellnerin hat mir erzählt, was er tut. Er studiert Baupläne und berechnet Baukosten. Sobald der Krieg vorüber sein wird, will er, rundum in Westeuropa, Dutzende von Ferienhotels bauen lassen. Nicht etwa Luxuskästen und Prunkpaläste, deren Zeit vorbei ist und die nur von Bankkonsortien vorm Sterben bewahrt werden, sondern ökonomisch lebensfähige Kettenhotels, im gleichen DIN-Format, bis zur Balkonbreite, Tapete und Nachttischlampe genormt. Seine Hotels an der Riviera, in Kent, Interlaken, Ostende, Deauville, Marienlyst, Amalfi, Ischl, Garmisch, Hintertux und, meinetwegen, am Nordpol werden sich gleichen wie ein Ei dem andern. Wer in einem gewohnt hat, wird sie alle kennen. Und wer mit dem ersten zufrieden war, frequentiert das nächste und fernste. Er braucht nur die Landschaft und die Valuta zu wechseln. Jedes Jahr woanders, und immer im gleichen Hotel!

Da sitzt er nun also, der steinreiche Flüchtling, streicht sich den Bart und träumt in Zahlen. Kostenvoranschläge, Devisenkurse und Rentabilitätsquoten defilieren hinter seiner Stirn. Zinsfüße tanzen Spitze. Die Phantasielosigkeit künftiger Touristen beflügelt seine Phantasie. Er schreibt Zahlen, als wären es Verse. Seine Hotels reimen sich. Und wenn ihn die zwei schönen Frauen abholen, erhebt er sich, um ihnen die Hand zu küssen. Er ist mit der Welt zufrieden. Er wird auf ihren Trümmern Hotels bauen.

Die Fahnen der Freiheit

Mayrhofen, 4. Mai 1945

Die Ostmark heißt wieder Österreich. Die Agonie ist vorüber. Klio hat den Totenschein ausgestellt. Das Regime, das nicht leben konnte und nicht sterben wollte, existiert hierzulande nicht mehr. Gestern nachmittag hat sich, mit einem Dr.-Ing. Gruber an der Spitze, die Österreichische Widerstandsbewegung konstituiert. Die Sender Vorarlberg, Innsbruck und Salzburg bestätigten die Waffenstreckung der Südarmee, auch für Tirol, Vorarlberg und Reutte, und verbreiteten die ersten zwei Erlasse der provisorischen Regierung.

Der eine Erlaß hob ab sofort die Verdunkelung auf und fand ungeteilten Beifall und wurde am Abend weithin sichtbar befolgt. Die Fenster waren erleuchtet! Ein paar Straßenlaternen brannten zwinkernd. Wir gingen spazieren und freuten uns wie die Kinder. Uns war, mitten im Mai, weihnachtlich zumute. Das jahrelang entbehrte Licht in den Häusern erschien uns schöner als Millionen Christbäume.

Auch der zweite Erlaß wurde gehorsam befolgt. Freilich nicht mit der gleichen Begeisterung. Er befahl die sofortige Beflaggung in den Farben Österreichs, also Rot-Weiß-Rot, oder in den Tiroler Farben Rot-Weiß. Die Schwierigkeit, unter der die Bevölkerung leise seufzte, bestand nicht etwa, wie man denken könnte, in dem über Nacht zu vollziehenden Gesinnungswandel. Auch nicht in der bedenklichen Zumutung, ihn vor aller Augen meterlang aus den Fenstern zu hängen. Die Schwierigkeit lag ausschließlich darin, sich in so kurzer Zeit, noch dazu nach Ladenschluß und bei der herrschenden Stoffknappheit, das geeignete Fahnentuch zu beschaffen.

Künftige Usurpatoren sollten daraus lernen. Man kann die Menschen, nicht nur die Österreicher, natürlich dazu nötigen, vom Abend zum Morgen ihre Gesinnung wie einen Handschuh umzukehren. Und man kann sie mühelos dazu bewegen, diese Wandlung öffentlich zu bekennen. Am guten Willen wird nicht zu zweifeln sein. Man muß nur die Grenzen beachten, die ihm gezogen sind. Für die politische Kehrtwendung selber genügen zehn Minuten. Die befriedigende Lösung der Flaggenfarbe ist viel zeitraubender. Schon wegen des Ladenschlusses. Denn es genügt nicht, die Fahne nach dem Wind zu hängen. Es muß ja die neue Fahne sein!

Immerhin bot Dr.-Ing. Grubers Flaggenerlaß keine unüberwindlichen Schwierigkeiten. Es wurde von der Nation bis heute früh weder Marineblau noch Schweinfurter Grün verlangt und auch kein Kanariengelb. Rot und Weiß waren, bei einiger Phantasie, über Nacht beschaffbar, und sie wurden beschafft. Als wir, die Entdunklung feiernd, die Straßen und Gassen entlanggingen, konnten wir uns mit eignen Augen – einem weinenden und einem lachenden Auge – unterrichten, wie man aus alten und soeben verbotenen Fahnen neue, aufs innigste zu wünschende schneidert. Wir blickten in die Stuben und sahen, in jedem Fensterrahmen, das nahezu gleiche lebende Bild. Überall trennte man das Hakenkreuz aus den Hitlerfahnen. Überall zerschnitt man weiße Bettlaken. Überall saßen die Bäuerinnen an der Nähmaschine und nähten die roten und weißen Bahnen fein säuberlich aneinander. »Doch drinnen waltet die züchtige Hausfrau«, zitierte einer von uns. Und ein andrer sagte: »Sie ziehen sich die Bettücher unterm Hintern weg. Das nenn ich Opfermut!«

Auch sonst glich der Spaziergang einer politischen Exkursion. Farbsatte Rechtecke an den Wänden erzählten uns, wie leicht Tapeten zu verschießen pflegen und wie groß die Hitlerbilder gewesen waren. In dem einen und anderen Zimmer standen die Hausväter vorm Rasierspiegel, zogen Grimassen und schabten ohne rechten Sinn für Pietät, ihr tertiäres Geschlechtsmerkmal, das Führerbärtchen, von der Oberlippe. (Obwohl, historisch betrachtet, sein Emblem unter der Nase, wie vieles andre auch, nicht von Hitler, sondern vor ihm erfunden worden ist.) Kurz und gut, es war ein lehrreicher Rundgang. Seit das Licht wieder aus den Häusern fällt, fällt auch wieder Licht hinein.

Heute früh wehten die Fahnen der Freiheit, daß es eine Pracht war. Die neuen Ordnungshüter, mit rotweißroten Armbinden, konnten auf Mayrhofen stolz sein. Mitunter bemerkte man freilich Kreise und Segmente in unausgeblichenem Rot, die bis gestern vor Wind und Wetter durchs Hakenkreuz geschützt worden waren. Zuweilen hatten die Bäuerinnen wohl auch die roten und weißen Bahnen in der verkehrten Reihenfolge zusammengenäht. Doch das blieben kleine Schönheitsfehler, über die man großzügig hinwegsah. Alles in allem war die Flaggenparade ein schöner Erfolg.

Das Ende der Blutgruppenträger

Mayrhofen, 22. Mai 1945

Heute sind im Ort und rundum alle Heimkehrer verhaftet worden, soweit sie der SS angehört haben. Man will sie sammeln und zu Arbeitsbataillonen formieren. In vereinzelten Fällen wird sich die Verhaftung als unbillige Härte erweisen, wie bei Sepp Moigg, dem Sohn des Neuhauswirtes. Er war seinerzeit in die SS gepreßt worden, weil der Vater, als strenger Katholik, das Regime ablehnte. Es war ein Racheakt auf Gemeindebasis gewesen, eine Ranküne unter Bekannten, ein Tiefschlag gegen die Sippe. Die hohe Ehre, bei den Prätorianern zu dienen, wurde zur hohen Strafe. Wie ja auch die höchste Ehre, nämlich zu kämpfen und zu fallen, als immerhin zweithöchste Militärstrafe galt. Aus Schande wurde Ehre, aus Ehre wurde Schande, die Wertskala war umkehrbar.

Was ich bis heute nicht wußte, ist, daß jeder Angehörige der SS ein unverlierbares Erkennungszeichen bei sich trägt. Ihnen allen wurde die jeweilige Blutgruppe in die Achselhöhle tätowiert. Hatten Hitler und Himmler Angst, die Männer könnten die Zeichen A oder B oder o vergessen oder ihre Papiere verlieren? Man hatte wohl eher Angst, sie könnten Hitler und Himmler vergessen. Man versah sie, wenn auch nicht auf der Stirn, mit dem Kainsmal. Es ließ und läßt sich nicht fortwaschen. Man zeichnete sie, indem man vorgab, sie auszuzeichnen. Man versicherte sich ihrer Zuverlässigkeit, indem man sie abstempelte. Tätowierung der Lagerhäftlinge am Unterarm, Tätowierung der Wachtposten und Henker unter der Achsel, einmal als angebliche Schande, einmal als angebliche Ehre, wahnwitziges Indianerspiel germanischer Karl-May-Leser, groteske Verwechslung von Tausendjährigem Reich und unabwaschbarer Tinte.

Schon im September 1934, anläßlich meiner ersten Verhaftung durch die Gestapo, fiel mir die infantile Indianerlust der Leute auf. Als man mich ins Vernehmungszimmer eskortierte, rief einer der Anwesenden höchst amüsiert: »Da kommen ja Emil und die Detektive!«, und auch die anderen fanden die Bemerkung äußerst lustig. Sooft jemand das Haustelefon benutzte, nannte er nicht etwa seinen Namen, sondern sagte: »Hier ist F., ich möchte L. sprechen.« Noch viel lieber, schien es mir, hätten sie sich »Adlerfeder« und »Falkenauge« tituliert.

Wie sie miteinander die Aufträge für den Nachmittag koordinierten, die geeignete Reihenfolge der Verhaftungen und Haussuchungen, und wie sie die Frage erörterten, ob zwei Autos ausreichen würden oder ein Lastwagen vorzuziehen sei, das klang nicht, als sollten sie nach dem Berliner Westen, sondern in den Wilden Westen. Als säßen sie nicht an Bürotischen in der Prinz-Albrecht-Straße, sondern am Lagerfeuer in der Steppe. Als wollten sie, ein paar Stunden später, nicht etwa in Mietwohnungen einer Viermillionenstadt eindringen und überraschte Steuerzahler drangsalieren, sondern als seien sie auf verbarrikadierte Blockhäuser und auf Kunstschützen und Pferdediebe aus.

Auch während meiner protokollarischen Vernehmung betätigten sie sich wie Waldläufer, die sich in der Deutung von Fußspuren und von sonst niemand beachteten abgebrochenen Zweigen auskennen. Ihr kindisches Benehmen in einer ziemlich ernsten Sache verdroß nicht nur mich, sondern auch, und zwar zu meinen Gunsten, den alten Kriminalbeamten, der die Vernehmung leitete und das Protokoll diktierte. Als ich meinen Paß zurückerhalten hatte und an der Tür »Auf Wiedersehen« sagte, brüllten sie wütend und im Chor »Heil Hitler!« hinter mir her.

Auf dem Korridor murmelte der Inspektor, der mich zu den Wachtposten zurückbrachte, ein pensionsreifer Zwölfender, mißmutig und geringschätzig: »Junge Kadetten!« Doch es waren eben keine Kadetten, sondern Trapper und Indianer, Karl-May-Leser wie ihr Führer, verkrachte NS-Studenten mit Intelligenzbrille, Pfadfinder mit blutigem Fahrtenmesser, braune Rothäute als blonde Bestien. Europa als Kinderspielplatz, mutwillig zertrampelt und voller Leichen. Und die eintätowierte Blutgruppe als Aktenzeichen der Blutsbrüderschaft und der Blutherrschaft.

Streiflichter aus Nürnberg

Nürnberg, 22. November 1945

Autobahn München – Nürnberg... Wir fahren zur Eröffnung des Prozesses gegen die Kriegsverbrecher. Einige der Verteidiger hatten beantragt, den Verhandlungsbeginn noch einmal zu verschieben. Der Antrag wurde abgelehnt. Morgen früh ist es soweit...

Herbstnebel hängen auf der Straße und über den Hügeln. Die Sonne schimmert vage am Himmel wie hinter einer Milchglasscheibe. In den kahlen, toten Äckern hocken die Krähen...

Wenn ich als Kind in der Schule von Kriegen und Siegen zu hören bekam – und unsere Schulstunden waren ja mit Usurpatoren, Feldherren und dergleichen vollgestopft wie überfüllte Straßenbahnen –, hatte ich stets den gleichen Gedanken. Ich dachte: Wie haben diese Kriegsherren nur nachts in den Schlaf finden können? Ich sah, wie sie sich ruhelos auf ihren Lagern wälzten. Ich hörte sie im Traum und Halbschlaf stöhnen und beten. Die Reihen der Gefallenen zogen blutig durch ihre Schlösser und Purpurzelte... Dabei schliefen diese Mordgrossisten wie die Murmeltiere!

Am Straßenrand hält ein amerikanischer Militärlastwagen. Ein Neger wirft Kistenholz in ein offenes Feuer. Ein paar Frauen und eine Horde Kinder wärmen sich und lachen...

Morgen soll nun gegen vierundzwanzig Männer Anklage erhoben werden, die schwere Mitschuld am Tode von Millionen Menschen haben. Oberrichter Jackson, der aus Amerika entsandte Hauptankläger, hat erklärt: »Sie stehen nicht vor Gericht, weil sie den Krieg verloren, sondern weil sie ihn begonnen haben!« Ach, warum haben die Völker dieser Erde solche Prozesse nicht schon vor tausend Jahren geführt? Dem Globus wäre viel Blut und Leid erspart geblieben...

Aber die Menschen sind unheimliche Leute. Wer seine Schwiegermutter totschlägt, wird geköpft. Das ist ein uralter verständlicher Brauch. Wer aber Hunderttausende umbringt, erhält ein Denkmal. Straßen werden nach ihm benannt. Und die Schulkinder müssen auswendig lernen, wann er geboren wurde und wann er friedlich die gütigen Augen für immer schloß...

Einen einzigen Menschen umbringen und hunderttausend Menschen umbringen ist also nicht dasselbe? Es ist also ruhmvoll? Nein, es ist nicht dasselbe. Es ist genau hunderttausendmal schrecklicher! – Nun werden die vierundzwanzig Angeklagten sagen, sie hätten diese neue, aparte Spielregel nicht gekannt. Als sie ihnen später mitgeteilt wurde, sei es zu spät gewesen. Da hätten sie nicht aufhören können. Da hätten sie wohl oder übel noch ein paar Millionen Menschen über die Klinge springen lassen müssen ...

Es sind übrigens nicht mehr vierundzwanzig Angeklagte. Ley hat sich umgebracht. Krupp, heißt es, liegt im Sterben. Kaltenbrunner hat Gehirnblutungen. Und Martin Bormann? Ist er auf dem Wege von Berlin nach Flensburg umgekommen? Oder hat er sich, irgendwo im deutschen Tannenwald, einen Bart wachsen lassen und denkt, während er die Zeitungen liest: Die Nürnberger hängen keinen, sie hätten ihn denn?

Ein mit Dung beladener Ochsenkarren stolpert durch den Nebel. Die Räder stecken bis zur Nabe in weißlich brauendem Dampf. Und drüben, mitten im Feld, ragen ein paar Dutzend kahler, hoher Hopfenstangen in die Luft. Es sieht aus, als seien die Galgen zu einer Vertreterversammlung zusammengekommen ...

Dienstag morgen. Das Nürnberger Justizgebäude ist in weitem Umkreis von amerikanischer Militärpolizei abgesperrt. Nur die Menschen, Autos und Autobusse mit Spezialausweisen dürfen passieren. Vorm Portal erneute Kontrolle. Neben den Stufen des Gebäudes zwei Posten mit aufgepflanztem Bajonett. Aus den Autobussen und Autos quellen Uniformen. Russen, Amerikaner, Franzosen, Engländer, Tschechoslowaken, Polen, Kanadier, Norweger, Belgier, Holländer, Dänen. Frauen in Uniformen. Die Russinnen mit breiten goldgestreiften Achselstücken. Journalisten, Fotografen, Staatsanwälte, Rundfunkreporter, Sekretärinnen, Dolmetscher, Marineoffiziere mit Aktenmappen, weißhaarige Herren mit Baskenmützen der englischen Armee und kleinen Schreibmaschinen, deutsche Rechtsanwälte mit Köfferchen, in denen sie die schwarzen Talare und die weißen Binder tragen ...

Im Erdgeschoß ist scharfe Kontrolle. Im ersten Stock ist scharfe Kontrolle. Mancher wird, trotz Uniform und Ausweisen, zurückgeschickt.

Endlich stehe ich in dem Saal, in dem der Prozeß stattfinden wird. In dem einmal, Jahrhunderte später, irgendein alter, von einer staunenden Touristenschar umgebener Mann gelangweilt herunterleiern wird: »Und jetzt befinden Sie sich in dem historischen Saal, in dem am 20. November des Jahres 1945 der erste Prozeß gegen Kriegsverbrecher eröffnet wurde. An der rechten Längsseite des Saales saßen, vor den Fahnen Amerikas, Englands, der Sowjetrepublik und Frankreichs, die Richter der vier Länder. Der hohe Podest ist noch der gleiche wie damals. An der gegenüberliegenden Wand, meine Herrschaften, saßen die zwanzig Angeklagten. In zwei Zehnerreihen hintereinander. Hinter ihnen standen acht Polizisten der ISD in weißen Stahlhelmen. ›Stahlhelm‹ wurde im zwanzigsten Jahrhundert eine Kopfbedeckung genannt, die man in den als ›Krieg‹ bezeichneten Kämpfen zwischen verschiedenen Völkern zu tragen pflegte. Links neben mir können Sie, unter dem Glassturz auf dem kleinen Tisch, einen solchen Stahlhelm besichtigen. Vor der Estrade der Angeklagten, welche noch immer die gleiche wie im Jahre 1945 ist, saßen etwa zwanzig Rechtsanwälte. An der vor uns liegenden Schmalseite des holzgetäfelten Raumes saßen die Anklagevertreter der Vereinten Nationen. Wo Sie, meine Damen und Herren, jetzt stehen, befanden sich damals die Pressevertreter der größten Zeitungen und Zeitschriften, Agenturen und Rundfunksender der Welt. Vierhundert Männer und Frauen, deren Aufgabe es war...«

Ja, so ähnlich wird der alte Mann dann reden. Hoffentlich. Und die Touristen der ganzen Welt werden ihm zuhören und den Kopf schütteln, daß es einmal etwas gab, was »Krieg« genannt wurde...

Die Scheinwerfer an der Balkendecke strahlen auf. Alle erheben sich. Die Richter erscheinen. Die beiden Russen tragen Uniform. Man setzt sich wieder. Die Männer in der eingebauten Rundfunkbox beginnen fieberhaft zu arbeiten. Aus fünf hoch in den Wänden eingelassenen Fenstern beugen sich Fotografen mit ihren Kameras vor. Die Pressezeichner nehmen ihre Skizzenblocks vor die Brust. Der Vorsitzende des Gerichts eröffnet die Sitzung. Dann erteilt er dem amerikanischen Hauptankläger das Wort. Die meisten Zuhörer nehmen ihren Kopfhörer um. Ein Schalter an jeder Stuhllehne ermöglicht es, die Anklage, durch Dolmetscher im Saal sofort übersetzt, in englischer, russischer, deutscher oder französischer Sprache zu hören. Auch die Angeklagten bedienen sich des Kopfhörers. Amerikanische Soldaten sind ihnen behilflich. Und während so die Anklage, welche die Welt den zwanzig Männern entgegenschleudert, viersprachig durch die Drähte ins Ohr der einzelnen dringt, ist es im Saal selbst fast still. Die Stimme des Anklägers klingt, als sei sie weit weg. Die Dolmetscher murmeln hinter ihren gläsernen Verschlägen. Alle Augen sind auf die Angeklagten gerichtet...

Göring trägt eine lichtgraue Jacke mit goldenen Knöpfen. Die Abzeichen der Reichsmarschallwürde sind entfernt worden. Die Orden sind verschwunden. Es ist eine Art Chauffeurjacke übriggeblieben... Er ist schmaler geworden. Manchmal blickt er neugierig dahin, wo die Ankläger sitzen. Wenn er seinen Namen hört, merkt er auf. Dann nickt er zustimmend. Oder wenn der Ankläger sagt, er sei General der SS gewesen, schüttelt er lächelnd den Kopf. Zuweilen beugt er sich zu seinen Anwälten vor und redet auf sie ein. Meist ist er ruhig.

Rudolf Heß hat sich verändert. Es ist, als sei der Kopf halb so klein geworden. Dadurch wirken die schwarzen Augenbrauen geradezu unheimlich. Wenn er mit Göring oder Ribbentrop spricht, stößt er ruckartig mit dem Kopf. Wie ein Vogel. Sein Lächeln wirkt unnatürlich. Sollte es in diesem Kopf nicht mehr richtig zugehen?

Joachim von Ribbentrop sieht aus wie ein alter Mann. Grausträhnig ist sein Haar geworden. Das Gesicht erscheint faltig und verwüstet. Er spricht wenig. Hält das Kinn hoch, als koste es ihn Mühe. Als ihn ein Polizist kurz aus dem Saal und dann wieder zurückbringt, bemerkt man, daß ihm auch das Gehen schwerfällt.

Auch *Keitel* ist etwas schmäler geworden. Er sitzt, in seiner tressenlosen Uniformjacke, grau mit grünem Kragen, ernst und ruhig da. Wie ein Forstmeister.

Alfred Rosenberg hat sich nicht verändert. Seine Hautfarbe wirkte immer schon kränklich. Manchmal zupft er an der Krawatte. Sehr oft fährt er sich mit der Hand übers Gesicht. Die Hand allein verrät seine Nervosität.

Neben ihm sitzt *Hans Frank,* der ehemalige Generalgouverneur von Polen. Manchmal zeigt er die blitzenden Zähne. Dann verzieht ein zynisches stummes Lachen die scharfen Züge. Warum lacht er so ostentativ vor sich hin? Die Zuschauer kennen keinen Grund, den er hier zum Lachen hätte. Er spricht auch viel mit seinen Nachbarn, deren einer Rosenberg und deren zweiter *Wilhelm Frick* ist. Frick wirkt kräftig, gesund und temperamentvoll. Sein Gesicht sieht braungebrannt aus. Wie er zuhört, wie er mit den Nachbarn spricht, wie er mit den Anwälten redet – alles verrät eine überraschende Energie.

Die Energie des Mannes neben ihm scheint weniger echt. Es ist *Julius Streicher*. Oft zuckt sein rechter Mundwinkel nervös zur Seite. Und unmittelbar danach zuckt sein rechtes Auge zusammen. Immer wieder und wieder.

Dann kommt *Walter Funk*. Klein, molluskenhaft, mit seinem blassen häßlichen Froschgesicht. Neben ihm, aufrecht, ruhig, reserviert ablehnend, *Hjalmar Schacht*. Als letzter der ersten Reihe.

Hinter Göring und Heß sitzen *Dönitz* und *Raeder*, die beiden ehemaligen Großadmirale. In blauen Jacketts. Das Gold ist verschwunden. Dönitz sieht verkniffen aus. Ruhig sind beide.

Baldur von Schirachs Gesicht ist bleich und bedrückt. Er wirkt wie ein schlecht vorbereiteter Abiturient im Examen. Daneben *Sauckel*, ein kleiner rundköpfiger Spießer. Mit einem Schnurrbart unter der Nase, wie ihn sein Führer trug.

Jodl bemerkt man kaum. Nur wenn er gelegentlich die Brille abnimmt, fällt er, lediglich durch die Handbewegung, ins Auge. Neben ihm, weißhaarig und soigniert, leicht im Stuhl zurückgelehnt, ein Bein übers andere geschlagen, Herr *von Papen*.

Dann *Seyß-Inquart*, groß, dünn, fahrig. Unsicher. Das Haar wirr und gesträubt. Neben ihm, ruhig wie Papen, ablehnend wie Schacht, weißhaarig, seiner scheinbar sicher: *Konstantin von Neurath*.

Und als letzter der zweiten Reihe, und damit als letzter der zwanzig überhaupt, *Hans Fritsche*, der ölige Rundfunkprediger des Dritten Reiches. Blaß. Schmal. Nervös. Aber sehr aufmerksam und bei der Sache.

Dem amerikanischen Hauptankläger folgt der französische. Er bringt vor, welche Untaten das westliche Europa den Kriegsverbrechern zur Last legt. Mord an Kriegsgefangenen, Mord an Geiseln, Raub, Deportation, Sterilisation, Massenerschießungen mit Musikbegleitung, Folterungen, Nahrungsentzug, künstliche Krebsübertragungen, Vergasung, Vereisung bei lebendigem

Leibe, maschinelle Knochenverrenkung, Weiterverwendung der menschlichen Überreste zur Dünger- und Seifengewinnung... Ein Meer von Tränen... Eine Hölle des Grauens... Um zwölf ist Mittagspause. In den Gängen wimmelt es von Journalisten, Talaren, Sprachen, Uniformen. Da – ein bekanntes Gesicht! »Grüß Gott!« – »How do you do?«

Meine erste Frage ist: »Wen in diesem Jahrmarktstreiben kennen Sie? Die Leser unseres Blattes. Sie verstehen...« Der andere versteht. Wozu ist er Journalist!

»Also: der große Mann dort drüben, ja, der in Uniform, mit dem Mondschein im Haar, ist John Dos Passos. Der berühmte Romanschriftsteller. Er ist für die New Yorker Zeitschrift ›Life‹ nach Nürnberg gekommen... Die Amerikanerin mit dem schmalen Kopf und dem dunklen, glatt anliegenden, kurz geschnittenen Haar ist Erika Mann, die Tochter Thomas Manns. Sie ist für die Londoner Zeitung ›Evening Standard‹ hier. Und für eine amerikanische Zei... Halt, sehen Sie den Engländer dort? Den mit der Hornbrille, ganz recht! Das ist Peter Mendelssohn. Vor 1933 war er ein deutscher Schriftstel... ach, das wissen Sie natürlich... Jetzt schreibt er seine Romane englisch... Seine Prozeßberichte gehen an den ›New Statesman‹ in London und an die ›Nation‹ in Amerika. Wer sonst noch?... Die beiden am Fenster sind Howard Smith von der New Yorker Rundfunkgesellschaft CBS und William Shirer; er war bis kurz vorm Krieg in Berlin und schrieb dann drüben einen Bestseller, unter dem Titel ›Berlin Diary‹. Ferner – hallo, Irvin!« Zu mir: »Pardon!« Fort ist er.

Kurz vor zwei Uhr füllt sich der Saal wieder. – Jetzt erteilt der Vorsitzende dem russischen Hauptankläger das Wort. Dieser verliest die Anklagen, welche die östliche Welt vorzubringen hat. Wieder Millionen mutwillig umgebrachter Menschen. Wieder Verstoß um Verstoß gegen die Haager Bestimmungen aus dem Jahre 1907. Wieder eine Hölle... Wieder ein Abgrund...

Später kommt der englische Hauptankläger an die Reihe. Er verliest einzelne Anklagepunkte, die den zwanzig Angeklagten im besonderen gelten. Sie hören gelassen zu. Manche haben die Kopfhörer beiseite gelegt und starren trübe oder gleichgültig vor sich hin.

Dann ist es fünf Uhr. Die Sitzung wird aufgehoben. Die

Angeklagten stehen noch ein wenig herum und sprechen mit ihren Anwälten. Dann verschwindet einer nach dem anderen, gesondert eskortiert, hinter der braunen Tür, die ins Gefängnis zurückführt. Morgen ist auch noch ein Tag...

Und ich gehe, an den vielen Kontrollen vorbei, jedesmal wieder kontrolliert, aus dem historischen Gebäude hinaus. Das Herz tut mir weh, nach allem, was ich gehört habe...

Und die Ohren tun mir auch weh. Die Kopfhörer hatten eine zu kleine Hutnummer.

Heimfahrt auf der Autobahn. Der Nebel ist noch dicker geworden. Man könnte ihn schneiden. Der Wagen muß Schritt fahren. Ich blicke aus dem Fenster und kann nichts sehen. Nur zähen, milchigen Nebel...

Jetzt sitzen also der Krieg, der Pogrom, der Menschenraub, der Mord en gros und die Folter auf der Anklagebank. Riesengroß und unsichtbar sitzen sie neben den angeklagten Menschen. Man wird die Verantwortlichen zur Verantwortung ziehen. Ob es gelingt? Und dann: es darf nicht nur diesmal gelingen, sondern in jedem künftigen Falle! Dann könnte der Krieg aussterben. Wie die Pest und die Cholera. Und die Verehrer und Freunde des Krieges könnten aussterben. Wie die Bazillen.

Und spätere Generationen könnten eines Tages über die Zeiten lächeln, da man einander millionenweise totschlug.

Wenn es doch wahr würde! Wenn sie doch eines Tages über uns lächeln könnten!

Wert und Unwert des Menschen

Es ist Nacht. – Ich soll über den Film »Die Todesmühlen« schreiben, der aus den Aufnahmen zusammengestellt worden ist, welche die Amerikaner machten, als sie dreihundert deutsche Konzentrationslager besetzten. Im vergangenen April und Mai. Als ihnen ein paar hundert hohlwangige, irre lächelnde, überlebende Skelette entgegenwankten. Als gekrümmte, verkohlte Kadaver noch in den elektrisch geladenen Drahtzäunen hingen. Als noch Hallen, Lastautos und Güterzüge mit geschichteten Leichen aus Haut und Knochen vollgestopft waren. Als auf den Wiesen lange hölzerne Reihen durch Genickschuß »Erledigter« in horizontaler Parade besichtigt werden konnten. Als vor den Gaskammern die armseligen Kleidungsstücke der letzten Mordserie noch auf der Leine hingen. Als sich in den Verladekanälen, die aus den Krematorien wie Rutschbahnen herausführten, die letzten Zentner Menschenknochen stauten.

Es ist Nacht. – Ich bringe es nicht fertig, über diesen unausdenkbaren, infernalischen Wahnsinn einen zusammenhängenden Artikel zu schreiben. Die Gedanken fliehen, sooft sie sich der Erinnerung an die Filmbilder nähern. Was in den Lagern geschah, ist so fürchterlich, daß man darüber nicht schweigen darf und nicht sprechen kann.

Ich entsinne mich, daß Statistiker ausgerechnet haben, wieviel der Mensch wert ist. Auch der Mensch besteht ja bekanntlich aus chemischen Stoffen, also aus Wasser, Kalk, Phosphor, Eisen und so weiter. Man hat diese Bestandteile sortiert, gewogen und berechnet. Der Mensch ist, ich glaube, 1,87 RM wert. Falls Shakespeare klein und nicht sehr dick gewesen sein sollte, hätte er vielleicht nur 1,78 RM gekostet... Immerhin, es ist besser als gar nichts. Und so wurden in diesen Lagern die Opfer nicht nur ermordet, sondern auch bis zum letzten Gran und Gramm wirtschaftlich »erfaßt«. Die Knochen wurden gemahlen und als Düngemittel in den Handel gebracht. Sogar Seife wurde gekocht. Das Haar der toten Frauen wurde in Säcke gestopft, verfrachtet und zu Geld gemacht. Die goldenen Plomben, Zahnkronen und -brücken wurden aus den Kiefern herausgebrochen und, eingeschmolzen, der Reichsbank zugeführt. Ich habe einen ehemaligen Häftling gesprochen, der im »zahnärztlichen Laboratorium« eines solchen Lagers beschäftigt war. Er hat mir seine Tätigkeit anschaulich geschildert. Die Ringe und Uhren wurden fässerweise gesammelt und versilbert. Die Kleider kamen in die Lumpenmühle. Die Schuhe wurden gestapelt und verkauft.

Man taxiert, daß zwanzig Millionen Menschen umkamen. Aber sonst hat man wahrhaftig nichts umkommen lassen... 1,87 RM pro Person. Und die Kleider und Goldplomben und Ohrringe und Schuhe extra. Kleine Schuhe darunter. Sehr kleine Schuhe.

In Theresienstadt, schrieb mir neulich jemand, führten dreißig Kinder mein Stück »Emil und die Detektive« auf. Von den dreißig Kindern leben noch drei. Siebenundzwanzig Paar Kinderschuhe konnten verhökert werden. Auf daß nichts umkomme.

Es ist Nacht. – Man sieht in dem Film, wie Frauen und Mädchen in Uniform aus einer Baracke zur Verhandlung geführt werden. Angeklagte deutsche Frauen und Mädchen. Eine wirft hochmütig den Kopf in den Nacken. Das blonde Haar fliegt stolz nach hinten.

Wer Gustave Le Bons »Psychologie der Massen« gelesen hat, weiß ungefähr, in der Theorie, welch ungeahnte teuflische Gewalten sich im Menschen entwickeln können, wenn ihn der abgründige Rausch, wenn ihn die seelische Epidemie packt. Er erklärt es. Es ist unerklärlich. Ruhige, harmlose Menschen werden plötzlich Mörder und sind stolz auf ihre Morde. Sie erwarten nicht Abscheu oder Strafe, sondern Ehrung und Orden. Es ließe sich, meint der Gelehrte, verstehen. Es bleibt unverständlich.

Frauen und Mädchen, die doch einmal Kinder waren. Die Schwestern waren, Liebende, Umarmende, Bräute. Und dann? Dann auf einmal peitschten sie halbverhungerte Menschen? Dann hetzten sie Wolfshunde auf sie? Dann trieben sie kleine Kinder in Gaskammern? Und jetzt werfen sie den Kopf stolz in den Nacken? Das solle sich verstehen lassen, sagt Gustave Le Bon?

Es ist Nacht. – Der Film wurde eine Woche lang in allen bayerischen Kinos gezeigt. Zum Glück war er für Kinder verboten.

Jetzt laufen die Kopien in der westlichen amerikanischen Zone. Die Kinos sind voller Menschen. Was sagen sie, wenn sie wieder herauskommen?

Die meisten schweigen. Sie gehen stumm nach Hause. Andere treten blaß heraus, blicken zum Himmel und sagen: »Schau, es schneit.« Wieder andere murmeln: »Propaganda! Amerikanische Propaganda! Vorher Propaganda, jetzt Propaganda!« Was meinen sie damit? Daß es sich um Propaganda*lügen* handelt, werden sie damit doch kaum ausdrücken wollen. Was sie gesehen haben, ist immerhin fotografiert worden. Daß die amerikanischen Truppen mehrere Geleitzüge mit Leichen über den Ozean gebracht haben, um sie in den deutschen Konzentrationslagern zu filmen, werden sie nicht gut annehmen. Also meinen sie: Propaganda auf Wahrheit beruhender Tatsachen? Wenn sie aber das meinen, warum klingt ihre Stimme so vorwurfsvoll, wenn sie »Propaganda« sagen? Hätte man ihnen die Wahrheit *nicht* zeigen sollen? Wollten sie die Wahrheit *nicht* wissen? Wollen sie die Köpfe lieber wegdrehen, wie einige der Männer in Nürnberg, als man ihnen diesen Film vorführte?

Und einige sagen: »Man hätte ihn schon vor Monaten zeigen sollen.« Sie haben recht. Aber ist es nicht immer noch besser, die Wahrheit verspätet, als nicht zu zeigen und zu sehen?

Es ist Nacht. – Ich kann über dieses schreckliche Thema keinen zusammenhängenden Artikel schreiben. Ich gehe erregt im Zimmer auf und ab. Ich bleibe am Bücherbord stehen, greife hinein und blättere. Silone schreibt in dem Buch »Die Schule der Diktatoren«: »Terror ist eben nur Terror, wenn er vor keinerlei Gewalttat zurückschreckt, wenn für ihn keine Regeln, Gesetze oder Sitten mehr gelten. Politische Gegner besetzen Ihr Haus, und Sie wissen nicht, was Sie zu gewärtigen haben: Ihre Verhaftung? Ihre Erschießung? Eine einfache Verprügelung? Das Haus angezündet? Frau und Kinder abgeführt? Wird man Ihnen die Augen ausstechen und die Ohren abschneiden? Sie wissen es nicht. Sie können es nicht wissen. Der Terror kennt weder Gesetze noch Gebot. Er ist die nackte Gewalt; stets nur darauf aus, Entsetzen zu verbreiten. Er hat es weniger darauf abgesehen, eine gewisse Anzahl Gegner körperlich zu vernichten, als darauf, die größtmögliche Zahl derselben seelisch zu zermürben, irrsinnig, blöde, feige zu machen, sie jeden Restes menschlicher

Würde zu berauben. Selbst seine Urheber und Ausführer hörten auf, normale Menschen zu sein. In Terrorzeiten sind die wirksamsten und häufigsten Gewalttaten gerade die ›sinnlosesten‹, die überflüssigsten, die unerwartetsten ...«

Silone wird sein Buch, das 1938 erschienen ist, in der nächsten Auflage leicht überarbeiten müssen. Zwanzig Millionen »körperlich vernichtete« Gegner sind eine ganz nette Summe. Auch darauf scheint es dem Terror anzukommen. Nicht nur darauf, wie Generalmajor Fuller in »The First of the League Wars« schreibt, »lähmendes Entsetzen zu verbreiten, den Feind wenigstens vorübergehend wahnsinnig zu machen, wahnsinnig zum Anbinden«. Menschen, die man verbrennt und vergast, braucht man nicht mehr anzubinden. Man spart zwanzig Millionen Stricke. Das darf nicht unterschätzt werden.

Es ist Nacht. – Clemenceau hat einmal gesagt, es würde nichts ausmachen, wenn es zwanzig Millionen Deutsche weniger gäbe. Hitler und Himmler haben das mißverstanden. Sie glaubten, zwanzig Millionen Europäer. Und sie haben es nicht nur *gesagt!* Nur, wir Deutsche werden gewiß nicht vergessen, wieviel Menschen man in diesen Lagern umgebracht hat. Und die übrige Welt sollte sich zuweilen daran erinnern, wieviel Deutsche darin umgebracht wurden.

Februar 1946

Betrachtungen eines Unpolitischen

> *Am 30. Dezember 1945 richtete Thomas*
> *Mann, von BBC dazu aufgefordert, eine*
> *»Rundfunkbotschaft« an Deutschland, und*
> *zwei Stunden später antwortete ihm Frank Thieß*
> *über den Nordwestdeutschen Rundfunk.*

Als ich ein kleiner Junge war, ging ich gerne einholen. Denn die Wurst, die Butter, die Schmierseife, das halbe Pfund »Querrippe, aber nicht zu fett«, und der Schweizerkäse pflegten in jenen Tagen, die vergangen sind, doppelt eingewickelt zu werden. Einmal in weißes und dann in Zeitungspapier, und auf das Zeitungspapier kam es mir an. Kaum war ich aus dem Laden, wickelte ich die gevierteilten und halben Zeitungsseiten wieder herunter, klemmte die Leberwurst, den Käse und das Rindfleisch unter den Arm und las. Ich las jede Zeile. Ich las auf dem Trottoir, beim Überqueren der Straße, die Treppe hoch und vor der Wohnungstür, bis meine Mutter öffnete. Ich war ein außerordentlich wißbegieriges Kind.

Solche wißbegierigen Kinder gibt es natürlich auch heute noch. Und da es wenig alte und überhaupt keine neuen Bücher gibt, werden die kleinen wißbegierigen Knaben und Mädchen, noch mehr als ich seinerzeit, Zeitung lesen. »Thomas Manns Offener Brief an Deutschland«, werden sie lesen. »Walter von Molo antwortet Thomas Mann«, werden sie lesen, und »Frank Thieß an Thomas Mann« und »Arnold Bauer an Thomas Mann«. Und »Thomas Manns Rundfunkbotschaft an Deutschland« und Frank Thießens »Abschied von Thomas Mann«. Sie werden lesen, daß Thomas Mann neulich erklärt hat, nach Deutschland heimzukehren, wäre »die größte Torheit meines Lebens ... Ich soll Amerika, dem ich doch schließlich meinen Eid geleistet habe, seinen Bürgerschein vor die Füße werfen?« Und man wolle ihn zurücklocken, um ihn »zum Bannerträger einer mir noch ganz schleierhaften, neudeutschen geistigen Bewegung aufzuwerfen«. Und »Wo ist Deutschland? Wo ist es aufzufinden, auch nur geographisch? Wie kehrt man heim in sein Vaterland, das als

Einheit nicht existiert? Soll ich zu den Russen gehen, den Franzosen, den Engländern oder zu meinen neuen Landsleuten, den Amerikanern, um mich von ihren Bajonetten schützen zu lassen gegen den nichts weniger als toten Nationalsozialismus, der sich alle Mühe gibt, unsere Soldaten zu korrumpieren?«

Solche Sätze und solche Reden und Briefe werden die kleinen wißbegierigen deutschen Knaben und Mädchen, wenn sie die Zeitungen zum Schmökern benutzen, nicht oder ganz falsch verstehen. Sie werden Thomas Mann womöglich für einen berühmten amerikanischen Politiker halten, und das wäre nicht nur verkehrt, sondern auch sehr schade. Hört zu, liebe Kinder: Thomas Mann ist kein Amerikaner und kein Politiker. Er ist der größte unter den lebenden deutschen Schriftstellern, auch wenn er seit dem Sommer 1945 in unseren Zeitungen nicht mehr den Eindruck gemacht haben sollte. Später einmal werdet ihr seine wunderbaren Bücher lesen, und dann werdet ihr schon merken, was für ein großer Deutscher und Dichter dieser »Mann« war.

Die ganze Sache, der ganze Streit, liebe Kinder, ist die Folge eines fast tragischen Mißverständnisses. Und es wird gut sein, wenn ich euch kurz erkläre, wie es zu diesem Mißverständnis kam und kommen konnte. – Es war so: Deutschland hatte den Krieg verloren. Europa war durch Deutschlands Schuld eine einzige, riesige Ruine geworden. Die Welt zeigte mit Fingern auf Deutschland. Jene Deutschen, die den Krieg und Hitler nicht gewollt hatten, die beides aber auch, trotz allem Bemühen und aller Pein, nicht hatten verhindern können, sahen sich hilfesuchend um. Denn jetzt brauchten sie wie nie zuvor Hilfe. Sie brauchten jemanden, der in der ganzen Welt berühmt und makellos und unverdächtig dastand. Jemanden, um den sich die anderen guten Deutschen, die weniger berühmt und in den zwölf Jahren daheimgeblieben waren, hätten scharen können wie um eine Fahne. Wie um einen Heerführer des Friedens und der Redlichkeit. Die guten, anständigen, unberühmten daheimgebliebenen Deutschen brauchten einen Kristallisationspunkt. Laßt euch von euren Eltern erklären, was das ist, ein Kristallisationspunkt. Ich will es ganz einfach sagen: sie brauchten einen Mann.

So kamen sie auf Thomas Mann, liebe Kinder. Und das war der Fehler. Der verhängnisvolle Fehler. Versteht mich recht. Es war nicht der Fehler Thomas Manns, daß er der Mann dazu nicht war. Es war der Fehler der Menschen, die ihn riefen. Sie bewunderten ihn. Sie verehrten ihn. Sie brauchten ihn. Sie riefen ihn. Sie streckten die Hände nach ihm aus. Und er kam nicht. Er wollte nicht kommen und konnte nicht kommen und muß wohl das Gefühl gehabt haben, das wir haben, wenn jemand gerufen und gewinkt wird, der, ohne daß wir's wissen, hinter uns steht. Es ist, als ob nur wir gemeint sein könnten, aber wir wissen, daß der Gruß oder das Winken oder der verzweifelte Hilferuf uns gar nicht gelten kann.

Und nun, liebe Kinder, war das Tragische und Vertrackte, daß die Deutschen ihre Hände nach einem Mann ausstreckten, der Thomas Mann nicht war, der aber auch nicht hinter ihm stand – nach einem Mann, den es, so sehr sie ihn brauchten und noch brauchen, nicht gibt. Das ist in mehrfachem und auch im tiefsten Sinne »Künstlerpech«. Den Deutschen fehlt der große, der überlebensgroße Dichter und Denker, der sich schützend, sammelnd und die Welt beschwörend hinstellt und die Arme ausstreckt wie ein zweiter lieber Gott. Thomas Mann ist kein lieber Gott, der erste nicht und auch nicht der zweite. Sondern er ist, wie gesagt, der bedeutendste und berühmteste unter den lebenden deutschen Dichtern. Und es ist sehr bedauerlich, daß ihn andere, weniger berühmte, trotzdem bedeutende deutsche Dichter so lange gebeten und gebettelt haben, bis er böse wurde. Sie haben sich ein bißchen dumm benommen. Wenn ich jemanden um hundert Mark bitte, der nur zehn Mark bei sich hat, wenn ich ihn wieder bitte und weiter bitte, muß er mit der Zeit wütend werden. Das ist ja klar. Thomas Mann ist ein Meister in der Darstellung differenzierter Künstlernaturen, kränklicher, überfeinerter, dekadenter Charaktere, er tut sich sogar auf die Bedeutsamkeit des Nichtgesundseins seiner Bücherhelden etwas zugute, und er geht soweit, die Labilität, die Nervosität, die behutsame Abwegigkeit für Tugenden und hohe Werte zu halten. Dieser Kennerschaft und Vorliebe entsprach seit je eine physische Labilität des Autors selber. Die Athleten und Heroen waren ihm immer ein wenig verdächtig, und er ist selber keines von beiden. Wer kam nur zuerst auf die Idee, ihn über den Ozean zwischen unsere Trümmer zu rufen? Dazu kommt, daß er ein alter Herr ist und noch manches für ihn und uns wichtige Buch schreiben will. Wie könnte er das zwischen unseren Nöten, die man ihm in die Ohren brüllen würde? Und dazu kommt, daß er in Amerika für Europa und für jenes Deutschland, das er nicht haßt, sondern liebt, besser werben und bitten kann und wird, als wenn er in seinem ehemaligen Vaterland wäre. Es war Torheit, ihn zu rufen. Man hätte ihn viel eher bitten müssen, nur ja und auf alle Fälle drüben zu bleiben!

Nun ist er verbittert, und die ihn vergeblich riefen, sind böse, und das alles, liebe Kinder, sind die unausweichlichen Folgen eines Mißverständnisses, das, weiß Gott, zu vermeiden gewesen wäre. Das müßt ihr begreifen und solltet es euch merken. Ich will euch zur Verdeutlichung ein anderes Beispiel erzählen. In Amerika lebt zur Zeit noch ein anderer großer Deutscher, der Schauspieler Albert Bassermann. Ein herrlicher Schauspieler und ein herrlicher Mensch. Als ihm die Berliner Schauspieler kabelten, ob er nicht in die Heimat zurückkehren wolle, depeschierte er vier Worte: »Ich komme. Albert Bassermann.« Als ich die vier Worte las, habe ich alter Schafkopf beinahe geheult. Seht ihr, liebe Kinder, das ist eben ein anderer Mann als Thomas Mann. Nur darf man das dem Thomas Mann nicht zum Vorwurf machen, daß er nicht ein Mann wie unser Bassermann ist. Das wäre sehr, sehr ungerecht.

Und ungerecht sein, liebe Kinder, soll man nicht und nie. Daß wir in diesen grauen Tagen einen großen deutschen Dichter zu wenig haben, einen der sich nicht hätte rufen lassen, sondern der ungerufen, vom Nachhauserennen noch ganz außer Atem, zwischen uns getreten wäre – daß wir diesen Mann nicht haben, dürfen wir dem anderen, dem Thomas Mann, nicht übelnehmen. Er wird und soll in Amerika bleiben. Zum Ersatz-Mann wäre er wahrhaftig zu schade.

14. Januar 1946

(Im ersten Heft des »Pinguin«, Januar 1946.) Die Rat- und Tatlosigkeit inmitten der Trümmer hatte besonders die Jugend ergriffen. Es ging darum, sich ihr anzubieten, ohne sich ihr aufzudrängen.

Gescheit, und trotzdem tapfer

Nun ist es fast ein Jahr her, daß mich der Krieg und der Zufall nach Süddeutschland verschlugen. Wenn ich, wie jetzt, in der Wohnung, die mir fremde Leute vermietet haben, vom Schreibtisch aus, der mir nicht gehört, durchs Fenster blicke, sehe ich über die mit Schutthaufen bepflanzte Straße in einen kahlen struppigen Vorgarten. Darin liegt der Rest einer Villa wie ein abgenagter Knochen, den das Feuer des Krieges wieder ausgespuckt hat. Aus den niederen Mauerresten ragen drei spindeldürre Schornsteine empor. An dem einen klebt, wie eine versehentlich dorthin gewehte große Ziehharmonika, ein rostiger Heizkörper, und am zweiten hängt, noch ein paar Meter höher, von dünnen, verbogenen Eisenstäben gehalten, ein Wasserboiler. Er ähnelt einer sinnlos in der Luft schwebenden, viel zu großen Botanisiertrommel. Nachts, wenn der Föhn durch die Straßen rast, zerrt und reißt er an dem Boiler, daß ich von dem wilden Geklapper und Geschepper aufwache und stundenlang nicht wieder einschlafen kann.

Jetzt, am frühen Nachmittag, hängt der Kessel ganz still. Und wie ich eben hinüberblicke, setzt sich eine schwarze Amsel darauf, öffnet den gelben Schnabel und singt. Es handelt sich um eine kleine Probe für das nächstens in Aussicht genommene, längst auf den Kalendern vorangekündigte Frühlingskonzert. Amseln suchen sich für ihre Gesangsübungen mit Vorliebe hochgelegene Plätze aus. Ob das nun ein friedlicher, heiler Pfarrhausgiebel auf dem Lande, ein sanft sich schaukelnder Pappelwipfel oder ein zerquetschter Wasserboiler ist, der von Rechts wegen in eine Küche gehört und nicht in Gottes freie Natur, ist dem Reichsverband der Amseln vollkommen gleichgültig.

Die Natur nimmt auf unseren verlorenen Krieg und auf den

seit langem angedrohten Untergang des Abendlandes nicht die geringste Rücksicht. Bald wird der Flieder zwischen den Trümmern duften. Und auf der Wiese vor der Kunstakademie, wo drei gewaltige gußeiserne Löwenmännchen, von Bombensplittern schwer verletzt, schwarz und ein bißchen verlegen im Grase liegen, werden bald die Blumen blühen.

Die Vögel singen ihr Lied, wenn es nicht anders geht, auch auf hoch in der Luft schwebenden Wasserkesseln. Und der Frühling wird, wenn es sein muß, zwischen Mauerresten und durchlöcherten Löwen seine Blüten treiben. Die Natur kehrt sich nicht an die Geschichte. Sie baut wieder auf, ohne darüber nachzudenken.

Aber der Mensch ist ein denkendes Wesen. Er gehört nur zum Teil in die Naturkunde. Seine Häuser wachsen ihm nicht von selber, wie den Schnecken. Die weißen Brötchen und der Rinderbraten fliegen nicht fix und fertig in der Luft herum, wie die Mücken für die Schwalben. Und die Wolle wächst ihm nur auf dem Kopfe nach, nicht auch am Körper, wie den Tieren im Wald. Das meiste von dem, was er braucht, muß er sich durch Arbeit und Klugheit selber schaffen. Falls er nicht vorzieht, es durch Gewalt anderen zu entreißen. Wenn die anderen sich dann wehren, Hilfe erhalten und ihm, was er tat, heimzahlen, geht es ihm so, wie es in den letzten Jahren uns ergangen ist. Dann steht er, wie wir jetzt, zwischen Trümmern und Elend. Dann wird es hohe Zeit, wie bei uns, daß er sich besinnt. Daß er aus der Sackgasse, an deren Ende er angelangt ist, entschlossen herausstrebt. Daß er nicht, mit den Händen in den Hosentaschen, faul und achselzuckend herumsteht. Sondern daß er einen neuen Weg einschlägt. Mutig, und trotzdem vernünftig. Gescheit, und trotzdem tapfer.

Bei dem neuen Versuch, unser Vaterland wieder aufzubauen, bei dem Wettlauf mit dem Frühling und dem Sommer, die es leichter haben als wir, kommt es nämlich nicht nur auf Ziegelsteine, Gips, Baumwolleinfuhr, Saatkartoffeln, Sperrholz, Nägel, Frühgemüse und Lohnsteuerzuschläge an, sondern auf unseren Charakter. Wir müssen unsere Tugenden revidieren. Für die Neubeschaffung wertvoller und wertbeständiger Eigenschaften brauchen wir keine Einfuhrgenehmigungen und keine Auslandskredite, obwohl Tugenden die wichtigsten Rohstoffe für den Wiederaufbau eines Landes sind. Als Heinrich Himmler in einer seiner letzten Reden die Frauen aufforderte, auf den Feind, wenn er in die Städte dringe, aus den Fenstern heißes Wasser herunterzuschütten, forderte er sie nicht auf, mutig zu sein, sondern dumm und verrückt. Er wußte, daß der Krieg längst verloren war, und daß man mit ein paar Töpfen voll heißem Wasser keine feindlichen Panzer vernichten kann. Wer Panzer mit heißem Wasser bekämpfen will, ist nicht tapfer, sondern wahnsinnig. Und als Joseph Goebbels die Bewohner der Großstädte aufforderte, die feindlichen Luftangriffe von unseren wackligen Kellern aus mit dem unerschütterlichen, unbeugsamen deutschen Siegeswillen zu bekämpfen, verlangte er nicht, daß wir tapfer wären, obwohl er es so nannte. Wenn man keine Flugzeuge, kein Benzin und keine Flak mehr hat, hat man den Krieg verloren. Mit der Phrase des Siegeswillens kann man keine Bombengeschwader bekämpfen. Diese Männer haben sich über das deutsche Volk und dessen Tugenden, während sie selber schon nach den Zyankalikapseln in ihrer Jacke griffen, in abscheulicher Weise lustig gemacht. Und sie wußten, daß sie das ungestraft tun könnten; denn sie kannten unseren Charakter, sie hatten ihn, ehe sie an die Macht kamen, studiert, und sie hatten ihn, während sie an der Macht waren, durch Phrasen, Zuckerbrot und Peitsche systematisch verdorben. Das interessanteste und traurigste Buch, das über das Dritte Reich geschrieben werden muß, wird sich mit der Verderbung des deutschen Charakters zu beschäftigen haben. Niemals in unserer Geschichte hat ein solcher Generalangriff auf die menschlichen Tugenden stattgefunden. Nie zuvor sind Eigenschaften wie Zivilcourage, Ehrlichkeit, Gesinnungstreue, Mitleid und Frömmigkeit so grausam und teuflisch bestraft, nie vorher sind Laster wie Roheit, Unterwürfigkeit, Käuflichkeit, Verrat und Dummheit so maßlos und so öffentlich belohnt worden.

Alle Amerikaner, die sich amtlich mit mir abgeben mußten, haben mich gefragt, warum ich in Deutschland geblieben sei, obwohl ich doch nahezu zwölf Jahre verboten war. Und obwohl ich, wenn ich emigriert wäre, in London, Hollywood oder auch in Zürich ein viel ungefährlicheres und angenehmeres Leben hätte führen können. Und nicht alle der Amerikaner, die mich amtlich fragten, haben meine Antwort gebilligt und verstanden. Ich habe ihnen nämlich gesagt: »Ein Schriftsteller will und muß erleben, wie das Volk, zu dem er gehört, in schlimmen Zeiten sein Schicksal erträgt. Gerade dann ins Ausland zu gehen, rechtfertigt sich nur durch akute Lebensgefahr. Im übrigen ist es seine Berufspflicht, jedes Risiko zu laufen, wenn er dadurch Augenzeuge bleiben und eines Tages schriftlich Zeugnis ablegen kann.«

Nun also, ich bin zwölf Jahre lang Zeuge gewesen. Ich habe erlebt, wie schwer es den Deutschen gemacht wurde, ihre menschlichen Tugenden zu bewahren, und wie leicht es manchem fiel, sie aufzugeben. Aber ich weiß auch, daß die nicht recht haben, die sich heute hinstellen und sagen, wir seien endgültig unfähig geworden, menschlich zu empfinden und »demokratisch« zu handeln.

Wir wollen ihnen beweisen, daß sie unrecht haben! Wir wollen Deutschland neu aufbauen und bei unserem Charakter beginnen!

Januar 1946

... und dann fuhr ich nach Dresden

Während Dresden in den Abendstunden des 13. Februars 1945 zerstört wurde, saß ich in einem Berliner Luftschutzkeller, blickte auf die abgegriffene Blaupause einer Planquadratkarte von Deutschland, hörte den Mikrofonhelden des »Gefechtsstands Berlin« von feindlichen Bomberströmen reden und begriff, mittels der von ihm heruntergebeteten Planziffern, daß meine Vaterstadt soeben zugrunde ging. In einem Keller jener Stadt saßen meine Eltern...

Am nächsten Morgen hetzte ich zum Bahnhof. Nein, es herrsche Reisesperre. Ohne die Befürwortung einer amtlichen Stelle dürfe niemand die Reichshauptstadt verlassen. Ich müsse mich an meine Berufsorganisation wenden. Ich sei aber in keiner Organisation, sagte ich. In keiner Fachschaft, in keiner Kammer, nirgends. Warum denn nicht? Weil ich ein verbotener Schriftsteller sei! Ja, dann freilich, dann bekäme ich auch nirgendwo eine Reiseerlaubnis und am Schalter keine Fahrkarte nach Dresden. Und meine Eltern? fragte ich – vielleicht seien sie tot, vielleicht verwundet, sicher obdachlos, zwei alte einsame Leute! Man zuckte die Achseln. Der nächste, bitte. Halten Sie uns nicht unnötig auf.

Es war nicht einmal böser Wille. Es war die Bürokratie, die mir den Weg versperrte und an der ich nicht vorbei konnte. Die Bürokratie, dieser wasserköpfige, apokalyptische Wechselbalg der Neuzeit. Ich war gefangen. Das Gefängnis hieß Berlin. Ich wartete. Die Gerüchte überschlugen sich. Ich biß die Zähne zusammen. Am zehnten Tage nach dem Angriff fiel eine Postkarte in den Briefkasten. Eine dreckige, zerknitterte Karte mit ein paar zittrigen Zeilen. Die Eltern lebten. Die Wohnung war nur leicht beschädigt. Die Karte kam an meinem Geburtstag...

In diesen Septembertagen war ich, seit Weihnachten 1944, zum ersten Male wieder daheim. Ich käme am Sonnabend, schrieb ich, wisse nicht genau, wann, und bäte sie deshalb, zu Hause auf mich zu warten. Als ich schließlich gegen Abend klingelte, öffnete mir eine freundliche alte Frau. Ich kannte sie nicht. Es war die den Eltern zugewiesene Untermieterin. Ja, die beiden stünden seit dem frühen Morgen am Neustädter Bahnhof. Die Mutter habe sich nicht halten lassen. Wir hätten uns gewiß verfehlt. Sie, die nette alte Frau, habe ihnen gleich und immer wieder geraten...

Ich sah die Eltern schon von weitem. Sie kamen die Straße, die den Bahndamm entlangführt, so müde daher, so enttäuscht, so klein und gebückt. Der letzte Zug, mit dem ich hätte eintreffen können, war vorüber. Wieder einmal hatten sie umsonst gewartet... Da begann ich zu rufen. Zu winken. Zu rennen. Und plötzlich, nach einer Sekunde fast tödlichen Erstarrens, beginnen auch meine kleinen, müden, gebückten Eltern zu rufen, zu winken und zu rennen.

Es gibt wichtige und unwichtige Dinge im Leben. Die meisten Dinge sind unwichtig. Bis tief ins Herz hinein reichen die für wahr und echt gehaltenen Phrasen. Gerade wir müßten heute wie nie vorher und wie kein anderes Volk die Wahrheit und die Lüge, den Wert und den Unfug unterscheiden können. Die zwei Feuer der Schuld und des Leids sollten alles, was unwesentlich in uns ist, zu Asche verbrannt haben. Dann wäre, was geschah, nicht ohne Sinn gewesen. Wer nichts mehr auf der Welt besitzt, weiß am ehesten, was er wirklich braucht. Wem nichts mehr den Blick verstellt, der blickt weiter als die andern. Bis hinüber zu den Hauptsachen. So ist es. Ist es so?

Das, was man früher unter Dresden verstand, existiert nicht mehr. Man geht hindurch, als liefe man im Traum durch Sodom und Gomorrha. Durch den Traum fahren mitunter klingelnde Straßenbahnen. In dieser Steinwüste hat kein Mensch etwas zu suchen, er muß sie höchstens durchqueren. Von einem Ufer des Lebens zum andern. Vom Nürnberger Platz weit hinter dem Hauptbahnhof bis zum Albertplatz in der Neustadt steht kein Haus mehr. Das ist ein Fußmarsch von etwa vierzig Minuten. Rechtwinklig zu dieser Strecke, parallel zur Elbe, dauert die Wüstenwanderung fast das Doppelte. Fünfzehn Quadratkilometer Stadt sind abgemäht und fortgeweht. Wer den Saumpfad entlangläuft, der früher einmal in der ganzen Welt unter dem Namen »Prager Straße« berühmt war, erschrickt vor seinen eigenen Schritten. Kilometerweit kann er um sich blicken. Er sieht Hügel und Täler aus Schutt und Steinen. Eine verstaubte Ziegellandschaft. Gleich vereinzelten, in der Steppe verstreuten

Bäumen stechen hier und dort bizarre Hausecken und dünne Kamine in die Luft. Die schmalen Gassen, deren gegenüberliegende Häuser ineinandergestürzt sind, als seien sie sich im Tod in die Arme gesunken, hat man durch Ziegelbarrieren abgesperrt. Wie von einem Zyklon an Land geschleuderte Wracks riesenhafter Dampfer liegen zerborstene Kirchen umher. Die ausgebrannten Türme der Kreuz- und der Hofkirche, des Rathauses und des Schlosses sehen aus wie gekappte Masten. Der goldene Herkules über dem dürren Stahlgerippe des Rathaushelms erinnert an eine Galionsfigur, die, seltsamerweise und reif zur Legende, den feurigen Taifun, dem Himmel am nächsten, überstand. Die steinernen Wanten und Planken der gestrandeten Kolosse sind im Gluthauch des Orkans wie Blei geschmolzen und gefrittet. Was sonst ganze geologische Zeitalter braucht, nämlich Gestein zu verwandeln – das hat hier eine einzige Nacht zuwege gebracht.

An den Rändern der stundenweiten Wüste beginnen dann jene Stadtgebiete, deren Trümmer noch ein wenig Leben und Atmen erlauben. Hier sieht es aus wie in anderen zerstörten Städten auch. Doch noch in den Villenvierteln am Großen Garten ist jedes, aber auch jedes Haus ausgebrannt. Sogar das Palais und die Kavalierhäuschen mitten im Park mußten sterben. Als Student hatte ich manchmal von Ruhm und Ehre geträumt. Der Bürgermeister war im Traume vor mich hingetreten und hatte dem wackeren Sohne der Stadt so ein kleines, einstöckiges, verwunschenes Barockhäuschen auf Lebenszeiten als Wohnung angeboten. Vom Fenster aus hätte ich dann auf den Teich und die Schwäne geschaut, auf die Eichhörnchen und auf die unvergleichlichen Blumenrabatten. Die Blaumeisen wären zu mir ins Zimmer geflogen, um mit mir zu frühstücken ...

Ach, die Träume der Jugend! Im abgelassenen Teich wuchert das Unkraut. Die Schwäne sind wie die Träume verflogen. Sogar die einsame Bank im stillsten Parkwinkel, auf der man zu zweit saß und zu dem über den Wipfeln schwimmenden Monde hinaufsah, sogar die alte Bank liegt halbverschmort im wilden Gras...

Ich lief einen Tag lang kreuz und quer durch die Stadt, hinter meinen Erinnerungen her. Die Schule? Ausgebrannt... Das Seminar mit den grauen Internatsjahren? Eine leere Fassade... Die Dreikönigskirche, in der ich getauft und konfirmiert wurde? In deren Bäume die Stare im Herbst, von Übungsflügen erschöpft, wie schrille, schwarze Wolken herabfielen? Der Turm steht wie ein Riesenbleistift im Leeren ... Das Japanische Palais, in dessen Bibliotheksräumen ich als Doktorand büffelte? Zerstört ... Die Frauenkirche, der alte Wunderbau, wo ich manchmal Motetten mitsang? Ein paar klägliche Mauerreste ... Die Oper? Der Europäische Hof? Das Alberttheater? Kreutzkamm mit den duftenden Weihnachtsstollen? Das Hotel Bellevue? Der Zwinger? Das Heimatmuseum? Und die anderen Erinnerungsstätten, die nur mir etwas bedeutet hätten? Vorbei. Vorbei.

Freunde hatten gesagt: »Fahre nicht hin. Du erträgst es nicht.« Ich habe mich genau geprüft. Ich habe den Schmerz kontrolliert. Er wächst nicht mit der Anzahl der Wunden. Er erreicht seine Grenzen früher. Was dann noch an Schmerz hinzukommen will, löst sich nicht mehr in Empfindung auf. Es ist, als fiele das Herz in eine tiefe Ohnmacht.

Die vielen Kasernen sind natürlich stehen geblieben! Die Pionierkaserne, in der das Ersatzbataillon lag. Die andere, wo wir das Reiten lernten und als Achtzehnjährige, zum Gaudium der Ritt- und Wachtmeister, ohne Gäule, auf Schusters Rappen, »zu Einem – rrrechts brecht ab!« traben, galoppieren und durchparieren mußten. Das Linckesche Bad, wo wir, am Elbufer, mit vorsintflutlichen Fünfzehnzentimeterhaubitzen exerzierten. Die Tonhalle, wo uns Sergeant Waurich quälte. Hätte statt dessen nicht die Frauenkirche lebenbleiben können? Oder das Dinglingerhaus am Jüdenhof? Oder das Coselpalais? Oder wenigstens einer der frühen Renaissance-Erker in der Schloßstraße? Nein. Es mußten die Kasernen sein! Eine der schönsten Städte der Welt wurde von einer längst besiegten Horde und ihren gewissenlosen militärischen Lakaien unverteidigt dem modernen Materialkrieg ausgeliefert. In einer Nacht wurde die Stadt vom Erdboden vertilgt. Nur die Kasernen, Gott sei Dank, die blieben heil!

Was ist in Dresden seit dem Zusammenbruch geschehen? Die Stadt wurde zunächst einmal sauber aufgeräumt. Drei der großen Elbbrücken wurden instand gesetzt. Der Straßenbahnverkehr funktioniert nicht schlechter, sondern eher besser als anderswo. Das Schauspielhaus am Postplatz soll im Januar spielfertig sein. Bei den Aufräumungsarbeiten in dem sechzig Meter hohen Bühnenhaus und beim Reparieren des Dachstuhls halfen die Dresdner Bergsteiger freiwillig mit. Ich bin als Halbwüchsiger mitunter an einigen leichteren Wänden und in etlichen Kaminen der Sächsischen Schweiz herumgeklettert und habe eine entfernte Ahnung davon, was man an den skurrilen Spielzeuggipfeln alles lernen kann. Dachdecken ist das wenigste. Was sonst? Im ehemaligen Heeresmuseum kann man zur Zeit zwei Ausstellungen besuchen. Im Erdgeschoß »Das neue Dresden«, wo in vielen Räumen die Ergebnisse eines Ideenwettbewerbs gezeigt werden, an dem sich jeder beteiligen konnte. Und in der ersten Etage die »Allgemeine Deutsche Kunstausstellung«, die den ersten größeren Überblick über die deutsche Kunst von heute vermittelt. Dresden hat eine alte Ausstellungstradition. Das merkt man in beiden Fällen. Sonst noch? Es gibt, hat man mir gesagt, keine Arbeitslosigkeit. Die leitenden Männer waren vor einem Jahr Neulinge. Man sieht ihnen den Eifer und das Zielbewußtsein an der Nasenspitze an. Nun, ich war nicht als Reporter dort. Ich sprach mit alten und neuen Bekannten als Dresdner mit Dresdnern.

Ich weiß, wie dilettantisch das ist. Ich weiß, daß man die Fühlungnahme mit Andersgesinnten nicht suchen soll, weil sonst womöglich die menschliche Wertschätzung den Unfrieden stören könnte. Ich weiß: die Köpfe sind, kaum daß sie wieder einigermaßen festsitzen, dazu da, daß man sie sich gegenseitig abreißt. Ich weiß, daß es nicht auf das ankommt, was alle gemeinsam brauchen und wünschen, sondern darauf, was uns voneinander trennt. Ich weiß auch, wie vorteilhaft sich solche Zwietracht auf die Stimmung zwischen den Vier Mächten auswirken muß.

Ich weiß freilich auch, daß mein Spott ziemlich billig ist. Doch von einem Menschen, der nichts von Parteipolitik versteht, kann man nichts anderes erwarten. Trotzdem und allen Ernstes – ich glaube, daß es hülfe, wenn wir einander kennen und verstehen lernten. Das hat bereits sein Gutes, wenn vier entfernte Verwandte ein ruiniertes Bauerngut erben. Und kein Mensch wird mir einreden können, daß das zwischen vier Parteien und bei unserem höchsten Gut, der Heimat, anders zu sein hätte. Ist es so? So ist es.

November 1946

Grenzpfähle und Grenzfälle

Diesmal war ich eine ganze Woche unterwegs. Unermüdlich zogen Städte und Landschaften, Seen und Wälder, gelber Ginster und rote Heckenrosen, gesprengte Brücken, zerfetzte Hauskadaver und friedliche Dörfer am Wagen vorüber.

Zwischen den Feldgevierten, die wie bunte Flicken auf die Erde genäht schienen, zwischen den Weinbergen und Kirschbaumzeilen konnte man für Stunden beinahe vergessen, in welch miserabler Zeit wir leben. Bis dann wieder Häuserstümpfe, ausgebrannte Lokomotiven, Waggongerippe, fremde Fahnen, fremde Inschriften, fremde Schilderhäuschen und eigene Erinnerungen vorüberglitten. Ach, die Spezies »Mensch« ist wahrhaftig die Luft nicht wert, die sie atmet, vom Duft des Jasmins und der Linden ganz zu schweigen...

Fast sind fünfzig Jahre unseres Jahrhunderts vorbei. Und das Gefühl, daß wir die überkommenen Methoden, die Menschen zu sortieren, zum übrigen alten Eisen werfen sollten, wird immer stärker. Hat es noch Sinn, uns nach Nationen, Religionen, Haarfarben und Parteien einzuteilen? Auch Einteilungen können altersschwach werden. Thomas Wolfe schrieb in seinem letzten Roman, es sei so weit, daß sich ein Chauffeur aus Milwaukee mit einem Chauffeur aus Köln, trotz aller Unterschiede, leichter und besser verständigen und verstehen könne als mit einem Collegeprofessor aus Chicago. Und so ein Professor verstehe einen Kollegen aus Grenoble viel rascher und gründlicher als den eigenen Hausmeister. Das sind keine bloßen Spitzfindigkeiten. Für Leser, die es bezweifeln, füge ich hinzu, daß ich dem gleichen Gedankengang auch schon bei Jean Paul begegnet bin. Dichter merken manches früher, weil sie, im Gegensatz zu uns, um die Ecke sehen können.

Ein Unterschied, der sich wie Rost immer tiefer frißt, ist der zwischen dem Bauern und dem Städter. Unterschiede sollten, wenn möglich, nicht zu Differenzen werden. Die Städte liegen in Trümmern, das Land ist einigermaßen intakt geblieben. Wie wäre es, wenn man die Bauern, im Winter, für ein paar Wochen in die zerstörten Städte quartierte? Sie würden in unseren halbzerstörten Häusern wohnen. Sie könnten studienhalber das

Schlangestehen erlernen, das Hängen am Trittbrett der Straßenbahnen, das Frieren im Zimmer, das Sattwerden mit Hilfe der zugeteilten Rationen, den lähmenden Blick auf Ruinen und manches Nützliche mehr. Das wäre ein hübscher Kursus in Weltbürgerkunde. Und die Zahl derer, die den modernen Massenkrieg für einen unvermeidbaren historischen Verkehrsunfall halten, nähme gewiß beträchtlich ab. Leider ist es schwer, plausible Einfälle zu verwirklichen. Deshalb wird aus den »Stadtkursen für Landleute« nichts werden.

Die Reise führte mich unter anderem an den Bodensee, in das idyllische Konstanz, wo, als erster großangelegter Versuch nach dem Krieg, gerade die »Kunstwochen 1946« begannen, die von der französischen Militärregierung energisch geförderte »Quinzaine artistique«. Die Schwierigkeiten, die überwunden werden mußten, waren zahlreich, und auch nicht überwindbare wird's zur Genüge geben. Ein auswärtiges Orchester sagt im letzten Augenblick ab? Man läßt sich nicht entmutigen, sondern holt rasch ein anderes. Ein Dichter, der einen Vortrag halten sollte, bleibt unterwegs an irgendeinem Grenzpfahl hängen? Ein anderer Schriftsteller springt ein. Das ursprüngliche und das schließliche Programm mögen sich unterscheiden. Ausschlaggebend bleibt der Wille, der diese kleine Stadt, private Gruppen, französische Kreise, Schweizer Freunde und andere Liebhaber der Kultur mitriß, nicht, daß er Berge und Grenzpfähle nicht versetzen konnte.

Doch auch die Grenzpfosten erwiesen Reverenz. So kamen täglich tausend Gäste und mehr aus der Schweiz herüber. Zu Fuß, in Autos und Omnibussen. In Kunstsalons hingen französische Gemälde. In Konzerten hörte man russische und amerikanische Musik. In den Schaufenstern der Buchhandlungen in der Kanzleistraße sah man Hunderte von in der Schweiz erschienenen Büchern. Mit Autorennamen aus der ganzen Welt.

Freilich, solche »Begegnungen im Geiste« hatten gelegentlich ihre absurde, ja ihre lächerliche Seite. Diese Bücher zum Beispiel, man konnte sie anstarren, soviel man wollte – kaufen konnte man sie nicht. Mit den französischen Büchern und Zeitschriften in anderen Läden war es dasselbe. Man kam sich, trotz vorgerücktem Alter, ein wenig wie eines der armen Kinder bei Ludwig Richter oder Nieritz vor, das sich die Nase an der Glasscheibe plattdrückt, hinter der, zum Greifen nahe und doch unerreichbar, Schaukelpferd und Puppenstube winken.

Auch die Sorge der Gäste ums tägliche Brot und leibliche Wohl war nicht gering. Wer aus »fernen Zonen« kam, hatte das Mitgebrachte bald verwirtschaftet. Und dann? Der Magen knurrte. Er wollte keine Konzerte und Dramen. Ihm lag an weniger geistigen Genüssen.

Nun, die Gaststättenmarken, die man den Gästen aushändigte, trugen ihnen jedesmal eine Suppe ein und allerlei Spielarten der düsteren Gattung »Eintopf«. Es gibt reinere Freuden. Ich machte mir den etwas rohen Scherz, einen alten Freund aus Zürich, den ich nach dreizehn Jahren wiedertraf, zu einem solchen Gastmahl einzuladen. Sein leidender Gesichtsausdruck während des Essens war ergreifend. Und als er dann gar eine Tafel Schokolade, Apfelsinen und Zigaretten gleich glühenden Kohlen auf meinem Haupt ansammelte, bat ich ihn weinend um Verzeihung.

Er war nicht ganz frei von unedler Rachsucht und erzählte mir ausführlich, was er, wenige Stunden vorher, auf Schweizer Boden gegessen habe. Unter anderem war von einem »Cordon bleu« betitelten Fleischgericht die Rede. Das sei, sagte er, ein verfeinerter Abkömmling des ordinären Kalbsschnitzels. Es bestehe aus zwei großen Fleischscheiben, zwischen die man feingeschnittenen rohen Schinken und Schweizer Käse bette, bevor man das Ganze mit Semmelbröseln paniere, in Eigelb wälze und in Butter brate. Man esse es am besten mit geschwenkten Brechbohnen, Karotten, Spargelgemüse in holländischer Sauce sowie knusprigen Pommes frites.

Nach dieser kleinen kulinarischen Exkursion war meine Phantasie vergiftet und mein Magen verdorben. Die Erzählung war zu fetthaltig gewesen. Man verträgt nichts mehr.

Das Interessanteste, wenn auch nicht das Schönste an Konstanz ist die deutsch-schweizerische Grenze. Sie läuft mitten durch die Stadt, zwischen den Häusern und Gärten hin und äußert sich in einigen Schranken, Uniformen, Waagen, Schaltern, Gittern und anderen Grenzpfahlbauten. Wie so eine »Grenze«, die ein paar Häuser von ein paar Nachbarhäusern und Menschen von Mitmenschen trennt, im totalen Krieg ausgesehen und funktioniert hat, mag man sich kaum vorstellen. Denn sie sah natürlich genauso aus wie heute, und für einen Weltuntergang ist das entschieden zu wenig. Man hatte einen Bretterzaun quer durch Konstanz gebaut. Damit war markiert, daß die Menschen auf dessen einer Seite aus der Luft, von vorn und hinten totgeschossen, daß sie gequält und wie Ungeziefer behandelt werden durften, auf der anderen Seite jedoch in Recht und Frieden leben konnten. Ein paar Holzschranken und ein Bretterzaun hielten die Lawine des Wahnsinns symbolisch auf! Wenn das ein Dichter erfände, würde er ausgelacht. Die Wirklichkeit und die Herren dieser Wirklichkeit muten den Menschen sehr viel dummes und kindisches Zeug zu.

Nun der Krieg vorbei ist, beginnt die Grenze wieder mit dem besseren, zweiten Teil ihres alten, abgespielten Programms: sie läßt gelegentlich Menschen über sich hinwegspazieren. Menschen mit bestempelten Papierstückchen in der Hand. Menschen, die nun wieder ihre Verwandten besuchen und sagen dürfen: »Herrjeh, ist der Xaver in den sechs Jahren aber gewachsen!« Sie dürfen ihnen sogar ein wenig zum Essen und den Kindern zum Naschen aus einem Land ins andere tragen. Man erzählte mir schmunzelnd, manche dieser braven Schweizer Bürger und Bürgerinnen kämen morgens reichhaltig gekleidet zu Besuch und kehrten nach der Dämmerung beinahe nackt, mit ihren Ausweispapieren die Blöße deckend, ins helvetische Vaterland zurück.

Die Grenzen atmen wieder. Sie sind wieder porös. Sie wurden wieder für Gedankengut passierbar. So bildet Konstanz in diesen Tagen einen freundlichen, sonnenbeschienenen Umschlagplatz für geistige Ware. – Man unterhielt sich mit emigrierten Freunden, die nach Deutschland hereinschauten wie durch eine angelehnte Tür. Man sprach mit Schweizer Professoren und Theaterleitern, mit französischen Schriftstellern in Uniform, mit Amerikanern und Globetrottern. Man konnte auf seine Uhr schauen und sie mit den Uhren von draußen vergleichen. Ging sie, trotz der zwölfjährigen Isolation, noch immer richtig? Mußte man sie stellen oder gar wegschmeißen? Nun, sie ging fast auf die Weltminute richtig, die gute, alte Uhr! Das zu erleben war das Schönste an der schönen Reise.

1946

Zwei Versuche, Berlin wiederzusehen

Die »Neue Zeitung« wollte mich nach Berlin schicken. Gewissermaßen als Fachmann. Denn ich kenne das Berlin der »Systemzeit«, Max Reinhardts, der Sechstagerennen, der Kulturblüte, der Arbeitslosigkeit, des Lunaparks und der Saalschlachten, und ich kenne das Berlin der SA-Umzüge, der von aller Welt verdammten Bücherverbrennung und der von aller Welt bewunderten Olympiade. Auch habe ich keinen der großen Luftangriffe auf die »Reichshauptstadt« versäumt: und in dem Berlin der Spielzeugbarrikaden und des Volkssturms, der ohne Gewehre Schießübungen abhalten mußte, war ich noch immer wie zu Hause. Nun also sollte und wollte ich mir das »neue«, viergeteilte Berlin betrachten und über die Eindrücke berichten.

Der erste Versuch, nach Berlin zu reisen, mißlang bereits in den sprichwörtlich bekannten Kinderschuhen. Da ich als herzkranker Erdenbürger nicht in der Lage gewesen wäre, von München bis nach Berlin, das heißt zwei Nächte und einen Tag, in Eisenbahnkorridoren auf einem Bein zu stehen, noch akrobatisch auf Waggondächern zu hocken, begab ich mich mit einer Order der Militärregierung, amerikanische Wagen benutzen zu dürfen, auf den Münchener Hauptbahnhof. Hier nun wurde mir energisch bedeutet, daß solche Wagen »only for men in uniform«, also lediglich für uniformierte Menschen, reserviert seien. Obwohl die Order in meiner Hand anderer Ansicht war, mußte ich auf meinen unmilitärischen Absätzen kehrtmachen, meiner Berliner Sekretärin und anderen Freunden telegrafisch absagen und in den Redaktionsräumen ballenweise Stoff für maßgearbeitete Witze liefern.

Der zweite Versuch wurde mit geradezu wissenschaftlicher Gründlichkeit vorbereitet. Die Orders wurden ergänzt. Einflußreiche Herren steuerten nützliche Begleitbriefe bei. Und so zogen, eine Woche später, ein Schweizer Schriftsteller und ich, von liebenswürdigen Offizieren eskortiert, erneut zum Münchener Hauptbahnhof. Wir zwei kamen uns wie kleine Jungen vor, die von blütenweißen Kinderfräuleins im Zug verstaut werden. Es hätte wirklich nur noch gefehlt, daß man uns große Pappschilder umgehängt hätte, auf denen etwa zu lesen gewesen wäre: »Wir bitten, diesen beiden Nur-Zivilisten beim Aus- und Umsteigen behilflich zu sein.« Es schien zu Anfang übrigens auch ohne umgehängte Pappschilder funktionieren zu wollen. Der Schnellzug fuhr ab, obwohl wir bequem in einem Abteil dritter Klasse saßen. Dreißig Stunden später landeten wir, einigermaßen erschöpft und unrasiert, wieder in Bayerns Hauptstadt. Elf Stunden waren wir bis nach Frankfurt am Main gefahren. Daran hatte sich ein zirka fünfstündiger Marathon-Hindernislauf auf dem Instanzenweg »Quer durch Frankfurt« angeschlossen. Mit Rucksäcken. Ein neuer leichtathletischer Sportzweig, dem man gewisse Zukunftsaussichten einräumen kann, eine neue klassische Distanz.

Überall erfuhren wir etwas durchaus Bestimmtes. Und überall etwas durchaus anderes. Das Endergebnis dieses Versuchs entsprach ungefähr dem Anfangsresultat des ersten: Zivilisten, hieß es, dürften den Berliner Zug nicht benützen. Und so fuhren wir, von Hoffnungslosigkeit geschwellt, vom Frankfurter Hauptbahnhof nach München zurück. Wiederum elf Stunden.

Gründlichen Lesern wird auffallen, daß wir nur siebenundzwanzig statt alle dreißig Stunden auf unsere Reisepläne verwandten. Das stimmt. Drei Stunden verplemperten wir mit Nahrungszufuhr, mit verbissenen Wiederbelebungsversuchen an unserem ohnmächtigen Humor sowie mit dem Bedürfnis des Gastfreunds aus der Schweiz, sein Weltbild zu ändern, ohne den aus Zürich mitgebrachten Rahmen zu zerbrechen. Ich tat, was ich konnte, den eidgenössischen Demokraten zu trösten. Hätten denn die Amerikaner das Eisenbahnnetz nicht wiederhergestellt? Züge führen. Der Transport funktionierte. Die Verteilung der vorhandenen Güter sei gewährleistet. Also, Europas Reise in die Zukunft müsse ganz gewiß nicht scheitern wie zufällig unsere Fahrt nach Berlin. Militärs könnten nun einmal nicht lauter studierte Schalterbeamte sein. Soldaten, die Heimweh nach Texas und Minnesota hätten, interessierten sich begreiflicherweise nur in seltenen Fällen für deutsch sprechende Fahrgäste. Auch dann nicht allzu sehr, wenn jene daheim etwa ein Spielwarengeschäft besäßen und insofern mit Eisenbahnen Bescheid wüßten. Und daß sie Menschen ohne Uniform nicht ernst nähmen, es seien denn junge Mädchen – teilten sie diese Fehler nicht mit allen übrigen Soldaten unter der Sonne?

In Frankfurt lernten wir auch einen deutschen Angestellten

der Militärregierung kennen, der seelisch nicht imstande schien, mit deutsch sprechenden Zivilisten, das heißt mit seinesgleichen, zu verhandeln. Fremdsprachige Uniformen rissen ihn hin, uns jedoch hätte er am liebsten seine Stiefel zum Putzen hingehalten. Vielleicht weiß er nichts von seinem Glück – aber um ein Haar hätte er gleichzeitig eine reichsdeutsche und eine schweizerische Ohrfeige erwischt. Es war gut, daß es nicht dazu kam. Denn sonst hätte unsere »Reise nach Berlin« wahrscheinlich noch ein paar Tage länger gedauert...

Gott sei Dank, daß wir auch erfreulichere Landsleute trafen. Einer saß mitten in der ehemaligen, unvergeßlichen Altstadt Frankfurts, die, vom Hirschgraben über den Römerberg bis zum Dom, in eine weithin übersehbare, atemberaubende Steinwüste verwandelt worden ist. Die Gassen sind verschwunden. Wir kletterten wie in den Bergen über schmale, holprige Saumpfade und standen gelegentlich still, um zu verschnaufen, die Köpfe zu schütteln und mittelalterliche und Renaissancegiebelreste anzustarren, die wie die letzten bröckelnden Zahnstümpfe aus einem toten Unterkiefer herausstachen. Dann stolperten wir benommen weiter.

Bis wir von neuem, diesmal völlig perplex, stehenblieben. Hypnotisiert blickten wir auf eine mannshohe, waschblau eingefärbte Mauer, neu errichtet und mit weißen Pinselstrichen so gekästelt, als sei es eine Wand aus lauter blauen Ziegeln. Blaue Illusionsziegel, welche Idee! In der Mauermitte war ein Torbogen ausgespart, der in ein Höfchen und in ein aus Resten und Zugetragenem gefügtes, kleines Seitengebäude mit einer ochsenblutroten Tür führte. Vor der Mauer lag, von einem Weg aus Steinplatten säuberlich halbiert, ein gepflegtes Blumengärtchen, und am Gartenzaune hing ein altmodischer Briefkasten mit einem Schild, auf dem der Name des Besitzers stand: »O. Schmidt.«

O. Schmidt! Der waschblaue, skurrile »Neubau« lag samt seinen blühenden Blumen gedruckt in der staubigen, gelbgrauen Trümmerwüste wie der vom Himmel gefallene Traum eines beschwipsten Surrealisten. Wenige Meter davon ragte ein spindeldürrer Renaissancegiebel in die Luft. Es sah aus, als müßte er schon einstürzen, wenn ein Passant auch nur zu husten wagen sollte. »Heute oder morgen wird der Giebel genau auf die waschblaue Fata morgana herunterfallen«, bemerkte ich halb ärgerlich, halb amüsiert.

»Das wird Ihn' der Giewel nich machn«, sagte da jemand neben uns. Es war ein älterer Mann. Er saß vor dem Zaun auf einem porphyrnen Säulenrest und studierte die »Frankfurter Rundschau«. »Wenn der Giewl umfälld, dann fälld'r dodsichr nach der andrn Seihde«, fuhr er, uns beruhigend, fort. Es war Herr O. Schmidt, der sächsische Erbauer dieses Frankfurter Waschblauheims. Er hatte ein Eulenspiegelgesicht und meinte freundlich: »Dr Bohden hier is guhd. Die Erbsen habb'ch erschd vor achd Dahchn geflansd, und, guggn Se – da kommse ooch schonn raus!« – »Merkwürdiger Gedanke, hier zu bauen«, fand mein Schweizer. Der Sachse lächelte ein wenig. »Warum'n nich?« fragte er. »Hier hamm'r doch alles. Hier gibd's genuch Wassr und Lichd und Lufd, und iewerhaubd alles, was uns dr Dogder Ley seinerzeihd verschbrochn had! Was wolln Se denn noch mehr?« Damit beugte er sich wieder über seine Zeitung.

Als wir, über Trümmer kletternd, außer Hörweite waren, sagte der Schweizer lächelnd: »Diogenes in Frankfurt!« – »Ja«, erwiderte ich, »und noch dazu aus Kötschenbroda zugezogen!«

Zweiunddreißig Stunden nach dem Antritt der Reise lag ich endlich – rasiert, gebadet, mit schmerzenden Füßen, weltabgewandt und hundemüde – in meinem Münchener Bett.

1946

Noch immer kein Wiedersehen mit Berlin

Eigentlich fuhr ich nach Berlin, um es wiederzusehen. Nach anderthalbjähriger Trennung... Diese Stadt ist zwar nicht meine Heimat. Doch ich habe die schönsten und die schlimmsten Jahre darin verbracht. Sie ist sozusagen meine Busenfreundin. Ich will den etwas heiklen Vergleich nicht tothetzen, sondern nur bemerken, daß man sich mit solchen Freundinnen manchmal besser versteht als mit der eigenen Frau. Nun, ich wollte sie also endlich wiedersehen, diese alte ramponierte Freundin, von der man mir in den letzten Monaten so viel erzählt hatte. Stundenlang, tagelang wollte ich durch ihre Straßen und Trümmer spazieren, die Augen auf, die Ohren offen. Ganz nahe wollte ich dem Gesicht Berlins kommen und prüfen, ob sein erstes neues Wangenrot ein Zeichen beginnender Gesundung sei, ob ein Merkmal bösen Fiebers oder ganz einfach Schminke.

Doch ich habe Berlin noch nicht wiedergesehen, obwohl ich seit zehn Tagen mittendrin bin. Dutzende alter, treuer Freunde, Hunderte lieber Bekannter versperren mir noch immer mit ihren fröhlichen, fragenden, neugierigen, bekümmerten, mager gewordenen, gerührten, müden, energischen Gesichtern das Gesicht Berlins, das ich enträtseln möchte. Und die noch »unerledigten« Besuche, Rücksprachen, Interviews, Verhandlungen, Empfänge, Einladungen und stillen, altvertrauten Begegnungen nehmen kein Ende.

Aber vielleicht ist gerade dies das rechte Wiedersehen mit Berlin: das Wiedersehen mit den vielen alten Freunden? Mit denen, die übriggeblieben sind? Daß man, wenn man einander ins Auge sieht, derer gedenke, die nicht mehr lachen, arbeiten und mithelfen können.

Berlin hat schon wieder über drei Millionen Einwohner. Ganze Industriezweige sind aber vom Unwetter des Krieges abgeschlagen und noch im vorigen Jahr abgesägt worden. Die Innenstadt ist ein menschenleeres, säuberlich aufgeräumtes Pompeji. Man haust in Randstädten, wie Charlottenburg, Neukölln, Zehlendorf und Tempelhof; und jede dieser Bezirksstädte entwickelt ihren eigenen Stil, hat ihr eigenes Theater und besitzt ihren eigenen Bürgermeister. Der »Magistrat der Stadt Berlin«

ist der imaginäre Mittelpunkt der zudem ja in vier Zonen aufgeteilten Peripheriestädte. Die Parteipolitik tut, was sie seit alters her gewohnt ist: sie treibt Blüten. Über die Früchte des Vierfruchtbaumes sind sich die Propheten des Treibhauses und die anderen Treibhäusler noch nicht einig. Die Temperatur entspricht dem Bild, das ich gebrauche. Sie ist überhitzt. Und sie überhitzt alles: die Not, das Temperament, die Preise, den Ehrgeiz, die Moral und deren Gegenteil.

So nimmt es nicht wunder, daß mir ausländische Journalisten, die es wissen müßten, erklärten, Berlin sei zur Zeit nicht nur die interessanteste Stadt Europas, sondern der Welt. Freilich, um in der interessantesten Stadt der Welt leben zu können, dazu gehören Tugenden, die nicht jeder hat: ein breiter Buckel, Tatkraft, Nerven wie Stricke, Gottvertrauen, auch wenn man nicht an ihn glaubt, gute Freunde, und, wenn möglich, satt zu essen...

Da wäre so einiges, was mir über Berlin, das ich noch nicht wiedergesehen habe, zu Ohren gekommen ist. Freunde haben es gesagt, denen die Energie aus den Augen spritzt wie der Saft aus einer Apfelsine. Der eine hat hundertfünfundzwanzig Pfund abgenommen. Das ist soviel, wie ich mit Knochen wiege. Der Anzug hängt um den Mann herum wie eine Pelerine. Aber unterkriegen lassen? Niemals. Die Berliner, dieser »verwegene Menschenschlag«, wie Goethe sie genannt hat, die Berliner sind fleißig, tapfer, zuversichtlich und keß wie je zuvor. Wer mit ihnen in den Luftschutzkellern gesessen hat, wer dann durch die brennenden Straßen ging und hörte, wie sie sofort wieder am Werke waren, wie sie sägten und hämmerten, daß sich die Göttin der Nacht die Ohren zuhielt, der weiß Bescheid. Und wer, wie ich, zufällig neben dem Mann stand, der im Flammensturm zum Himmel hochsah und sagte: »Wenn die Tommies so weitermachen, dann müssense sich nächstens die Häuser selber mitbringen«, der weiß, daß die Berliner außer ihrer sagenhaften großen Schnauze noch andere Eigenschaften besitzen.

Ob es ihnen gelingen wird, Berlin wieder hochzureißen, hängt nicht nur von ihnen ab. Aber eins kann man getrost schon heute sagen: »Wenn es den Berlinern nicht gelingen sollte, dann ist es überhaupt unmöglich!«

1947

Der tägliche Kram

Nun ist es ungefähr ein Jahr her, daß würdig aussehende Männer in mein Zimmer traten und mir antrugen, die Feuilletonredaktion einer Zeitung zu übernehmen. Da erinnerte ich mich jener Studentenjahre, die ich auf einem Redaktionsstuhl verbracht und nach deren Ablauf ich mir hoch und heilig geschworen hatte, es ganz bestimmt nicht wieder zu tun. Denn zum Abnutzer von Büromöbeln muß man geboren sein, oder man leidet wie ein Hund. Es gibt nun einmal Menschen, für welche die gepriesene Morgenstunde weder Gold noch Silber im Munde hat. Man kann von ihnen fordern, daß sie hundert Stunden am Tage arbeiten statt acht – wenn man sie nur morgens im Bett läßt. Und sie schuften tausendmal lieber zu Hause, statt hinterm Schalter mit dem Butterbrotpapier zu rascheln. Wie oft paßte mich der Herr Verlagsdirektor ab, wenn ich, statt um neun, gegen elf anrollte! Mit welch bitterem Genuß zog er die goldene Repetieruhr aus der Westentasche, obwohl ja die Korridoruhr groß genug war! Wie vitriolsüß war seine Stimme, wenn er, nach einem kurzen Blick auf die Taschenuhr, sagte: »Mahlzeit, Herr Kästner!« Der Mann wußte genau, daß ich länger, schneller und gewissenhafter arbeitete als andere. Trotzdem verbreitete er die Ansicht, daß ich faul sei. Ihm lag nichts an den drei Stunden, die ich abends länger im Büro saß; und an den Nachtstunden, in denen ich für sein Blatt Artikel schrieb, lag ihm schon gar nichts. Er wollte nur eins von mir: Pünktlichkeit! Er war unerbittlich wie ein Liebhaber, der seiner innig geliebten blauäugigen Blondine einen einzigen Vorwurf macht: daß sie keine Brünette mit Haselnußaugen ist! Es war kein Vergnügen. Für mich nicht. Und für ihn auch nicht. Aber er hatte doch wenigstens einen schwachen Trost: er war im Recht!

Dieser meiner prähistorischen Büroschemelepoche entsann ich mich also, als mir vor einem Jahr würdig aussehende Männer eine Feuilletonredaktion antrugen. Und an noch etwas anderes dachte ich. Daran, daß ich zwölf Jahre lang auf den Tag gewartet hatte, an dem man zu mir sagen würde: »So, nun dürfen Sie wieder schreiben!« Stoff für zwei Romane und drei Theaterstücke lag in den Schubfächern meines Gehirns bereit. Zugeschnitten und mit allen Zutaten. Der bewußte Tag war da. Ich konnte mich aufs Land setzen. Zwischen Malven und Federnelken. Wenn ich auch recht gerupft und abgebrannt aus der großen Zeit herausgekommen war. Papier und Bleistift hatte ich noch und, was die Hauptsache war, meinen Kopf! Herz, was willst du mehr? Jetzt konnte ich, wenn ich nur wollte, mit Verlegervorschüssen wattiert durch die Wälder schreiten, sinnend an Grashalmen kauen, die blauen Fernen bewundern, nachts dichten, bis der Bleistift glühte, und morgens so lange schlafen, wie ich wollte. Was tat ich statt dessen? Die würdig aussehenden Männer sahen mich fragend an, und ich Hornochse sagte kurz entschlossen: »Ja.« Wer, wenn er bis hierher gelesen hat, bei sich denkt: »Herrje, ist der Kerl eingebildet!«, hat mich nicht richtig verstanden. Ich habe die Geschichte eigentlich aus einem anderen Grunde erzählt. Ich wollte darlegen, daß mich meine Neigung dazu trieb, Bücher zu schreiben und im übrigen den lieben Gott einen verhältnismäßig frommen Mann sein zu lassen. Und daß ich das genaue Gegenteil tat, daß ich nun in einem fort im Büro sitze, am laufenden Band Besuche empfange, redigiere, konferiere, kritisiere, telefoniere, depeschiere, diktiere, rezensiere und schimpfiere. Daß ich seitdem, abgesehen vom täglichen Kram, noch nicht eine Zeile geschrieben habe. Daß ich, zum Überfluß, ein literarisches Kabarett gründen half und für den dortigen »Sofortbedarf« Chansons, Lieder und Couplets fabrizierte. Daß ich mein Privatleben eingemottet habe, nur noch schlückchenweise schlafe und an manchen Tagen aussehe, als sei ich ein naher Verwandter des Tods von Basel.

Warum rackere ich mich ab, statt, die feingliedrigen Händchen auf dem Rücken verschlungen, »im Walde so für mich hin« zu gehen? Weil es nötig ist, daß jemand den täglichen Kram erledigt, und weil es viel zuwenig Leute gibt, die es wollen und können. Davon, daß jetzt die Dichter dicke Kriegsromane schreiben, haben wir nichts. Die Bücher werden in zwei Jahren, falls dann Papier vorhanden ist, gedruckt und gelesen werden, und bis dahin – ach du lieber Himmel! – bis dahin kann der Globus samt Europa, in dessen Mitte bekanntlich Deutschland liegt, längst zerplatzt und zu Haschee geworden sein. Wer jetzt beiseite steht, statt zuzupacken, hat offensichtlich stärkere Nerven als ich. Wer jetzt an seine Gesammelten Werke denkt statt ans tägliche Pensum, soll es mit seinem Gewissen ausmachen. Wer jetzt Luftschlösser baut, statt Schutt wegzuräumen, gehört vom Schicksal übers Knie gelegt. Das gilt übrigens nicht nur für die Schriftsteller.

Juli 1946

(Januar 1946, Neue Zeitung.) Die Begegnung mit moderner, insbesondere abstrakter Kunst zeitigte zweierlei: frenetisches Interesse und erstaunliche Intoleranz. So bot sich gerade die Malerei als »Toleranzthema« an. Von der Flut der Zuschriften an die Blätter macht man sich kaum eine Vorstellung. Die Menschen froren, hungerten, hatten keine Tinte und kein Briefpapier. Trotzdem bekam damals z. B. die Neue Zeitung wöchentlich etwa zweitausend »Stimmen aus dem Leserkreis«, oft lange Abhandlungen, nahezu immer mit der genauen Adresse des Absenders. Das Bedürfnis, die eigne Meinung namentlich zu vertreten, war ungewöhnlich. Auch bei heikleren Themen als diesem.

Die Augsburger Diagnose
Kunst und deutsche Jugend

Die vor der sprichwörtlichen Tür stehenden und frierend von einem Bein aufs andre tretenden Gemeindewahlen werden, was wenige wissen, nicht die ersten Wahlen im neuen Deutschland sein. Es hat schon eine Abstimmung stattgefunden. Als Wahllokal diente das Palais Schäzler in Augsburg, und es dient noch heute demselben Zweck. Das Wahlkomitee gewährte mir dankenswerterweise Einblick in die vorläufigen Resultate. Eben bin ich mit der Erforschung eines mittelhohen Stimmzettelgebirges zu Rande gekommen. Und nun denke ich, nicht ohne Stirnrunzeln, über die Wahlergebnisse nach ...

Also, die Sache war und ist die: Man veranstaltet in den Räumen des Palais eine Kunstausstellung. Man zeigt Bilder süddeutscher Maler der Gegenwart. Naturgemäß Bilder verschiedener »Richtungen«. Und man fügt dem als Eintrittskarte geltenden Katalog einen »Stimmzettel« mit drei Fragen bei. Erste Frage: »Welches halten Sie für das beste Bild?« Zweite Frage: »Welches Bild besäßen Sie am liebsten?« Dritte Frage: »Haben Sie Wünsche für eine spätere Ausstellung?« Ein Hinweis, daß es an der Kasse Bleistifte gibt, eine Zeile für die Unterschrift, eine Zeile für die Angabe des Berufs und die freundliche Bemerkung »Besten Dank!« runden das Schriftbild ab.

Eine angemessene Zahl Besucher hat die ernstgemeinten Stimmzettel angemessen behandelt. Die wenigst »modernen« Bilder werden erwartungsgemäß bevorzugt. Und bei der dritten Frage wird häufig der verständliche Wunsch laut, man wolle künftig auch Plastiken und Graphik, Aquarelle und Keramik sehen. Ein »Wähler« sehnt sich sogar nach modernen französischen Bildern. Er steht allein und einzig da. Natürlich haben sich auch hartgesottene »Spaßvögel« zum Wort gedrängt. So wünscht sich einer für die nächste Ausstellung »besseres Wetter« und ein anderer, verschämt in Einheitsstenographie, »nackte Weiber«.

Unter denen, die an verschiedenen Malern und Bildern Kritik üben, sind erfreulicherweise viele, welche Maß halten. So stellt eine Frau fest: Diese und jene Bilder »entsprechen nicht meinem Kunstgeschmack«. Eine Klavierlehrerin wünscht die nächste Ausstellung »nicht ganz so modern«. Ein anderer sehnt sich »nach guten, real ausgearbeiteten Bildern«, womit er unmißverständlich realistische Darstellungen verlangt. Wieder ein anderer meint dasselbe, wenn er »natürliche Bilder, keine Phantasie« fordert. Und eine Frau konstatiert betrübt: »Größtenteils habe ich keine Freude an der Ausstellung gehabt.«

Diese und ähnliche mit liebenswürdiger Ehrlichkeit vorgetragenen Urteile richten sich weniger gegen ausgefallene, groteske, phantastische Sujets, solange sie »verständlich« gemalt sind, als vielmehr gegen stilistisch schwer begreifliche Bilder. Den unanfechtbaren Rekord des Angefochtenwerdens hält Ernst Geitlinger mit seinen in einem Kabinett vereinigten Arbeiten. Dieser kleine Raum V bringt auch die stärksten Gemüter unter den unerfahrenen Besuchern ins Wanken. Es handelt sich, sehr kurz gesagt, um sieben die Perspektive verleugnende, auch in der Zeichnung künstlich naive, an Paul Klee erinnernde Bilder von hohem farblichen Reiz. Die subtile, verspielte Farbheiterkeit hat sogar Geitlingers Rahmen ergriffen. Er hat auch sie bemalt.

Diesem Raum hat die gute Laune eines sehr großen Teils der »Wähler« nicht standgehalten. Es ist unerläßlich, einige der Urteile aufzuzählen. Diese Bilder »sind unmöglich und verhöhnen die deutsche Kunst!!!« »Mein Bedarf ist vorläufig gedeckt!« »Künstler wie Schlichter, Geitlinger und Blocherer müssen raus!!« »Geitlinger und ähnliche Schmierereien müssen verschwinden.« »So etwas ist eine Schweinerei!« »Keine entartete Kunst mehr!« »... völlige Ausmerzung solcher Bilder!« »... ein Schlag ins Gesicht!«

Einer wünscht sich die Bilder der Ausstellung »alle, um sie einzuheizen«. Einer hat einen Briefbogen zum Teil in ein Tintenfaß gesteckt gehabt und dazu geschrieben »Studie in Blau«. Und ein anderer fordert: »Diese Künstler beseitige man restlos. Kz.«

Einer der Männer, welche die Ausstellung betreuen, erzählte, daß junge Leute Geitlingers Bilder zu verschmieren versucht hätten. Einer habe gebrüllt: »Den Kerl, der das gemalt hat, knall ich nieder!« Etliche der Maler in Auschwitz zu verbrennen oder aus ihrer Haut Lampenschirme fürs traute Heim zu schneidern, hat erstaunlicherweise niemand verlangt. Aber die Ausstellung ist ja noch ein paar Tage geöffnet.

Aus den Unterschriften der Stimmzettel geht nun hervor, daß die intolerantesten, die dümmsten und niederträchtigsten Bemerkungen fast ohne Ausnahme von Schülern, Studenten, Studentinnen und anderen jungen Menschen herrühren.

Seit die Welt besteht, war es immer die Jugend, die am ehesten und am leidenschaftlichsten für das Neue, für das Moderne eintrat. Und gerade die Studenten bildeten die Avantgarde der Kunst. Es war ein jugendliches Vorrecht, auch abwegige Versuche begeistert zu begrüßen.

Und heute stellt sich gerade die Jugend hin und will fünfzigjährige Männer, weil sie nicht wie Stuck und Heinrich von Zügel malen, ins Kz stecken oder niederknallen? (Indessen ältere Herrschaften, die vor perspektivelosen Bildern stehen, resigniert, aber höflich feststellen: »Es gefällt mir nicht.«)

Wie haben zum Beispiel uns, die wir 1918 aus dem Kriege heimkamen, beim Anblick der Bilder von Dix, Kokoschka, Kandinsky, Marc und Feininger die Köpfe geraucht! Wie haben wir diskutiert! Wie haben wir die expressionistische Lyrik mitsamt ihren Unarten verteidigt! Wie haben wir das Moderne geliebt und das Alte respektiert!

Die heutige deutsche Jugend steht also dort, wo seit je die Alten, die unverbesserlichen Spießer und Kunstbanausen hingehörten? Welche Perversion, wenn dem so wäre! Welch verwirrende Folgen für die Entwicklung der Künste in Deutschland! Denn auch wenn die produktive Jugend, auch wenn die jungen Talente selber ihren Weg finden sollten, dem Einfluß der letzten zwölf Jahre zum Trotz – in welches Vakuum gerieten sie ohne die Begleitung des gleichaltrigen Publikums? Ohne dessen Fanatismus für das Neue? Ohne dessen Jubel und Begeisterung?

Es ist zu befürchten, daß die Augsburger Diagnose zutrifft und daß die dortige »Abstimmung« eine viel allgemeinere Gültigkeit besitzt, die Gültigkeit für ganz Deutschland. Die heutigen Studenten waren 1933 kleine Kinder. Sie wuchsen, jedenfalls ihre Majorität, in der Respektlosigkeit vor modern und freiheitlich gesonnenen Eltern und Lehrern auf. Sie lernten schon mit dem kleinen Einmaleins die Autorität der Fachleute verachten und das Geschwätz reaktionärer Dilettanten glauben. Sie wuchsen in Unkenntnis ausländischer Leistungen auf und ohne Ehrfurcht vor dem Mut eigenwilliger Naturen.

Ich werde nie die Gesichter jener jungen SS-Männer vergessen, die sich seinerzeit, im Münchener Hofgarten, im langsamen Gänsemarsch durch die Ausstellung der »Entarteten Kunst« schoben, Hunderte von konzessioniert hämischen, grinsenden, verschlagenen, großspurigen Gesichtern, sich gähnend und feixend an den Bildern Noldes, Pechsteins, Beckmanns, George Grosz', Marcs und Klees vorbeischiebend. Sie trotteten wie Droschkengäule, wenn am Stand der vorderste Wagen weggerollt ist, angeödet von Rahmen zu Rahmen.

Ein durchgefallener Kunstmaler wie Hitler, ein dilettantischer Schriftsteller wie Goebbels, ein mißglückter, schwafelnder Kulturphilosoph wie Rosenberg haben die junge Generation gelehrt, was Dichtung, Musik und bildende Kunst zu sein hat. Der billigste Geschmack, ein Jahrmarktsgeschmack, wurde auf den Thron gesetzt. Das Gewagte, das Außergewöhnliche, das Exklusive, das Neue – es wurde verbannt, verbrannt, verschwiegen und bespuckt. So wuchsen Kinder mit den Kunstidealen von Greisen, Impotenten und Kitschonkels heran.

Nun sind diese Kinder Studenten geworden. Die Kunst ist wieder frei. Die Studenten spucken, wie sie es gelernt haben, auf alles, was sie nicht verstehen. Weil alles, was nicht alle verstehen, von 1933 bis 1945 Dreck war. Sie haben es nicht anders gelernt. Sie wissen nicht, daß der Künstler schafft, »wie der Vogel singt«, und nicht, damit es Herrn Lehmann gefällt.

Was soll geschehen? Denn das ist wohl sicher: Es reicht nicht aus, daß wir Älteren uns über das geschmackliche Analphabetentum der Jugend empören. Es hilft nichts, wenn wir die gezüchteten jungen Barbaren bedauern. Und es bringt auch nicht viel weiter, wenn wir ihren bornierten Dünkel lediglich zu verstehen trachten. Sondern hier muß etwas *geschehen!* Radikal und schnell! Nicht nur dieser Jugend wegen. Obwohl das wahrhaft Grund genug wäre. Sondern auch um der deutschen Kunst willen, deren natürliches Wachstum, deren Entwicklung zwölf Jahre lang künstlich unterbrochen worden ist! Hierfür gibt es keine Vitamin- oder Hormoneinspritzungen. Hier helfen keine Pillen! Gibt es überhaupt etwas, das helfen kann? Erziehung kann helfen. Und zwar, da es um die Kunst geht: Kunsterziehung. Das künstlich Versäumte muß künstlich nach- und eingeholt werden. Ich weiß aus Erfahrung, daß dergleichen möglich ist. Mir werden die »Kunsterziehungsabende«, die 1919 im Dresdner König-Georg-Gymnasium stattfanden, unvergeßlich bleiben.

Da erschien nämlich einmal in der Woche Herr Kutzschbach, ein Kapellmeister der Staatsoper, mit seinen Orchestermitgliedern in der Aula. Schüler aus allen Dresdner höheren Schulen und Studenten saßen, standen, quetschten und drängten sich. Herr Kutzschbach erklärte uns Strauß' »Tod und Verklärung«, den »Eulenspiegel«, oder was sonst bevorstand, mit einfachen Worten, deutete am Flügel die musikalischen Themen und deren Verquickung an, ließ den Klarinettisten oder den Mann mit dem Fagott dessen wichtigstes Motiv solo blasen; und erst dann, wenn wir auf alles Begreifliche hingewiesen worden waren, erhob er sich, trat ans Pult, dirigierte, das Orchester spielte die Suite, die Symphonie oder die Programmusik, und wir verstanden, wir hörten, wir empfanden von Abend zu Abend besser und tiefer, was die Komponisten hatten zum Ausdruck, zu Gehör bringen wollen.

Wir wurden erzogen. Die Ohren, die Nerven, der Geschmack wurden »gebildet«. Und nicht zuletzt die Einsicht, daß auch Kunst, die man nicht versteht, trotz allem als Dame behandelt werden sollte. Man kann, auch als junger Mann, nicht alle Damen lieben. Es muß einem nicht jede gefallen. Nur folgt daraus nicht, daß sie niemandem sonst gefallen dürfte oder gar, daß man das Recht hätte, ihr mitten ins Gesicht zu spucken.

Kunsterziehung also! Geschmacksbildung durch berufene Fachleute. In den Universitäten, in den Volkshochschulen, in öffentlichen Veranstaltungen, durch Lehrer, durch Künstler, durch Gelehrte, durch die Gewerkschaften!

Es wird höchste Zeit. Es geht um Deutschlands Jugend. Es geht um den Wert und um die Geltung der deutschen Kunst.

Januar 1946

Der Aufsatz erschien 1950. Der durchaus unbefriedigende Zustand hat sich seitdem, mindestens in summa, nicht geändert. Zwar ist der Kontakt zwischen den ausgewanderten Schriftstellern und uns wieder enger geworden, um so fataler aber gleichzeitig die westöstliche Spaltung der deutschen Literatur.

Die literarische Provinz

Das ist nun gut fünfzehn Monate her. Damals unterhielten sich, in einer kleinen deutschen Universitätsstadt, Schriftsteller und Studenten über dies und jenes und natürlich auch über Literatur. Vor allem wollten die vom Krieg und seinen Folgen noch arg zerzausten Musensöhne wissen, was wir von unserer »jungen« Literatur hielten. Man spürte, wie ihnen Frage und Antwort am Herzen lagen. Nachdem ich mich kurz und skeptisch geäußert und einige zureichende Gründe für diese Skepsis angeführt hatte, erhob sich einer meiner Kollegen in Apoll und richtete das Auditorium mit kernigen Worten wieder auf. Er verhielt sich nicht nur allgemein, sondern er schüttelte, neben einigen auch mir bekannten jüngeren Talenten, mühelos ein weiteres Dutzend »berechtigter Hoffnungen« locker aus dem Ärmel. Es waren Namen, die ich an diesem Abend zum erstenmal erfuhr und von denen ich seitdem nichts wieder gehört habe.

In der Zwischenzeit, also im vergangenen Jahr, waren nun viele deutsche Schriftsteller, die 1933 in die Verbannung gingen, im Heimatland ihrer Muttersprache zu Besuch. Mit ihnen, alten Freunden und Bekannten, kam es begreiflicherweise zu lebhaften Diskussionen über das gleiche Thema. Manche dieser Gäste blieben viele Monate, nicht zuletzt, um sich an Ort und Stelle von der »daheimgebliebenen« Literatur ein Bild zu machen. Einige gingen mit einem Eifer an die Sache heran, als planten sie, trotz ihrer angegrauten Haare, zumindest eine Dissertation. Da sie aber Doktorarbeiten und ähnliche Fleißaufgaben schon vor mehr als fünfundzwanzig Jahren hinter sich gebracht hatten, konnte es daran nicht liegen. Sie trieb das lautere Interesse, nichts anderes. Ihre angeborene Staatsbürgerschaft und ihre wohlerworbenen Titel hatte man ihnen, wenigstens vorübergehend, stehlen können. Nicht aber ihre leidenschaftliche, tätige und kritische Anteilnahme an der ihnen und uns gemeinsamen Sprache und Literatur. Sie hatten inzwischen »die Welt gesehen«. Sie waren aus einem Land ins andere geflohen. Sie hatten Teller und Leichen gewaschen. Ihre Liebe zur deutschen Sprache und Literatur war echt und rein geblieben. Sie war, nach alledem, eher noch größer als zuvor.

Einen von ihnen – einst bei uns, heute in der ganzen Welt angesehen, dafür zu Hause fast vergessen – fragte ich nach seinen Eindrücken. Zweifellos gäbe es, sagte er, einige Bücher von Belang, vielleicht gar eine Handvoll neuer Talente. Das habe ihn nicht überrascht, sondern gefreut. Nicht gefreut, sondern überrascht habe ihn etwas anderes: der fast überall ins Auge springende »Provinzialismus«.

Ich glaube und befürchte, mein alter Freund, der Deutschland und den ich nach sechzehn Jahren wiedersah, hatte recht. Für diesen bedauerlichen Zustand – daß wir von einem Zweig der Weltliteratur ins Provinzielle heruntergefallen sind – gibt es eine Anzahl ebenso bekannter wie plausibler Ursachen. Nun vermögen zwar gute Gründe einen schlechten Zustand nicht zu beheben. Sich ihrer ohne Schönfärberei und Gedächtnisschwäche zu erinnern, kann immerhin von einigem Nutzen sein. Rechtschaffene Rechenschaft hat noch niemals und noch niemandem geschadet. Diagnose und Therapie sind ganz gewiß nicht dasselbe. Immerhin kann der erste Schritt zum zweiten führen. Auf keinen Fall kann man mit einem zweiten Schritt antreten. Die Diagnose des uns teuren Patienten ergibt folgendes Krankheitsbild ...

I

Nahezu alle namhaften Autoren, die seinerzeit emigrierten, im Ausland starben, Selbstmord begingen oder trotz ihrer abenteuerlichen Schicksale weiterleben, sind hierzulande so gut wie unbekannt. Wer kennt, beispielsweise, die alten oder gar die neuen Werke von Lion Feuchtwanger, Bruno Frank, Leonhard Frank, A. M. Frey, Hermann Kesten, Annette Kolb, Heinrich Mann, Alfred Neumann oder Alfred Polgar? Unsere auslandsdeutsche Literatur und die daheim sind noch immer – fünf Jahre nach dem Kriegsende und trotz mancher Bemühungen – auseinandergerissen. »Man begegnet uns mit Respekt«, sagte einer der eben genannten, »aber man behandelt uns, recht besehen, auch in den Redaktionsstuben und Literaturbeilagen, als seien wir etwa serbokroatische Nobelpreisträger.« So ist es. Während man, und zwar seit Monaten, keine Zeitung aufschlagen kann, ohne die mindestens dreispaltige Elefantiasis unserer Redakteure, die Ernst Jüngerei, zu bestaunen, werden bedeutende Bücher aus der Emigration meist am Rande »erledigt«. Die beiden Teile unserer Literatur müssen wieder zu einem Ganzen zusammengefügt werden. Zum Nutzen unserer Leser, unserer an Vorbildern und Tradition verarmten jungen Schriftsteller und somit unserer Literatur selbst.

2

Weil man im Dritten Reich tabula rasa gemacht hatte, aber repräsentieren wollte und mußte, lobte man zahlreiche mittelmäßige und belanglose Autoren in die Höhe, soweit sie ins Regime paßten oder sich ihm anzupassen wußten. In der Autarkie ist alles möglich. Die Einäugigen wurden König, und der Geschmack wurde blind. Urteil und Empfinden nicht nur breiter Schichten, sondern gerade der heranwachsenden Jugend und der werdenden Talente wurden »total« irregeleitet. Dieses Blindekuhspiel gelang um so gründlicher, als auch in Deutschland verbliebene und vordem geachtete Schriftsteller verfemt wurden, als Muster fortfielen und während der zwölf Jahre genau so vergessen wurden wie ihre ausgewanderten Freunde.

3

Die künstliche Erblindung befiel nicht nur die Literatur im engeren Sinne. Sie ergriff auch die Nachbargebiete: die Buch- und Theaterkritik, die Lektorate, die Dramaturgie, die Literaturgeschichte, den Film, den Rundfunk, die Verlage und den Buchhandel. Auch hier warf man den Mantel des Schweigens und Vergessens auf die eigenwilligen Anreger, Förderer, Kenner und Kritiker. Wer weiß heute noch von Rudolf Arnheim, Julius Bab, Friedrich Gundolf, Fritz Mauthner, Kurt Pinthus, Fritz Strich, Kurt Wolff? Soweit die talentierte Jugend nicht im Krieg umkam, stand sie, nach seinem Ende, verwirrt und ratlos zwischen den Trümmern nicht nur der Städte und Existenzen, sondern auch inmitten zerbrochener Wegweiser, Ziele, Ideale und Urteile. Wir Älteren versuchten und taten, was wir konnten. Wir waren zu wenige, die Aufgabe war zu umfangreich. Der Kontakt mit der Emigration wurde von den Siegern, aus falschen taktischen Erwägungen heraus, eher erschwert als begünstigt oder gefördert. Nur die Russen gingen anders vor: Sie holten eine große Zahl Emigranten, oft auf recht abenteuerlichen Wegen, sofort zurück. Becher, Brecht, Renn, Anna Seghers, Friedrich Wolf und Arnold Zweig haben ihr Wirkungsfeld.

4

Dem unheilvollen Riß zwischen der auslandsdeutschen und der »daheimgebliebenen« Literatur folgte, nach 1945, der zweite. Die politische Spaltung West- und Ostdeutschlands hatte auch für unsere zeitgenössische Literatur, für das Niveau, die Vielfalt und den Charakter unseres Theaters höchst abträgliche Konsequenzen. Um nur ein Beispiel herauszugreifen: Wir haben unsere kulturelle Hauptstadt eingebüßt, und keine andere deutsche Stadt ist willens oder fähig, den Verlust zu ersetzen. Noch in den dunkelsten Augenblicken des letzten Jahrzehnts hatten wir nicht daran gezweifelt, Berlin werde eines Tages wieder jene Metropole der Künste werden, ohne die etwa meine Generation ihre Talente nicht hätte entwickeln können und ohne die wir nicht erfahren hätten, was Theater bedeuten und wie vielfältig es sein kann. Ein politischer Zankapfel, im Berliner Format, wirft auch die stärkste Muse um.

5

Man hat unsere jungen Autoren – einige sind immerhin schon 35 bis 40 Jahre alt – zwar nicht mit den Werken der jetzt im Ausland lebenden Deutschen und Österreicher vertraut gemacht, um so ausgiebiger aber mit Büchern und Stücken aus Amerika, England, Frankreich und Rußland. Diese Begegnung mit fremden Literaturen wäre noch viel nützlicher und weniger einseitig gewesen, wenn ihr das Rendezvous mit der eigenen Literatur vorausgegangen wäre. Das erste Stelldichein ist bekanntlich das eindrucksvollste, auch im geistigen Gefilde. Unter dem Einfluß besonders des amerikanischen Romans und der »short story« entstanden einige Bücher, die als Talentproben gelten dürfen. Ob und wieweit es sich um erste Bücher echter Schriftsteller handelt, wird die Zeit lehren. Sicher sind – nach Katastrophen wie diesem Kriege – auch Werke darunter, die eher in das Gebiet der psychotherapeutischen Eigenbehandlung gehören. Ihre vordringliche Aufgabe war, den Verfasser von einem Schock zu befreien. Ob er, nach dieser Selbstbefreiung, noch immer ein Schriftsteller ist, geeignet, in unserem zur Zeit schwach besuchten Pantheon Stammgast zu werden, muß sich erst zeigen. Vorbestellungen sind überflüssig. Es sind noch ein paar Tische frei.

Darf ich's am Schluß noch einmal wiederholen? Das Notwendigste ist: unsere zerstückelte Literatur wieder zusammenzufügen. Das Ganze, das dann entstünde, wäre wesentlich mehr als die Summe seiner einzelnen Teile. Es handelt sich um kein schöngeistiges Puzzlespiel für den deutschen Feierabend, sondern um unseren kulturellen Auftrag Nummer eins.

1950

Gegen einen deutschen Atomfeuereifer

In dem Zwiegespräch zweier selbstzufriedener Bürger aus dem ›Faust‹, in jener Szene, die gemeinhin ›Der Osterspaziergang‹ genannt wird, sagt der eine Bürger: »Nichts Bessers weiß ich mir an Sonn- und Feiertagen / Als ein Gespräch von Krieg und Kriegsgeschrei, / Wenn hinten, weit, in der Türkei, / Die Völker aufeinanderschlagen. / Man steht am Fenster, trinkt sein Gläschen aus / Und sieht den Fluß hinab die bunten Schiffe gleiten; / Dann kehrt man abends froh nach Haus / Und segnet Fried und Friedenszeiten.«

Und der andre Bürger, dem das aus der Seele gesprochen ist, antwortet: »Herr Nachbar, ja! so laß ichs auch geschehn; / Sie mögen sich die Köpfe spalten, / Mag alles durcheinandergehn; / Doch nur zu Hause bleibs beim alten!«

Der Unterschied zwischen Osterspaziergängen, so beliebt sie noch immer sind, und den neumodischen Ostermärschen in England, in Dänemark, bei uns und anderswo mag groß sein. Doch der Unterschied zwischen dem gemütlichen Köpfespalten »hinten, weit, in der Türkei« und der Kernspaltung ist noch ein bißchen größer.

Warum marschieren denn sie, die das Marschieren verabscheuen? Warum setzt sich Bertrand Russell, der Mathematiker, Nobelpreisträger und Philosoph, achtundachtzig Jahre alt, im Schneidersitz demonstrativ vors englische Verteidigungsministerium? Weil ihm keine hübschere Art der ›Freizeitgestaltung‹ einfiele?

Was werfen wir den Wichtigtuern und Tüchtigtuern vor? Lassen wir die großen Vokabeln getrost aus dem Spiel! Reden wir nicht von »Verrat am Christentum« und ähnlich massiven Gegenständen. Wir sind ja keine pathetische Sekte, sondern nüchterne Leute. Deshalb werfen wir ihnen zweierlei vor: Mangel an Phantasie und Mangel an gesundem Menschenverstand. Ihr Mut und ihre Vorstellungen stammen aus Großmutters Handkörbchen. Ost und West spielen einen Dauerskat mit Zahlenreizen, als ginge es um die Achtel. Aber es geht ums Ganze!

Ich möchte zitieren, was ein berufener Mann geschrieben hat. Ein Mann mit Phantasie und gesundem Menschenverstand, der außerdem, im Gegensatz zu mir, ein Fachmann ist. Ich meine Carl Friedrich von Weizsäcker, den in Hamburg lebenden und lehrenden Atomphysiker und Philosophen. Er schreibt im Taschenbuch ›Kernexplosionen und ihre Wirkungen‹: »Entweder wird das technische Zeitalter den Krieg abschaffen, oder der Krieg wird das technische Zeitalter abschaffen... Die Entwicklung des technischen Zeitalters ist dem Bewußtsein des Menschen davongelaufen. Wir denken und handeln von Begriffen aus, die früheren Zuständen der Menschheit angemessen waren, den heutigen aber nicht. Wir könnten uns wahrscheinlich sehr viele überflüssige Anstrengungen ersparen, wenn wir etwas mehr Zeit und Kraft darauf verwendeten, uns die Lebensbedingungen unserer Welt in aller Ruhe klarzumachen... Beim Versuch einer sorgfältigen Abschätzung bin ich zu der Vermutung gekommen, daß ein Atomkrieg (mit vollem Einsatz der existierenden Waffen) vielleicht 700 Millionen Menschen töten würde, darunter den größeren Teil der Bevölkerung der Großmächte, die heute als Träger dieses Kriegs allein in Betracht kommen. Er würde wahrscheinlich einige weitere hundert Millionen mit schweren Strahlen- und Erbschäden zurücklassen. Bedenkt man die wahrscheinliche Wirkung eines solchen Vorgangs auf die Überlebenden, so wird man wohl vermuten müssen, daß sie bereit wären, zu jedem Mittel zu greifen, das die Wiederholung einer solchen Katastrophe zu verhindern verspräche. Vermutlich unterwürfen sie sich also einer Weltdiktatur, als deren Träger dann beim Kräfteverhältnis nach der weitgehenden Zerstörung der hochindustrialisierten Weltmächte Amerika und Rußland am ehesten China in Betracht käme. Wer das durchdenkt, wird überzeugt sein, daß dieses Unglück vermieden werden muß, soweit das überhaupt in menschlichen Kräften steht. Er wird insbesondere erkennen, daß die Kultur und die bürgerliche Freiheit, die wir ja doch zu schützen wünschen, durch jenen Krieg aller Voraussicht nach zerstört werden würden!... Die Zukunft jeder einzelnen Nation wird davon abhängen, daß sich in jeder einzelnen Nation Menschen finden, die begreifen, daß Souveränität im alten Sinn heute unmöglich ist. Zu dem Mißverstehen der Weltlage scheinen mir die vielfach sich regenden Wünsche nach einer nationalen Atomrüstung zu gehören.«

Soweit Carl Friedrich von Weizsäcker. Ein Fachmann. Ein Mann mit gesundem Menschenverstand. Und ein Mann mit

Phantasie, die nicht das mindeste mit Phantasterei zu schaffen hat.

Ich muß gestehen, daß mir einige seiner Sätze den Atem verschlagen haben. Nicht seine Schätzung, ein solcher Atomkrieg werde an Toten und Verseuchten etwa eine Milliarde Menschen kosten. Ähnliche Ziffern haben auch andere Fachleute genannt. Auch seine Erwartung, Amerika und Rußland würden im Doppelselbstmord enden, mitsamt den Gernegroßmächten in beiden Lagern, teilen wir ja wohl seit langem. Was mir den Atem benahm, war Weizsäckers Schlußfolgerung. Mich erregte die Konsequenz. Mich überwältigte die Logik seiner Phantasie. Viele unter uns, auch ich, haben immer nur das gigantische Leichenfeld vor Augen gesehen, aber niemals den gigantischen Erben! China! Das immense Land! Das riesige Volk! Und dessen Regierung, die Rußland immer wieder zum harten Kurs gegen Amerika auffordert!

Phantasie? Nur Phantasie? Nun, diese Phantasie eines deutschen Atomphysikers ist tausendmal realistischer als der Routinetraum deutscher Generäle, Westdeutschland, wenn nicht gar die westliche Welt bei Hof und Helmstedt mit taktischen Atomwaffen zu retten. Die Herren haben bekanntlich den Ersten und den Zweiten Weltkrieg gewonnen. Denn wo nähmen sie sonst die großen Worte her? Welches Argument könnten sie sonst für ihre dritte Siegeszuversicht ins Treffen führen? Ins Atomtreffen? Ich wüßte keines.

Trotz solcher Sorge, verstärkt durch die Besorgnis, die SPD könne eines Tages in die CDU eintreten, haben wir einen neuen Grund zur Hoffnung. Denn in Washington ist, im Zusammenhang mit der unsinnigen Formel, Kriege ließen sich durch Aufrüstung verhindern, ein für Militärtheoretiker ungewöhnliches Wort gefallen: das Wort ›Zufall‹! Man hat zwar die alte Formel nicht zum alten Eisen geworfen. Man hat aber verlautbart, daß sie per Zufall ungültig werden könne, und je größer der ›Atomklub‹ werde, um so größer werde die tödliche Gefahr des Zufalls.

Den Gegnern der Atomrüstung hat man damit nichts Neues erzählt. Wir haben schon immer gemeint, ein Pilot oder wer immer brauche nicht nur deswegen wahnsinnig zu werden, weil er am Abwurf einer Atombombe schuld ist, sondern auch, weil er die Macht hätte, sie abzuwerfen, jedoch nicht die Erlaubnis hierfür, und daß er gerade deshalb auf den Zauberknopf drücken werde.

Vor ein paar Tagen hat sich die ›Frankfurter Allgemeine Zeitung‹ im Leitartikel ihres Militärsachverständigen zum Thema geäußert. Herr Weinstein schreibt: »Offiziell setzt sich Washington weiter für die Abschreckungstheorie ein; aber es ist auch bekannt, daß namhafte Militärtheoretiker die These vertreten, mit der Abschreckung allein ließe sich ein Krieg keineswegs mehr verhindern.« Dann kommt er auf Henry Kissinger, einen wichtigen Berater des Präsidenten, zu sprechen, und damit auf »eine Regierung, die nicht felsenfest davon überzeugt ist, daß das Gleichgewicht des gegenseitigen Terrors den Schrecken für alle verhindern kann ... Die Gefahren sehen Kissinger und die ihm verwandten Geister« – damit wird natürlich nicht zuletzt auf Kennedy angespielt – »in der Möglichkeit, daß ein großer Krieg durch Zufall ausbräche«.

Wenn eine der zwei Atomgroßmächte, im Hinblick aufs Jüngste Gericht der Technik, das Wort von der zunehmenden Möglichkeit des puren ›Zufalls‹ öffentlich gebraucht, so kann sie dieses Wort nie wieder zurücknehmen. Vor ihrer Nation nicht. Vor keiner Nation, und nicht vor der Geschichte. Man muß in Washington wissen, was man, vernünftigerweise, angerichtet hat, und ich glaube, man wird wissen, daß man in Moskau neuerdings nicht anders, sondern genauso denkt.

Sollten sich, vom Worte ›Zufall‹ angeregt, die beiden Zauberlehrlinge ehrlich auf den Spruch besinnen, der allein aus dem Teufelskreis herausführen kann? Sollten sie, wie der deutsche Atomphysiker in Hamburg, an die Zeit nach der Katastrophe denken? Zum Beispiel an die chinesische Erbschaft? Sollten sie rechtzeitig den gesunden Menschenverstand, die Phantasie und den Mut aufbringen, zu den Atombomben und deren Generalvertretern zu sagen: »Besen! Besen! / Seids gewesen!«?

Das ist ein kleiner Lichtblick, aber noch kein Anlaß zu einem feierlichen Dankgebet, zu einem bundesdeutschen Dankgebet schon gar nicht. Unsere Heerführer und deren Wortführer marschieren, wie Kinder nun einmal sind, munter Trompete blasend an der Tête der amerikanischen Wachtparade immer geradeaus. Sie merken in ihrem Feuereifer, in ihrem Atomfeuereifer, gar nicht, daß die Wachtparade um die Ecke biegen will. Daß sie womöglich schon um die Ecke gebogen ist. Werden sich die Kinder umdrehen? Und werden sie sich dann – umschauen?

Es ist ein kleiner Lichtblick, mehr nicht. Immerhin, das Wort vom Zufall ist nicht zurückzunehmen. Es steht in Feuerschrift an der Wand, unauslöschbar.

1961

Lesestoff, Zündstoff, Brennstoff

Anfang Oktober hat in Düsseldorf eine Jugendgruppe des »Bundes Entschiedener Christen«, wohlversehen mit Gitarrenbegleitung, einem evangelischen Pressefotografen und zwei etwa dreißigjährigen Diakonissinnen, am Ufer des Rheins Bücher verbrannt. Unter Absingung frommer Lieder. Mit Genehmigung des Amtes für öffentliche Ordnung. Und, wie dergleichen zu geschehen pflegt: spontan.

Die jungen Protestanten hatten ihren spontanen Entschluß bei besagtem Amte vier Wochen vorher angemeldet, und die Polizei hatte das Autodafé erlaubt. Wegen des feuergefährlichen Funkenflugs allerdings nicht auf dem im Gesuch erwähnten Karlsplatz, sondern am Rheinufer. Hier wurden dann also, neben Schundheften, Bücher von Camus, der Sagan, von Nabokov, Günter Grass und mir mit Benzin begossen und angezündet.

Die Schundhefte waren jugendliches Eigentum. Den literarischen Teil des Zündstoffs hatte man aus den Regalen von Eltern und entfernteren Verwandten entfernt, beizeiten ins Jugendheim gebracht und dort in Pappkartons deponiert gehabt. Spontaneität ist seit alters ein schönes Vorrecht der Jungen.

Die in- und ausländische Presse griff das Ereignis sofort auf. Und als ich, eine Woche danach, wegen einer seit Monaten anberaumten Vorlesung, in Düsseldorf eintraf, erschien ich, trotz des Zufalls, wie aufs Stichwort. Die Evangelische Landeskirche hatte sich distanziert. Die Zeitungen brachten Leserbriefe, Glossen und Reportagen. Und was taten die kleinen Brandstifter? Sie waren verblüfft. Sie wiesen jede Anspielung auf die Bücherverbrennung vom 10. Mai 1933 entrüstet von sich. In einer ihrer Bibelstunden war von einem Briefe des Apostels Paulus an die Epheser die Rede gewesen und von der Verbrennung heidnischer Zauberbücher. Nicht Goebbels, sondern Paulus hatte sie inspiriert. Sie kannten nicht die deutsche, sondern die Apostelgeschichte.

Mich verdroß diese Unbildung. Mich verdroß der bewiesene »Feuereifer«. Mich verdroß noch mehr, daß, nach wie vor, von einer spontanen Aktion die Rede war. Denn junge Christen, welcher Konfession auch immer, sollten nicht frecher lügen als andere junge Leute. Und am meisten verdroß mich die Schweigsamkeit der städtischen Behörden. Denn daß das Amt für öffentliche Ordnung einen bedenklichen Fehler gemacht hatte, als es nur an den Funkenflug auf dem Karlsplatz dachte, nicht aber an brennendere Probleme, mußte dem Rathaus längst klargeworden sein.

Das Rathaus, das war der Oberbürgermeister. Und der Oberbürgermeister war, wie ich hörte, ein aufrechter Sozialdemokrat. Warum schwieg er so gründlich? Warum erteilte er dem ihm unterstellten öffentlichen Amt keinen öffentlichen Verweis? Lore und Kay Lorentz vom Kabarett »Kom(m)ödchen« vermittelten eine Unterhaltung. Ein Schriftsteller würde das Oberhaupt Düsseldorfs fragen können, warum man eine solche »Affäre« auf sich beruhen ließ.

Im Amtszimmer wurden Kaffee und Zigaretten serviert. Reporter blitzten Fotos für die Morgenblätter. Bilder mit gemütlichen Unterschriften standen bevor. Handelte es sich hier um Kommunaldiplomatie oder um ein Mißverständnis? In jedem Fall verdarb ich die Stimmung, als ich mich angelegentlich erkundigte, wem es obgelegen und wer es somit versäumt habe, die Ärgernisse der vergangenen Woche offiziell zu verurteilen. Der Oberbürgermeister wollte das joviale Kaffeestündchen retten. Ich blieb neugierig. Wir verdarben einander das Konzept. Das Ganze, so sagte er, sei ein Dummerjungenstreich gewesen, den man nicht hochspielen solle, und das Amt für öffentliche Ordnung habe korrekt gehandelt. Diese Instanz müsse sich um den Funkenflug kümmern. Das habe sie getan. Den literarischen Wert oder Unwert des Brennmaterials zu beurteilen sei nicht ihres Amtes.

Und obwohl nun das Ehepaar Lorentz von anonymen Drohbriefen erzählte, die es, wegen seines Kabarettprogramms, laufend erhalte; obwohl die am Kaffeetisch sitzenden Journalisten berichteten, daß soeben auf dem Kongreß des »Christlichen Vereins Junger Männer« die Bücherverbrennung von fast 200 deutschen Delegierten begrüßt worden war; obwohl auf Ludwig Erhards hilflosen Jähzorn die Rede kam, mit dem er die intellektuellen »Pinscher« traktiert hatte, und auch als diese und andere Peinlichkeiten in politischen Zusammenhang gebracht wurden – noch dann beharrte der Oberbürgermeister auf seinem Standpunkt. Er ärgerte sich immer offensichtlicher über die

Taktlosigkeit seiner Gäste. So durfte man mit einem Hausherrn nicht umspringen! Ich empfahl mich, und der Abschied fiel uns leicht.

Zu Beginn meiner Vorlesung am gleichen Abend berichtete ich dem Publikum kurz von dem mißglückten Besuch. Das war nicht höflich? Es war notwendig. Jedermann hat das Recht, Literatur, die er mißbilligt, im Ofen oder auf dem Hinterhof zu verbrennen. Aber ein öffentliches Feuerwerk veranstalten, das darf er nicht. Auch nicht, wenn er ein entschiedener Christ ist. Auch nicht, wenn es die Polizei erlaubt. Auch nicht, wenn der Oberbürgermeister nichts dabei findet. Und nicht einmal, wenn der Oberbürgermeister Sozialdemokrat ist.

Mehrere Wochen später: Neuigkeiten aus Düsseldorf. Auf der Bundestagung der »Entschiedenen Christen« wurde die Bücherverbrennung lebhaft gebilligt! Daraufhin erklärte der Oberbürgermeister während einer Sitzung des Magistrats, daß er, nun doch, das Feuerwerk am Rheinufer verurteilte. Und daß es nötig sein werde, dem Amt für öffentliche Ordnung Weisungen zu erteilen, die sich nicht nur auf den Funkenflug bezögen.

Diese zwei bis drei Neuigkeiten standen, außer vielleicht in Düsseldorf, nicht in der Zeitung. Ich erfuhr sie, brieflich, durch einen Bekannten, der dort wohnt. Anfang Oktober hatte sich die öffentliche Meinung an den brennenden Büchern entzündet. Und was ist nun? Der Oberbürgermeister hat seinen Fehler korrigiert, und die spontanen Christen haben ihre Schuld verdoppelt. Aber es hat sich nicht herumgesprochen.

1965

Die Einbahnstraße als Sackgasse

Gestern war ich in Nürnberg. Am Tage vorher hatten in Bayern Gemeindewahlen stattgefunden und im großen und ganzen die Erwartungen bestätigt. Nur eben in Nürnberg, der Hauptstadt Frankens, und in den übrigen fränkischen Städten, wie in Bayreuth, Bamberg, Ansbach, holte man tief Luft. Man schüttelte ungläubig den Kopf. Warum? Die NPD, die Nationaldemokratische Partei, war, als einzige Splitterpartei, in den Vordergrund gewählt worden. Sie hatte hier und da die FDP überrundet, also die immerhin drittgrößte Partei in der Bundesrepublik. In Bayreuth hatte sie 10,5 Prozent der abgegebenen Wählerstimmen auf sich vereinigt, anderswo 9,5 Prozent und 9 und 8 – und in Nürnberg selber 7,5 Prozent!

Die Verblüffung ist verständlich. Bei der Bundeswahl im vorigen Jahr kandidierte die NPD zum erstenmal überhaupt und erhielt zwei Prozent der Stimmen. Und diesmal, bei den Kommunalwahlen, glich das Ergebnis im übrigen Bayern jenem vorjährigen Bundesresultat. Außer, wie gesagt, in Franken. Hat das abnorme Votum mit dem Volksstamm zu tun? Oder mit der NPD? Man braucht die drei Buchstaben nur umzustellen und durch zwei weitere, nämlich durch SA, zu ergänzen – und die neue Firma erinnert uns, ganz gewiß mit Absicht, an eine ältere: an die NSDAP. Haben die Franken nationaldemokratisch gewählt, weil sie ums Drei- bis Vierfache nationalsozialistischer sind als die anderen Bewohner Bayerns?

Wenn das zuträfe, hätten wir's mit einer regionalen Abnormität zu tun. Schlimm in und für Franken, aber nicht so schlimm für unsere Demokratie und zweite Republik. Ich fürchte, diese sanfte Deutung wäre falsch. Auch und gerade für Nürnberg, obwohl hier die Reichsparteitage und die Kriegsverbrecherprozesse stattfanden. Denn Nürnberg unterscheidet sich kommunalpolitisch nicht von unseren anderen Großstädten. Auch hier ist der Oberbürgermeister ein Sozialdemokrat. Und, wie in den anderen Rathäusern hilft auch im Nürnberger Rathaus kein weltpolitisches Geschwafel. Hier geht es um Wohnungen, Straßen und Schulen. Hier heißt es: Hic urbs, hic salta! Hier ist man nicht nur Stadtrat und Fraktionsmitglied, sondern, unmittelbar, auch Mitbürger.

Es kann nicht an den Franken, es muß an den Nationaldemokraten gelegen haben! Hier war ihr Versuchsfeld. Hier wurde »es«, mit erschwinglichen Unkosten, einmal ausprobiert. Hier veranstalteten sie, mit Pauken und Trompeten, nationale Fackelzüge. Hier ließen sie sich, bei Gegendemonstrationen, in bescheidene Schlägereien ein. Und hier hatten sie vorgestern jenen Wahlerfolg, der auch sie verblüfft haben dürfte. Der regionale Test hat ihre Erwartungen übertroffen. Sie werden ihn künftig einkalkulieren.

Sie wissen jetzt, statistisch nachprüfbar, zweierlei. Erstens: Die öffentliche Unzufriedenheit wächst. Und zweitens: Sie läßt sich, zwanzig Jahre nach dem Zusammenbruch des Dritten Reiches, wieder mit den alten Phrasen anheizen und gängeln. Man braucht nicht mehr zu fordern, daß die Mängel unsrer Demokratie beseitigt werden. Man kann mit wachsender Zustimmung rechnen, wenn man fordert, daß die Demokratie selber abgeschafft wird. Ich sehe zu schwarz?

Wir haben Pech mit der Demokratie. Ob nun 1918 oder 1945, sie war das Aschenputtel der Jahre Null. Sie durfte beide Male den Dreck und die Schande wegputzen, die uns nationalistische Großmäuler hinterlassen hatten. Sie durfte das Land wieder hochbringen. Sie durfte dem Volk wieder zu einigem Ansehen verhelfen. Und sie durfte, obwohl sie das beide Male nicht gedurft hätte, der Remilitarisierung Vorschub leisten. Damit hatte Weimar sein demokratisches Soll erfüllt. Die Wirtschaftskrise kam. Die Unzufriedenen formierten und uniformierten sich. Und sie schwenkten, mit Fackeln und Gesang, in jene Einbahnstraße ein, die eine Sackgasse war.

Und diesmal? Auch Bonn hat sein Soll erfüllt. Noch ist, trotz sinkender Konjunktur und schleichender Inflation, die Wirtschaftskrise mit jener der zwanziger Jahre unvergleichbar. Doch die Unzufriedenen formieren sich schon. Drohbriefe sind an der Tagesordnung. Nachts werden Haustüren in Brand gesteckt. Offiziere und Unteroffiziere der Bundeswehr haben für die NPD kandidiert. Es ist fast wieder soweit.

Gestern las ich im Nürnberger Schauspielhaus mein »Deutsches Ringelspiel 1947« vor. Die Verse des »Widersachers« wirkten erstaunlich aktuell. Das fand auch das (vorwiegend jugendliche) Publikum.

»Videant consules!« möchte man rufen. Aber die Herren haben seit längerem mit der Wahl des CDU-Vorsitzenden zu tun. Vier bis fünf Stellvertreter soll er kriegen. Hübsch proportioniert. Nicht zu viele Protestanten. Nicht allzu viele Katholiken. Die Köpfe rauchen. – Und der bekannte Marsch in die Einbahnstraße, die eine Sackgasse ist, kann demnächst ungestört beginnen.

Ich sehe zu schwarz? Nun, ich möchte in dieser Sache, eines hoffentlich schönen Tages, tausendmal lieber als Schwarzseher getadelt denn als Hellseher gelobt werden.

1966

DIE VIER ARCHIMEDISCHEN PUNKTE

Sechs Reden

Von Mord und Totschlag

*Denkt ans fünfte Gebot:
Schlagt eure Zeit nicht tot!*

Jugend, Literatur und Jugendliteratur

»Jugend«, »Literatur« und »Jugendliteratur«, die drei Worte sind Abbreviaturen für drei Werte, deren Bedeutsamkeit und deren spezifisches Kulturgewicht weit weniger umstritten sind als ihre Definition, ihr Katalog und ihre Grenzen. Das Wort »Jugend« mag als poetische, magische Formel unmißverständlich klingen – als präziser Begriff, mit dem die Psychologen und die Physiologen, die Psychoanalytiker und die Erzieher, die Soziologen und die Politiker hantieren müßten und müssen, entzieht es sich dem Zugriff, und Meinung steht gegen Meinung. Mit den Begriffen »Literatur« und gar »Jugendliteratur« ist es, in anderer Weise, nicht anders. Werte solcher Art sind weder Automaten, die man gemütlich zerlegen und unter die Lupe nehmen, noch kurzlebige Organismen, die man, sind sie erst gestorben, sezieren kann. Sie werden zuweilen krank, das ist leider wahr. Aber sie sind unsterblich. Man kann sie beobachten, analysieren und beschreiben. Doch noch während man sich zur Niederschrift anschickt, verändern sie sich wie ziehende Wolken. So sind auch die Gründlichsten und Redlichsten auf Verallgemeinerungen angewiesen, und auch die schneidigsten Herolde des »up to date« auf mindestens kurzfristige Konventionen. Und so werden auch wir, hier und heute, mit Schema und Faustformel auskommen müssen und tun, als ob es Begriffe wären.

Neben dieser unvermeidlichen Methode bietet sich, aus freien Stücken, eine zweite an: der bewußte, der zielbewußte Kunstgriff mit den zwar gewagten, aber durchaus legitimen Mitteln der Übertreibung, der Zuspitzung und der Vereinfachung, jene Methode also, welcher sich, vergleichsweise, im Bezirke der bildenden Kunst der Karikaturist bedient. Eine gelungene Karikatur ist, nicht obwohl, sondern weil sie vereinfacht und übertreibt, treffender als eine gute Porträtphotographie. (Die in diesem Satz aufgestellte Behauptung ist übrigens kein übles Beispiel für die gesamte Methode.) Mit ihrer Hilfe kann es gelingen, Fragen, Behauptungen, Einwände und Postulate so deutlich und in solcher Kürze zu veranschaulichen, daß die Ergebnisse anderer Praktiken daneben verschwimmen und verblassen. Es gibt eben nicht nur die »schrecklichen«, sondern auch nützliche und notwendige Vereinfachungen. Wo mit einer solchen Methode gehobelt wird, fliegen freilich Späne. Und man ist in unserem glorreichen Jahrhundert zwar, immer wieder einmal, keineswegs dagegen, daß der Hobel, die Bretter, die Zimmerleute und das ganze Weltgebäude in die Luft fliegen. Doch wenn Späne fallen, ist man sehr empfindlich. Lassen Sie mich für die Methode, bei der Späne zu fallen pflegen, ein Beispiel anführen, das bereits mit »Jugend« und »Literatur« zu schaffen hat, wenn auch noch nicht mit dem Begriffe »Jugend«, sondern mit den Jugendjahren dessen, der zu Ihnen spricht.

Es war in jenen Jahren nach dem ersten Weltkrieg, als unsereins Student war, in der bittersten Kälte eine Stunde quer durch Berlin lief, um dann, vom billigsten Theaterplatz aus, Steinrück oder Bassermann zu hören und zu sehen. Damals winkte man noch nicht, lässig und gnädig, vorüberfahrenden Autos, daß sie einen mitnähmen und notfalls einen gehörigen Umweg machten. Es war in jenen Jahren, da man, nach einer Vorlesung Hofmannsthals oder Werfels, stumm davonging, statt dem Dichter auf die Schulter zu klopfen und ein Autogramm zu verlangen. Es war in jenen Jahren, als die jungen Leute, obgleich viel radikaler als heutzutage, noch Ehrfurcht empfanden oder doch Respekt besaßen. Freilich, warum und vor wem soll die Jugend heute Respekt haben? Angesichts einer zerbrochenen, unbelehrbaren und von echten Idealen und Vorbildern nahezu chemisch gereinigten Welt? Auch wenn der Großteil der Schuld uns, die Älteren, treffen mag, und träfe die Schuld uns ganz allein – der Schwund des Respekts, der Verlust der Ehrfurcht und der aufrechten Demut sind Wetteranzeichen einer Katastrophe, die verhütet werden muß. Das ist keine Redensart. Sonst wären wir nicht hier. Die Jugend braucht Vorbilder, wie sie Milch, Brot und Luft braucht. Und sie braucht frische Milch, frisches Brot und frische Luft. Was also braucht sie für Vorbilder?

So bin ich unversehens ans Thema geraten und wollte Ihnen doch zunächst die Methode der Vereinfachung und Übertreibung an einem Jugenderlebnis erläutern. Aus jenen Jahren, die vergangen sind ... Lassen Sie mich, bitte, das kleine Beispiel nachtragen. In jenen Jahren war ich einmal dabei, wie Theodor Däubler in einer Schriftstellerversammlung über die Poesie sprach und mit dem lapidaren Satze schloß: »Ein Schriftsteller, der nie ein Gedicht schrieb, ist kein Schriftsteller!«

Daß Däublers rigorose Behauptung nicht stimmte, lag, obwohl er dabei mit der Faust auf den Tisch schlug, auf der Hand. Wer kennte nicht, in Vergangenheit und Gegenwart, höchst anerkannte und anerkennenswerte Autoren, die es nie zum lyrischen Ausdruck gedrängt hat? Trotzdem beschäftigte mich der Ausspruch sehr lange. Vielleicht beschäftigt er mich heute noch. Ich empfand und empfinde etwa das Folgende: »Die Behauptung ist zwar nicht richtig. Sie stimmt nicht. Aber sie ist – wahr.« Und das ist nicht nur etwas anderes, sondern es ist mehr. Übertreibungen können wahrer sein als jede Statistik. Sie führen ohne Umständlichkeit zur treffenden Anschauung und von dort aus, ohne mißliche Haarspaltereien, zu geraden Wegen auf notwendige Ziele hin. Übertreibungen sind vorzügliche Arbeitshypothesen, ähnlich jenen Theorien in der Physik und Chemie, die ebensowenig »richtig« sind, die trotzdem weiterführen und weiter führen als gesetztere und gemessenere Methoden. Überall, wo brennende Fragen einen Themenkreis tangieren – das heißt, wie in der Geometriestunde, von jeder Tangentenmitte aus –, treffen derartig »kühne« Behauptungen lotrecht und magnetisch den Kern der Sache. Sie schneiden sich in einem einzigen Punkte, im Mittelpunkt des Themenkreises. Insofern ist die Reihenfolge in der Aufzählung, Anordnung und Interpretation der »angeschnittenen« Fragen nicht entscheidend. Sämtliche Überlegungen, Fragen und Behauptungen führen notwendig zum gleichen Zentrum, zum gemeinsamen Wesentlichen, zu wenigen simpel klingenden und trotzdem schwierig einlösbaren Forderungen.

So beginne ich, willkürlich, die Reihe übertriebener, wissentlich und willentlich zugespitzter Behauptungen mit einem an Däublers Formulierung angelehnten Satze. Er lautet: *Schriftsteller, die nur Jugendbücher schreiben, sind keine Schriftsteller, und Jugendschriftsteller sind sie schon gar nicht.* Die These stimmt nicht. Natürlich stimmt sie nicht. Es gibt Gegenbeispiele. Aber die These ist wahr! Sie ist nur zu wahr. *Die meisten Jugendbücher, die geschrieben werden, sind überflüssig, wenn nicht schädlich. Und die Jugendbücher, die wichtig wie das liebe Brot wären, werden nicht geschrieben.* Das klingt hart. Es stimmt nicht. Und es ist wahr. Wer nicht schreiben kann, nicht die pure Wirklichkeit, noch den Zauber der ungebundenen Phantasie spürt und trotzdem schreiben möchte, schreibt Kinderbücher. Wer eine Malschule oder eine Akademie besucht hat und dessenungeachtet weder Maler noch Zeichner geworden ist, illustriert Jugendbücher. Und wer es nicht zum »richtigen« Verleger bringt, verlegt »nur« Jugendbücher. *Nur* Bilderbücher. *Nur* Kinderbücher. *Nur* Jugendbücher. Dieses Wörtchen *nur*, das harmlose Adverb, ist das Symbol für ein gigantisches Mißverständnis. Daran ändert die rühmliche Tatsache nicht viel, daß es auch eine Anzahl wirklicher Autoren, Zeichner und Verleger gibt, die ihr Talent und ihren Traum der Jugend widmen. Das Mißverständnis und die Folgen sind da, und man bemerkt sie nicht. Wieviel Dilettantismus, Tantenhaftigkeit, Geschäftemacherei, Kitschsucht, Dunkelmännerei und Propaganda sind am Werke, das »Jahrhundert des Kindes« zu etablieren! Mißverständnisse, die man nicht sieht, wirken am ärgsten. Und hat man sie schließlich erkannt, dann hilft kein Wegsehen und kein Augenschließen. Diagnose ohne Therapie ist Zeitverschwendung. Und eine unverzeihliche Sünde ist es außerdem.

Vielleicht kümmert sich die Jugend zu wenig um die Literatur. Bestimmt aber kümmert sich die Literatur zu wenig um die Jugend. Und wieder warte ich, wie nach dem Blitz auf den Donnerschlag, auf das vermaledeite Wörtchen »nur«. Erst war es »nur« die Jugendliteratur, und nun ist es »nur« die Literatur. Was, inmitten einer Welt von Tatsachen, bedeutet schon die Literatur! Und was kann sie schon der Jugend geben! Sie hat ihr »1001 Nacht« geschenkt, »Don Quichote«, »Gulliver«, »Robinson«, die Sagen des Altertums, die Volksbücher, Perraults Märchen und die der Brüder Grimm, Wilhelm Hauffs Poesie und Andersens Werke. Hatte die Jugend je herrlichere Paten, mächtigere Freunde und interessantere Erzieher als diese Bücher und solche Dichter? Und vergessen Sie dabei das Merkwürdigste nicht: Diese Bücher wurden, fast ohne Ausnahme, nicht etwa für die Jugend und schon gar nicht »nur« für die Jugend geschrieben! Aber die Jugend eroberte sie sich. Oft genug gegen den Willen der erwachsenen Welt. Das Schönste und Treffendste hierüber hat Paul Hazard in seinem temperamentvollen Buch »Les livres, les enfants et les hommes« gesagt. Dieses unvergleichliche Werk gibt es seit einem Jahr auch in einer deutschen Übersetzung, und ich möchte hier und heute und aufs nachdrücklichste jeden, der es noch nicht kennt, bitten, es zu lesen. Eine temperamentvollere Bestätigung dessen, was er selber über unser Thema denkt, wird er nirgends finden können.

Lebte Paul Hazard heute noch, dann säße er, fünfundsiebzigjährig, gewiß unter uns, könnte unseren Dank für sein Buch »Kinder, Bücher und große Leute« entgegennehmen und, was mehr ist, uns helfen. Was er über die Klassiker der Jugendliteratur geschrieben und aus der Beziehung zwischen ihnen und der Jugend gefolgert hat, ist meisterhaft und mustergültig und wird es bleiben. Aber dieser »ewige« Vorrat ist ja, zum Glück, eingebracht. Doch wäre er auch unerschöpflich – man kann nicht nur vom Vorrat in den Kornkammern leben. Man muß weiterhin die Felder bestellen. Und man muß ernten, auch wenn die sieben mageren Jahre regieren sollten. Ja, dann wohl erst recht. Die Sorge um diese Saat und diese Ernte hat uns zusammengeführt. Und diese Sorge ist berechtigter, ist quälender als je zuvor. Sie ist atemberaubend.

Denn die Welt der Werte ist, in der ersten Hälfte unseres fortschrittsfreudigen Jahrhunderts, schwer verletzt, ja, sie ist tödlich verwundet worden. Auch andere Epochen hatten ihre Krisen, ihre seelischen Gleichgewichtsstörungen, ihre Epidemien im Bereich der Sitte. Immer wurden die Azteken ausgerottet. Immer gab es aber auch Anker, die den Stürmen trotzten und sie überdauerten, Religionen, also metalogische Bindungen. Die Anker haben sich losgerissen. »Religion«, schreibt Willy Hellpach in seiner »Kulturpsychologie«, »Religion als der Glaube an überirdische, übersinnliche, übermenschheitliche Mächte ist zwar noch vorhanden, aber ohne lebensbestimmende Wirksamkeit«, und »die dreitausendjährige, von Jenseitsreligionen beherrschte ... Epoche ... ist ausgelebt ... Das profane Dasein ist autark geworden.« Der Fortschrittsglaube, diese Ersatzreligion, hat Selbstmord begangen. Der Rückschrittsglaube hat ihn abgelöst, ein andrer Aberglaube, genauso sinnlos und genauso gefährlich. Abgelebte Werte lassen sich nicht galvanisieren. Inmitten ihrer Ruinenwelt sind Kunst und Wissenschaft, Entdeckung und Erfindung, Handel und Technik ruhelos am Werk, zum Ruhm der Sache und der Zahl, jenseits von Gut und Böse, ohne Bindung. Wissenschaft und Technik – wozu? Damit wir noch schneller, noch exakter, noch raffinierter ins Verderben rennen? In eine Hölle und in einen Himmel, an die wir nicht mehr glauben?

Die Umwertung der Werte ist mißlungen. Und eine wertfreie Welt wäre eine wertlose Welt. Aus dem Panorama der menschlichen Gesellschaft wurde ein Panoptikum. Darin kann man den Stachanowmenschen bewundern, ferner den Homo Corned beefiensis, den Menschen als bewegliche Uniform, den Roboter mit dem Rückwärtsgang, den Menschen als aufrechtgehende Kaumaschine und andere Zerrbilder mehr. Der Balg des letzten Individuums wird soeben ausgestopft und soll, im naturkundlichen Museum, neben den Dinosauriern und anderen ausgestorbenen Experimenten der Schöpfung seine Aufstellung finden. Mit einem beschrifteten Schildchen, aus dem, für die künftigen Besucherkollektive, näherungsweise hervorgeht, was Individualismus heißt und was er irgendwann einmal bedeutet hat. Das stimmt nicht? Es stimmt nicht. Aber es ist wahr.

Ehe und Familie, die man lange und guten Glaubens für unteilbare Elemente der menschlichen Gesellschaft hielt, verlieren ihren elementaren Charakter. Der soziologische Atomzerfall macht auch vor ihnen nicht halt. Und die Bürokratie, die es bewirkt, daß jeder jeden verwaltet, zerfrißt, wie ein Karzinom, das Zellsystem der westlichen und östlichen Kultur. Das stimmt nicht? Noch stimmt es nicht. Aber es ist wahr.

»Eine erdbebenähnliche Störung hat die Familie erschüttert«, schrieb Thornton Wilder unlängst, und er meinte damit nicht die Zustände im Europa der modernen Völkerwanderung, sondern in den Vereinigten Staaten. Und er fuhr fort: »Das Kind zog sich in sich selbst zurück oder wurde neurotisch.« Und weiter: »Die zweite entscheidende Wandlung besteht darin, daß sich die Jungen keine hohen Ziele mehr stecken. Sie wollen einen guten, sicheren Posten ... Es mag sein, daß diese jungen Leute durch die Stürme, die in ihrer Entwicklungszeit über die Erde tobten, verletzt wurden. Es mag sein, daß, was ich ihre Selbstbeherrschung genannt habe, nur ein vorsichtiges Sich-Zurückziehen vor den Anforderungen des Lebens ist. Es mag sein, daß ihnen Begeisterung und schöpferisches Vorstellungsvermögen fehlen.« »Es mag sein«, sagt dieser als Lehrer wie als Künstler der Jugend innig zugetane Amerikaner. »Es mag sein«, sagt er und hofft, es möge nicht stimmen. Es stimmt nicht. Aber es ist wahr.

Er nennt diese jungen Menschen die schweigsame, die stumme Generation, »The Silent Generation«. Seine, das heißt unsere Generation nannte man seinerzeit die verlorene, »The Lost Generation«. Um wie vieles hoffnungsvoller durften wir damals sein als die heutige, die schweigende Jugend! Daß die Hoffnungen getrogen hatten, merkten wir erst später. Bevor sie sich nicht erfüllten, hielten sie uns aufrecht, machten sie uns Mut, ließen sie uns an die Zukunft glauben. Der Götterdämmerung und der Götzendämmerung folgte, statt einer Morgenröte, die Dämmerung der Werte. Erst ging dieser, dann jener und schließlich jeder Glaube verloren. Und am Grab unserer dahingegangenen Hoffnung stehen, als Hinterbliebene, der Opportunismus, die Resignation und das Nichts.

Nun mögen wir, die Erwachsenen, zwar das traurige Recht in Anspruch nehmen, wie hypnotisierte Hühner den »Untergang der Gegenwart« abzuwarten – das Recht, als Vormund der Jugend zugleich den »Bankrott der Zukunft« anzumelden, haben wir nicht! Wir haben, vielmehr, Pflichten, die über jeden, auch den äußersten Zweifel und über die tiefste Verzweiflung erhaben sind! Resignation im Namen der Kinder ist kein Gesichtspunkt!

In einer »De minoribus« betitelten Kabarettkantate habe ich versucht, die Situation vor dem nächsten, barbarischsten und letzten Weltkrieg zu schildern. Die müden und mutlosen Völker erwarten ihn wie ein Fatum und verwenden den Rest ihrer Energie auf die Errichtung vertraglich garantierter »Kinderzonen«, worin alle Kinder unseres Planeten, bis zu vierzehn Jahren, mit kriegsuntauglichen Erziehern, Ärzten, Schwestern und Verwaltern untergebracht werden. Der erwartete Krieg mit seinen Atom-, Wasserstoff- und Bakterienbomben bricht herein und vernichtet die Völker. Gegen Schluß der Kantate berichtet der Chronist: »Nach drei Jahren lebten noch über zweihundert Millionen Menschen, gemessen an den Vorhersagen ein ansehnlicher Prozentsatz. Freilich kamen auch sie nicht davon. Denn die Felder waren vergiftet, und die Tiere in Stall und Wald fielen um. Ob man sie schlachtete oder nicht, ob man Brot buk oder es ließ, man starb an beidem. Man hatte die Wahl... Die Überlebenden schleppten sich über die Berge. Sie ruderten, Männer und Frauen, übers Meer. Den seligen Kinderinseln entgegen. Sie knieten vor den Wachtürmen und schrien: ›Jimmy!‹ und ›Aljoscha!‹ und ›Waldtraut!‹ Man mußte sie totschlagen. Aus sanitären Gründen. Ihr trauriges Ende war unvermeidlich. Sie hatten die Kinder gerettet, ohne an die Menschen zu glauben. Das war ihr frommes Verbrechen.«

Sie hatten die Kinder gerettet, ohne an die Menschen zu glauben. Das war ihr frommes Verbrechen. – Das Fazit der Szene war und ist: Der Jugend kann, in unserer desolaten Welt, nur helfen, wer an die Menschen glaubt. Er hat kaum Anlaß, an die abgewerteten Zeitgenossen zu glauben. Sich selber wird er dabei nicht ausnehmen dürfen. Doch er muß einen gelungeneren Entwurf vom Menschen vor Augen haben. Das hat nichts mit Schönfärberei zu tun. Und er muß an die Erziehbarkeit der Jugend zu solchen Menschen glauben. Weder Nihilismus noch Schwärmerei sind dabei seine Sache. Er hat das Museum der abgelebten Werte besichtigt. Er war in den Treibhäusern, worin künstliche Werte gezüchtet werden. Und er weiß, daß es, wenn auch nicht dort und nicht da, doch noch ein paar echte Werte gibt: das Gewissen, die Vorbilder, die Heimat, die Ferne, die Freundschaft, die Freiheit, die Erinnerung, die Phantasie, das Glück und den Humor. Diese Fixsterne leuchten noch immer über und in uns. Und wer sie der Jugend weist und deutet, zeigt ihr den Weg aus ihrer Schweigsamkeit und unserer Gegenwart in eine freundlichere Welt, die wir, die Großen, sehen, aber nicht mehr betreten dürfen. Wir sind arm geworden. Mehr und anderes als dieses gestirnte Firmament und einen Wunsch auf den Weg können wir der Jugend nicht vererben.

Doch, wer soll ihr die Sterne zeigen und deuten? Wer soll den Zauber der Heimat und den Glanz der Ferne heraufbeschwören? Wer soll ihr den Kompaß des Gewissens in die Hand drücken? Wer soll ihr das Land der Erinnerungen verheißen? Wer soll ihr die neuen Märchen erzählen? Wer soll für sie die Vorbilder aufrichten, keine großen Denkmäler, aber Denkmäler der Größe? Wer soll ihr das Heimweh nach dem Glück schenken? Wer soll ihr Herz zum Lachen bringen? Doch, um alles in der Welt, nicht jene mediokern Leute, die »nur« Kinderbücher fabrizieren! Doch nicht jene Ahnungslosen, die, weil Kinder erwiesenermaßen klein sind, in Kniebeuge schreiben? Und die ihren Zeigefinger mit dem Pinsel eines Malers verwechseln?

Die Zeiten haben sich geändert und mit ihnen die Aufgaben der Literatur. Sie kann und darf die neuen Funktionen und das Mehr an Verantwortung nicht ablehnen. Sie muß das Patronat für die Jugendliteratur übernehmen, und das heißt zugleich: für das Kindertheater, für den Jugendfilm, für den Rundfunk und, bald genug, für das Fernsehen. Die Jugend ist beeinflußbar wie eh und je. Die Mittel, sie zu beeinflussen, schießen aus dem Boden.

Und wie oft werden sie mißbraucht! Dem Schlendrian zu begegnen, dem Mißbrauch abzuhelfen, das Bessere zu schaffen, zu finden, zu empfehlen, zu verbreiten, sind wir alle aufgerufen: die Schriftsteller, die Maler, die Musiker, die Verleger, die Erzieher, die Bibliothekare, die Buchhändler, die Lektoren, die Intendanten, die Dramaturgen und, nicht zuletzt, die Jugend selber. Doch auch dann noch, wenn sich mit der Zeit genug Kenner und Könner, Helfer und Mittler fänden, auch dann noch, wenn sich die Literatur mehr um die Jugend kümmerte, bliebe die Frage der internationalen Koordination zu beantworten. Wie vermindert und verhindert man das Eindringen belangloser und schlechter Jugendliteratur in andere Länder und Sprachen? Wie fördert man den Austausch wertvoller Stücke, Hörspiele und Bücher? Wie hebt man das Niveau der Übersetzungen und Illustrationen? Wie bekämpft und besiegt man die Indolenz und das Krämertum der Zwischenhändler? Wie hebt man, im Übergang, die Chance der Idealisten? Wie senkt man die Kosten, während man die Qualität steigert? Wie schafft und verleiht man für das Beste internationale Buchpreise, die keineswegs nur als Geldprämien, sondern darüber hinaus als Ehrung empfunden werden? Und durch welch andere Maßnahmen hebt man das allgemeine Ansehen der guten Jugendliteratur überhaupt?

Ein so vielschichtiger, großangelegter und völkerumspannender Plan bedarf der Organisation. Und der Aufbau und das Gedeihen einer solchen Organisation kosten viel Geld. Ganz gewiß nur einen bescheidenen Bruchteil jener Summen, die von den Regierungen der Völker für, gelinde gesagt, ungleich weniger sinnvolle Organisationen unbedenklich aufgebracht werden – immerhin namhafte Beträge, durch deren Bewilligung man beweisen könnte, daß man das Gebot der Stunde und des Jahrhunderts begriffen hat. Denn: Die Zukunft der Jugend wird so aussehen wie, morgen und übermorgen, ihre Literatur? Das stimmt. Und was mehr ist: Es ist wahr!

Rede, gehalten anläßlich der öffentlichen Kundgebung für das Jugendbuch, am 4. Oktober 1953, im Rathaus Zürich.

Von der deutschen Vergeßlichkeit

Als Friedrich Wilhelm I. von Preußen, der Soldatenkönig, eben jener Hohenzoller, der den Sohn und präsumptiven Nachfolger beinahe hätte hinrichten lassen, ein Regiment inspizierte, schlug er, aus geringem Anlaß, einen Major mit dem Krückstock. Daraufhin zog der Major, angesichts der Truppe, die Pistole und schoß, knapp am Könige vorbeizielend, in den Sand. »Diese Kugel«, rief er, »galt Ihro Majestät!« Dann jagte er sich, unter Anlegen der bewaffneten Hand an die Kopfbedeckung, die zweite Kugel in die eigne Schläfe.

Es lohnte sich nicht, diese kleine Geschichte zu erzählen, wenn es in unserer Großen Geschichte viele ihresgleichen gäbe. Aber es ist eine verzweifelt einsame, eine zum Verzweifeln einsame kleine deutsche Geschichte. Noch der Schuß in den Sand, noch der symbolische Widerstand, ist »nicht statthaft« und »findet«, schon deshalb, »nicht statt«. Wir stehen vor jeder Autorität stramm. Auch vor dem Größenwahn, auch vor der Brutalität, auch vor der Dummheit – es genügt, daß sie sich Autorität anmaßen. Unser Gehorsam wird blind. Unser Gewissen wird taub. Und unser Mund ruft: »Zu Befehl!« Noch im Abgrund reißen wir die Hacken zusammen und schmettern: »Befehl ausgeführt!« Wir haben gehorcht und sind es nicht gewesen. Der Mut, bar des Gefühls der Verantwortung und ohne jede Phantasie, ist unser Laster. Und Courage bleibt ein Fremdwort. Die Frauen und Männer des deutschen Widerstands haben versucht, haben wieder einmal versucht, dieses Wort einzudeutschen. Sie setzten Ehre und Leben aufs Spiel, und sie verloren beides. Ihr Leben konnte man ihnen durch kein Wiedergutmachungsverfahren rückvergüten. Stellen Sie sich vor, man hätte es gekonnt! Stellen Sie sich die allgemeine und die amtliche Ratlosigkeit nur vor! Diese Frauen und Männer als Heimkehrer aus dem Jenseits, mitten unter uns! Welch ein Drama! Was für eine deutsche Tragikomödie!

Sie opferten Leben und Ehre. Hat man ihnen wenigstens ihre Ehre wiedergegeben? Nicht ihre Offiziersehre, nicht ihre Pastorenehre, nicht ihre Gewerkschaftsehre, nein, ihre mit Gewissensqualen und dem Tod besiegelte, mit Folter und Schande besudelte, am Fleischerhaken aufgehängte menschliche Ehre und wahre Würde? Ich denke dabei nicht an die Umbenennung von Straßennamen, die Niederlegung von Behördenkränzen und ähnliche Versuche, den Dank des Vaterlands nach dem Muster des Teilzahlungssystems in bequemen Raten abzustatten. Sondern ich frage: hat man versucht, diese Männer und Frauen in unserer vorbildarmen Zeit zu dem zu machen, was sie sind? Zu Vorbildern?

Wer an die Zukunft glaubt, glaubt an die Jugend. Wer an die Jugend glaubt, glaubt an die Erziehung. Wer an die Erziehung glaubt, glaubt an Sinn und Wert der Vorbilder. Denn die Jugend will und braucht auf ihrem Weg in die Zukunft keine noch so gut gemeinten vaterländischen, europäischen oder weltbürgerlichen Redensarten, keinen Katalog, keinen Baedeker, sondern weithin sichtbare, im Lande der Zeit Richtung und Ziel zeigende Wegweiser, sie will und braucht: Vorbilder. Für den Marsch in die Vergangenheit, die unsere Politiker mit der Zukunft verwechseln, für diesen pompösen Rückzug ins Vorgestern bedarf es freilich keiner Wegweiser. Es sei denn präziser Anweisungen, ob man bei besagtem Marsch alle drei Strophen der alten Hymne oder nur die dritte zu singen haben. Für den blinden Gehorsam, für die Treue als das Mark der Ehre, für die Pflichterfüllung bis zur überletzten Minute bedarf es keiner neuen, ja überhaupt keiner Vorbilder hierzulande. Das und dergleichen gehört seit alters zum deutschen Abc. Treu sein, auch wenn darüber die Welt zugrunde geht, das kann man bei uns bekanntlich auswendig.

Die Frauen und Männer des Widerstands wollten, als Freiwillige, im Namen des Volkes dessen physischen und moralischen Untergang verhindern. Im Namen des Volkes kämpften sie mit ihrem Gewissen, das zwischen Gehorsam und Verantwortung schwankte, um den Sieg des sittlicheren Wertes. Im Namen des Volkes wäre es, als der Alptraum vorüber war, nur selbstverständlich gewesen, diese Nothelfer des deutschen Wesens gegen das deutsche Unwesen zu kanonisieren. Hier wäre Heldenverehrung »zukunftspolitisch wertvoll« gewesen, statt vor den Memoiren und Pensionsansprüchen überlebensgroßer Befehlsempfänger.

Im Drange der Geschäfte, der Staatsgeschäfte, wurde diese Pflicht und Schuldigkeit versäumt. In der Hast, das Mögliche zu erreichen, wurde das Not-Wendige – das, was die Not hätte wenden können – vergessen. Es wurde »verdrängt«. Der psychoanalytische Jargon ist am Platze. Denn so mancher derer, die heute regieren, gehörte ja selber zum Widerstand! Als es eine neue Staatsautorität zu schaffen galt, empfand man plötzlich die Vorbildlichkeit jener Männer und Frauen als unbequem. Man mißtraute der Widerstandsfähigkeit der von fremder Hand gepflanzten Autorität. Man fürchtete die beispielhafte Kraft des vorgelebten echten und beschritt den Weg des geringsten Widerstands.

Diesen Weg gehen sie nun und murren über die Apathie der Jugend. Noch einmal: die Jugend braucht Vorbilder. Es gibt sie. Man richte sie nur, weithin sichtbar, auf! Man braucht ja, außer dem Weltuntergang, nichts zu befürchten. Die Autorität des Staats, die parlamentarische Zweidrittelmehrheit und die Golddeckung sind ja gesichert. Außerdem: die Sorge, die Zivilcourage und der politische, mit Lebensgefahr verbundene Gewissenskonflikt könne, mit Hilfe bewundernswerter Vorbilder, Mode oder gar epidemisch werden, ist in unserem Vaterland unbegründet.

Man gedenke ernstlich der Beispiele! Man schaffe die Vorbilder! Und man tue es, bevor der Hahn zum dritten Male kräht!

13. Mai 1954

Heinrich Heine und wir

Meine Damen und Herren,
 gestatten Sie mir ein paar Worte. Ein paar Worte nicht *über* Heine, sondern *von* ihm. Und danach ein paar Worte nicht über *Heine,* sondern über uns.
 Vor fast auf den Tag genau hundertzwanzig Jahren, am 14. März 1836, schrieb Heine an Campe: »Ich vertrete in diesem Augenblick den letzten Fetzen deutscher Geistesfreiheit«, und am 29. März an Cotta: »Sie wissen, der Bundestag hat, zunächst durch preußischen Antrieb, meine *künftigen* Schriften verboten ... Unterdessen macht die preußische Regierung bekannt, daß das Interdikt gegen die jungen Deutschlandverbrecher sich nicht auf die künftigen Schriften derselben erstrecken solle, wenn sie ihre Schriften hübsch untertänig von der preußischen Zensur zensieren ließen ... Wie intelligent sind doch diese Preußen, ebenso intelligent wie knickerig! Sie wollen mich für mein eigenes Geld kaufen! Denn um ein Buch drucken lassen zu können, um es durch die Zensur zu bringen, dürfte ich darin nichts schreiben, was ihnen mißfiele, ja ich müßte aus dieser Rücksicht manches Wohlgefällige für sie einweben, ich dürfte fremde Staaten hecheln, wenn ich nur Preußen recht liebevoll den Fuß striche, kurz, ich müßte im preußischen Interesse schreiben – um nur einige Taler Honorar, die mein eignes, wohlerworbenes Geld sind, einstecken zu können! Nächst diesem Verkauf, diesem indirekten Verkauf meiner Feder würde ich die teuersten Interessen der deutschen Schriftwelt an Preußen verraten; denn durch dergleichen feige Nachgiebigkeit gerieten alle deutschen Gedanken, ebensogut wie die materiellen Stoffe, unter die preußische Douane.«
 Diese Sätze stammen aus einer Zeit, mit der wir Begriffe wie Junges Deutschland, Metternich, Vormärz und Biedermeier verbinden. Der Bundestag von damals und der von heute sind bekanntlich nicht ein und derselbe. Inzwischen ist – nach entsetzlichen Zwischenspielen, die wir dadurch wiedergutmachen, daß wir sie vergessen – der Fortschritt eingerissen. Er hat das so an sich. »Künftige Schriften« werden ebensowenig verboten wie bereits erschienene. Es gibt keine Vorzensur und es gibt keine Zensur mehr. Man braucht eigen-sinnige Zeitschriften nicht mehr

zu verbieten – denn wir haben keine. Charaktervolle Zeitungen lassen gelegentlich ihre »andere« Meinung wie einen Kanarienvogel aus dem Bauer. Besorgnis ist nicht am Platze. Der Vogel, den wir haben, fliegt nicht weg. Er ist an sein Futter gewöhnt. Und außerdem sind die Fenster zu. Wir haben keine Zensur, weil wir keine brauchen. Wir haben, fortschrittlich, wie wir nun einmal sind, die Selbstzensur erfunden. Wir sitzen am Stadttore der Großgemeinde Schilda und häkeln unsern Maulkorb selbst. Meine Damen und Herren, sollten Sie um einen Namen für unsere Epoche verlegen sein, so möchte ich Ihnen und der Epoche einen Vorschlag machen: Wir leben im Motorisierten Biedermeier.

Bedarf es des Beweises und der Beispiele? Denken Sie doch nur an das geradezu wahnwitzige Mißverhältnis zwischen den jeweils asthmatisch mühsam bereitgestellten Summen für neue Schulbauten und den schneidig bewilligten Geldern für die künftigen Kasernen! Verbirgt und offenbart sich hier eisigster Zynismus? Handelt es sich um politische Schizophrenie? Wie auch immer – gegen eine solche Staatsgesinnung seinen Kanarienvogel ansingen zu lassen heißt: wenig mehr zu tun als gar nichts. Man beruhigt, allenfalls, sein eigenes Gewissen und schont, jedenfalls, das schwerhörige Gewissen der Öffentlichkeit. Und man verhindert in keinem Falle, daß die heranwachsende Jugend aus unzureichenden Schulen in moderne Kasernen umziehen wird.

Das ist *ein* Traktandum auf der Tagesordnung unserer »Demokratur«, und die Liste ist lang wie diejenige Leporellos, nur nicht so erheiternd. Es ist, hier und jetzt, nicht meine Aufgabe, die Traktanda aufzuzählen und mit unseren Versäumnissen zu multiplizieren. Es soll ja Heines gedacht und, in der Folge, eine Gedenktafel angebracht oder eine Büste, im Englischen Garten, errichtet werden: in der Erinnerung an ihn, das sind wir *ihm*, und als sichtbare Ermahnung, das sind wir *uns* schuldig. Nostra res agitur.

1956

Rede zur Verleihung des Georg-Büchner-Preises 1957

Meine Damen und Herren,

das Land Hessen, die Stadt Darmstadt und die Deutsche Akademie für Sprache und Dichtung haben mir für dieses Jahr und in dieser Stunde den Georg-Büchner-Preis zuerkannt, und es handelt sich für mich um mehr als einen zeremoniellen Akt, daß ich mich nun, von hier aus, für die hohe literarische Auszeichnung bedanken darf. Ich bin Ihnen Dank schuldig, und ich möchte ihn nicht schuldig bleiben. Dieser Wunsch drängt über die gezirkelten Grenzen gemessener Förmlichkeit und angemessener Feierlichkeit hinaus. Er möchte sich ganz einfach *Luft* machen. Drum muß er sich ganz *einfach* Luft machen. Und so lassen Sie mich sagen: Ich danke Ihnen von Herzen, weil ich mich von Herzen freue.

Freilich, auch der Freudenhimmel hat seine Wolken, und nicht alle ziehen spurlos vorüber. Schon daß die Auszeichnung im Gedenken an einen genialen Schriftsteller verliehen wird, wirft einen Schatten auf die helle Stunde. Und die Vermutung, daß wohl niemand kongenial und würdig genug wäre, ist ein schwacher Trost. Doch ich weiß mir keinen besseren. Denn wenn es nur nach Wert und Größe ginge, dann gäbe es nicht nur keine Ehre, dann gäbe es keine Kunst mehr. Dann müßten wir unsere Bleistifte verbrennen und unsere Schreibmaschinen aus dem Fenster werfen. Dann hätte sogar Büchner seine Federkiele zerbrechen müssen. Denn er kannte Shakespeare, und er kannte Büchner. Und wir sind noch viel ärger dran. Denn wir kennen nicht nur Shakespeare und Büchner, sondern auch uns. Die Wissenschaften mögen, vielleicht, mit ihren Resultaten, Formeln und Hypothesen stufenweise vorankommen, aber der Weg der Künste geht nicht treppauf. Ihre Geschichte hat mit dem Worte »Fortschritt« nichts zu schaffen. Trotzdem bleiben wir, ob nun übermütig, naiv oder verzweifelt, an der Arbeit, als gelte es das Leben. Und es gilt ja auch das Leben, unser Leben, und wir haben nur das eine! Nur so ist Literatur möglich. So auch nur mögen Auszeichnungen gelten.

Ich bin, dem Vernehmen und der eigenen Meinung nach, ein satirischer Schriftsteller, und schon gleitet der zweite Wolkenschatten über die Versammlung und über den, der sich geehrt sieht. Darf er sich mit gutem Gewissen geehrt *fühlen?* Galt denn seine Satire nicht gerade auch jenen öffentlichen Einrichtungen, die ihn nun loben? Daß man einen solchen Mann ablehnt oder verbietet, wird ihn nicht verwundern, es verrät Konsequenz. Daß man ihn ignoriert, mag ihn kränken, denn Schweigen ist eine schlimme Antwort. Was aber soll er davon halten, daß man ihm, dem Warner und Spötter, einen offiziell gewundenen Kranz überreicht? Könnte man damit sagen wollen: »Du bist ein zahmer Zirkuslöwe, nun komm und friß Lorbeer aus der Hand!«?

Man blickt skeptisch nach oben. Zieht die Wolke taktvoll vorüber? Oder fallen nicht doch ein paar Wermutstropfen auf die Festgemeinde? Zum Glück kenne ich die hessischen Gastfreunde. Ich weiß, daß sie nicht zufällig den »Hessischen Landboten« zum Patron ihres Literaturpreises machten, nicht zum Spott und nicht nur aus lokalgeographischem Anlaß. So darf ich auch dieser Wolke nachwinken. Und es ist keine Redensart, wenn ich, eine Redensart abwandelnd, für meine Person und nicht sonderlich gezähmt erkläre: Noch ist nicht aller Satire Abend!

Wolken sind Herdentiere, doch wir wollen es bei der dritten bewenden lassen. Sie beschattet alle Literatur- und Kunstpreise, die heutzutage und hierzulande verteilt werden. Es wird verteilt, und es wird verurteilt, und es heißt immer einmal wieder, die Preisträger seien zu alt. Es gehöre sich nicht, derartige Preise als moderne Alterserscheinung hinzunehmen und die Kreislaufstörung mit der »Preislaufstörung« zu koordinieren.

Meine Damen und Herren, als mir vor zwei Jahren die Stadt München ihren Literaturpreis zuteilte, stellten die Zeitungen zu ihrer Verwunderung fest, daß dies meine erste Auszeichnung sei. Ihre Verblüffung war verblüffend. Hatte man denn vergessen, wie meine sogenannte Karriere verlaufen war? Ich will sie Ihnen in ein paar Worten skizzieren, und ich darf es tun, weil ich dabei nicht etwa nur mich selber im Auge habe. Ich bin nur der Gesichtspunkt im Blickfeld.

Das Croquis sieht so aus: Im Herbst 1927 erschien mein erstes Buch, ein Gedichtband. Im Mai 1933 fand die Bücherverbrennung statt, und unter den vierundzwanzig Namen, mit denen der Minister für literarische Feuerbestattung seinen Haß artikulierte, war auch der meine. Jede künftige Veröffentlichung in

Deutschland wurde mir streng untersagt. Im Laufe der nächsten Jahre wurde ich zweimal verhaftet, und bis zum Zusammenbruch der Diktatur stand ich unter Beobachtung. Nach jenem Zusammenbruch war ich einige Jahre Redakteur, und dann erst, nach rund fünfzehnjähriger Pause, erschien in Deutschland mein nächstes neues Buch.

Das ist die »Karriere« eines, wie es 1933 hieß, »unerwünschten und politisch unzuverlässigen« Schriftstellers, der fast sechzig Jahre alt ist, und mit dem Schicksal der meisten anderen »unerwünschten« Autoren verglichen, war das seinige ein Kinderspiel! Ihre Literaturpreise bestanden in Verfolgung und Verbot. Ihre Diplome lauteten auf Ausbürgerung. Ihre Akademien waren das Zuchthaus und das Konzentrationslager. Und mit noch höheren »Ehren«, auch mit der letzten Ehre, wurde nicht gespart.

Diejenigen unter uns, die von der Fülle solcher Auszeichnungen nicht erdrückt worden sind, sondern noch atmen, tragen diese Ordenslast nicht am Frack. Wir sind nicht eitel. Aber uns will scheinen, daß man gesonnen ist, die größte und gemeinste Brandstiftung in der Geschichte der deutschen Literatur zu verniedlichen, wenn nicht gar zu vergessen. Um so entschlossener nehme ich, im eigenen wie in vieler Namen, Ihren Preis entgegen, der uns an den in der Emigration gestorbenen Georg Büchner und seine in deutschen Gefängnissen verzweifelten Freunde, wie Minnigerode und Weidig, erinnern will und erinnern soll. Auch wir waren und sind Mitglieder jener »Gesellschaft der Menschenrechte«, die oft genug bedroht und verfolgt und selten genug geehrt wird. Hier und heute und in meiner Person wird allenfalls ein älterer *Mann* ausgezeichnet, ganz gewiß aber kein älterer *Schriftsteller,* der im literarischen Abendsonnenschein befriedigt auf eine dreißigjährige Laufbahn zurückblickt und seit eh und je Diplome einweckt. So mag denn auch die dritte Wolke, die ich selber an den Festhimmel gemalt habe, in den Soffitten verschwinden!

Die dem Preisträger auferlegte Pflicht und das damit verknüpfte Recht, im Hinblick auf Georg Büchner eine kleine Festrede zu halten, bereiteten mir zunächst kein Kopfzerbrechen. Das Thema bot sich an. Es lag nahe, über jene Art Literatur zu sprechen, die seit längerem als die »engagierte« bezeichnet wird. Über den Unterschied zwischen humanem und ideologischem Engagement. Dann über die nichtengagierte Literatur, die angeblich, wenn nicht gar tatsächlich »um ihrer selbst willen« betrieben wird. Unterscheidung von »Dichtern« und »Schriftstellern«, und über die schwerwiegenden Folgen einer solchen autarken Rangordnung. Und wohl auch über die Multiplikation dieses Mißverständnisses, an der nicht zuletzt unsere Sekundärliteratur schuld ist.

Ich habe das Thema und die Variationen hierüber zu den Akten gelegt. Ein Staatsmann des 19. Jahrhunderts hat gesagt, eine brauchbare Rede soll »kurz und verletzend« sein. Meine Damen und Herren, ich bin kein Staatsmann. Sosehr ich der Forderung, eine Ansprache möge kurz sein, zustimme, so ungern möchte ich ein Auditorium verletzen, das zuverlässig zahlreiche Schriftsteller, möglicherweise doch aber auch einige Dichter aufzuweisen hat.

Statt dessen habe ich mich entschlossen, Ihnen einige Überlegungen vorzutragen, die sich bei der Wiederbeschäftigung mit Büchners Leben und Werk einstellten. Es handelt sich natürlich nicht um neue Erkenntnisse auf den Gebieten der Literaturgeschichte und der Ästhetik, sondern um Einfälle, die man gelegentlich beim Lesen hat und in Stichworten am Buchrande notiert, also um Notizen, um Marginalien, um Randbemerkungen, um Knoten im Taschentuch. Man stockt beim Lesen, kritzelt etwas hin, überlegt, unterstreicht, macht ein Ausrufungszeichen und denkt: »Ein andermal!«

Drei solcher Marginalien möchte ich – nicht »ein andermal«, sondern jetzt – kurz zur Sprache bringen und beginne mit einer Notiz, die

Über die Ungleichzeitigkeit des Gleichzeitigen

heißt. Ich könnte auch sagen: Über die Asynchronität in der Chronologie. Gerade im Falle Georg Büchners stellt sich, wenn und solange man ihn im Rahmen seiner Lebenszeit und der Zeitgenossen zu betrachten versucht, ein nahezu physisches Mißbehagen ein. Man ist bis in die Nervenspitzen irritiert. Trotz Julirevolution und Gutzkow, trotz gemeinsamer Zeitgeschichte, trotz gleicher Empörung und Verfolgung, was hatte er denn mit dem Optimismus und dem Stil des sogenannten »Jungen Deutschland« zu schaffen? Nichts, gar nichts. Was hielt denn dieser Jüngling, obgleich er ein Rebell war, von Revolutionen? Es gäbe keine, wenn der Arme, nach Henri Quatres Rezept, sein Huhn im Topf habe. Was hielt er, der die hohen Herren gleichwohl haßte, von ihrem Übermut und ihrem Ziel? Lebensüberdrüssig seien sie, und nur eine Neuigkeit könne sie noch kitzeln, der Tod. Glaubte er denn, der sich trotzdem auflehnte, an den Sinn der Empörung, an eine Synthese der sozialen Gegensätze? Er kämpfte dafür und glaubte nicht daran. So steht er, ein streitbarer Fatalist, mitten unter den Fechtern, die an die große Veränderung glauben, und steht doch ganz woanders. Wohin gehört er?

Im gleichen Jahre, in dem er geboren wurde, kamen Hebbel, Richard Wagner, Verdi und Kierkegaard zur Welt, und nur mit Kierkegaard ist er verwandt, in der gleichen und gemeinsamen Angst. Im nächsten Umkreis seines Geburtsjahres wurden Geibel, Adolf Menzel, Karl Marx, Keller, Fontane und Bismarck geboren. Bevor sie ihr Lebenswerk auch nur begonnen hatten, das ins nächste Zeitalter gehört, war Büchner schon berühmt und schon lang tot. Wohin gehört er?

In seinem Todesjahr und in dessen nächstem Umkreis starben Börne, Puschkin, Chamisso, Brentano, Immermann, Caspar David Friedrich, Karl Blechen, Walter Scott und Schleiermacher. Die Romantiker starben, deren Lebenswerk in der Vergangenheit lag. Und unser Klassiker Goethe war erst fünf Jahre tot. Wohin gehört Büchner?

1835, als »Dantons Tod« erschien, und im nächsten Umkreis des Erscheinungsjahres, wurden Balzacs »Père Goriot« und Mörikes »Maler Nolten«, Grillparzers »Traum, ein Leben« und »The Pickwick Papers« von Dickens veröffentlicht. Wieso befällt uns kein Zweifel, daß diese Meisterwerke zu ihrem Erscheinungsjahr gehören? Wieso schickt sich ihre Einzigartigkeit in den Kalender – oder eigentlich: Wieso ergreift uns gerade bei Büchner eine an Verwirrung grenzende Ratlosigkeit, die nicht durch Hinweise auf seine Genialität, auf seine kurze Lebensdauer und auf seine Frühreife besänftigt oder gar beseitigt werden kann? Unsere Ratlosigkeit verschwindet, sobald wir uns zu einer seltsamen Ansicht entschließen. Sobald wir seine literarische Existenz um genau sechzig Jahre zurückdatieren, mildert sich unsere Verwirrung, und je mehr wir uns mit dieser neuen und sonderbaren Zeitrechnung vertraut machen, um so klarer wird, durch diese Rückprojektion, Büchners Bild.

Die Meinung, daß er, der Chronologie zum Trotz, nicht in die Nachbarschaft des »Jungen Deutschland«, sondern inmitten jener Bewegung gehöre, die sich, nach Klingers Drama, »Sturm und Drang« nannte, ist nicht neu. Doch als ich, etwa sechzehn Jahre alt, Büchner zum ersten Male las, kannte ich die merkwürdige Theorie noch nicht, und trotzdem sah ich auch damals den außerordentlichen Jüngling nicht neben dem Burschenschafter Fritz Reuter stehen, der ein Jahr nach dem Erscheinen von »Dantons Tod« zum Tode verurteilt und zu Festungshaft begnadigt wurde, und nicht neben den sieben aufrechten Professoren aus Göttingen, sondern immer neben dem jungen Goethe in Straßburg, von Herder kommend, vorm Münster, von Shakespeare schwärmend, oder wie sie sich brüderlich die Hand drückten und jeder in »sein« Pfarrhaus eilte, der eine zu Friederike Brion, der andre zu Minna Jaegle. Die Wahlverwandtschaft und die Zeitverwandtschaft der zwei jungen Genies drängte sich auf, und die anderen, Lenz und Klinger und Wagner, sie standen nicht neben, sondern hinter den beiden. Büchner, der »ungleichzeitige Zeitgenosse« des jungen Goethe, der Sohn Darmstadts, stand für mich und steht tatsächlich dem Sohne Frankfurts ungleich näher als etwa Lenz, der, komisch und tragisch in einem, Goethe bis in dessen Liebschaften »nachzuvollziehen« suchte.

Büchner ist, wenn man es so nennen will, doch ohne daß er dadurch an Substanz und Wert einbüßte, ein Anachronismus – ein Epigone ist er in keiner Zeile. Danton und Wozzeck behaupten neben dem Götz und neben dem Gretchen des »Urfaust« den gleichen Rang und ihren unverwechselbaren Platz. Nur in einem Punkt unterschied sich Georg Büchner von den anderen Straßburger Genies um 1775: Er kannte die europäische Geschichte der folgenden sechzig Jahre! Er wußte von der Französischen Revolution, von Napoleons Herrschaft und Untergang, von der Restauration, von der Julirevolution, vom Juste Milieu und vom Bürgerkönigtum. Er war um sechzig Jahre klüger als sie, und das heißt, in Anbetracht des Weltgeschehens in dieser Zeitspanne, um sechzig Jahre skeptischer. Er lehnte sich auf wie sie, und er glaubte viel weniger als sie. Er war ein Kämpfer ohne Hoffnung.

Ein anderer großer Sohn Darmstadts, Lichtenberg, hat den Satz notiert: »Ich kann freilich nicht sagen, ob es besser werden wird, wenn es anders wird; aber soviel kann ich sagen: es muß anders werden, wenn es gut werden soll.« – Das ist eine bescheidene Prophezeiung. Sie besagt nichts weiter, als daß man in der Geschichte die Chance, das große Los zu gewinnen, nur dann hat, wenn man Lotterie spielt. Büchners Zweifel waren nicht geringer. Aber Lichtenberg war ein philosophischer Zuschauer, und Büchner war ein jugendlicher Rebell, der an der Lotterie teilnahm. Er spielte um seinen Kopf und glaubte weder ans Große Los noch einen anderen nennenswerten Gewinn. Zwischen seinem Genie und seinem Kopf lagen sechzig Jahre. Während er stritt, stritten zwei Epochen in ihm. Um seinen literarischen Ort zu bestimmen, sprach ich von der Ungleichzeitigkeit des Gleichzeitigen. Um seinen inneren Zwiespalt zu bezeichnen, wäre die umgekehrte Formulierung am Platze. Er litt unter der Gleichzeitigkeit des Ungleichzeitigen.

Bevor ich meine zweite Randbemerkung mache und erläutere, wiederhole ich, was ich eingangs der ersten sagte: Ich etabliere keine Neuigkeiten. Ich versuche, mich Naheliegendem auf meine Weise zu nähern. Die zweite Notiz machte ich beim Wiederlesen von »Dantons Tod«, und sie heißt

Über spezifische Eigenschaften historischer Stoffe

Das historische Drama – für den historischen Roman gilt dasselbe – bringt dem Autor, bei der Eheschließung zwischen sich und seinem Gegenstand, eine stattliche Mitgift ein: den Stoff der Geschichte. Das ist für minderbemittelte Autoren oft genug Anreiz zur Mitgiftjägerei. Sie heiraten den Stoff und geben Geld aus, das ihnen nicht gehört. Sie lassen Friedrich den Großen »Bon soir, messieurs!« sagen, und das hat zweifellos eine stärkere Wirkung, als wenn eine ihrer selbstgemachten Figuren, welchen Rang sie ihr auch anschminken, guten Abend wünschte. Doch von solchen Schmarotzern soll nicht die Rede sein. Immerhin wird auch hier, bei diesem bloßen Seitenblick, ein zusätzlicher Effekt sichtbar, der mit dem Können des Dramatikers nicht das mindeste zu tun hat, sondern den das Sujet frei ins Haus liefert, in unserm Fall ins Bühnenhaus. Die einzige Voraussetzung, die erfüllt sein muß, ist, daß im Parkett Leute sitzen, die, wenigstens bis zu einem gewissen Grad, geschichtskundig sind.

Man könnte sich Schriftsteller ausmalen, denen die Mitwirkung der Geschichte am Drama illegitim erschiene und peinlich wäre. Sie könnten sagen: »Wir verzichten auf fremde Hilfe. Wir engagieren weder Heinzelmännchen noch historische Riesen. Wer in den Tresor der Geschichte greift, stiehlt. Auch er ist ein Plagiator. Wir aber siegen oder fallen ohne Hilfstruppen und mit nichts anderem als unserem Talent.« Solche Sensibilität, solcher Hochmut, ein so heikles Gewissen wären denkbar. Doch solche Schriftsteller, über deren Meinung und Idiosynkrasie sich streiten ließe, gibt es nicht. Die kleinen, die großen und die größten haben tief in den Tresor der Geschichte gegriffen, und als sie ihre Hände voller Gold und Edelsteine wieder herauszogen, hatten sie Handschellen an den Gelenken!

Büchner hat geschrieben, das historische Drama sei »Geschichte zum zweiten Mal«, und »Ich betrachte mein Drama wie ein geschichtliches Gemälde, das seinem Original gleichen muß«. Der historische Stoff und die überlieferten Schicksale tragen dazu bei, die Zuschauer zu fesseln, doch zuvor fesseln sie den Autor. Sie knebeln seine Phantasie, seine Hoffnungen und seine Entwürfe. Er muß wollen, was schon einmal geschah. Daß er im Pitaval der Geschichte nach Möglichkeit genau die Fabel, die Helden und die Schurken sucht, die er braucht, ist sicher. Daß er sie findet, war und ist selten. Er liegt an der Kette. Die künstlerische Freiheit wird, mit der Kugel am Bein, zur Bewegungsfreiheit des Gefangenen degradiert. Er wandert, zwei Schritte hin, zwei Schritte her, in der Zelle seiner Wahl.

Zwei Schritte hin, zwei Schritte her. Lucile Desmoulins darf zur Ophelia werden, und sie darf »Es lebe der König!« rufen, obwohl nicht sie diesen verbrieften Ruf ausgestoßen hat, um aufs Schafott zu kommen. Sie wurde hingerichtet, aber auf Grund einer Denunziation. Und Julie Danton darf sich, während ihr Mann geköpft wird, vergiften, obwohl sie, in Wirklichkeit, drei Jahre nach Dantons Tod einen Baron Dupin geheiratet und selbst Georg Büchner, den Erfinder ihres Selbstmords, überlebt hat. Als er dieser Frau die Treue bis in den Tod andichtete, verletzte er die historische Treue, doch es war kein Treubruch von Belang. Soviel Freiheit blieb ihm. Mehr aber nicht.

Die großen Helden und Schurken, die im Vordergrund der Bühne agieren, müssen handeln, leiden und enden, wie es die Geschichte befahl. *Sie* liefert die Schablone. *Sie* liefert die Grundfarben. Dann kann der Historienmaler immer noch zeigen können, daß er Schiller, oder zeigen müssen, daß er Wildenbruch heißt. In beiden Fällen malt er mit gebundenen Händen. Es wird so oft und so hochtrabend darüber gesprochen, wie belanglos, gemessen am Drama, der Gegenstand sei, daß es angezeigt scheint, dieser Schönrednerei endlich einmal in aller Nüchternheit zu widersprechen. Es geht ja nicht nur um Shakespeare! Es gibt ja noch andere und nicht ganz so geniale Dramatiker, die im Buch der Geschichte und in den Geschichtsbänden blättern! Solche Anleihen haben ihre Vorteile. Doch alle Vorteile haben ihre Nachteile. Sie sind, bei unserem Beispiel, in der Leihgebühr inbegriffen.

Der größte Nachteil historischer Dramen besteht darin, daß sie keinen Schluß haben. Sie hören nur auf. Bei Büchners Revolutionsdrama wird das besonders augenfällig. Danton ist tot, und Robespierre hat gesiegt. Für Leute, die von der Geschichte Frankreichs und Europas keine Ahnung hätten, fiele mit dem Vorhang auch die Entscheidung. Doch diese Leute sind selten. Die anderen wissen: Auch Robespierre, der vermeintliche Sieger, wird guillotiniert werden. Ein kleiner korsischer Artillerieoffizier wird Kaiser werden, Europa erobern und auf St. Helena sterben. Man wird den Rücksprung in die Vergangenheit versuchen. Zwei Revolutionen werden folgen. Ein anderer Napoleon wird sich Kaiser nennen. »Dantons Tod« hat keinen Schluß und findet kein Ende.

In jedem historischen Drama ist der Schlußvorgang ein Provisorium. Es endet offen. Die Zeit schreibt in einem fort daran weiter, und damit wandelt sich, von Stichtag zu Stichtag, das Stück. Das historische Drama ist tatsächlich kein Ganzes, sondern nur ein »Stück«. Die Helden und ihre Widersacher, ihre Taten, ihre Probleme, ihr Kampf, ihr Sieg, ihr Untergang – alles ist relativ, nichts stimmt, und in jedem Jahr, nachdem der Autor »Finis« geschrieben hat, stimmt es aus neuen und alten und anderen Gründen nicht.

Nur wenigen historischen Dramen gereicht dieser Nachteil fast zum Vorteil, und eines dieser wenigen Stücke ist Büchners »Danton«. Denn Büchner glaubte ja nicht an Helden, sosehr er unter seinem Unglauben litt. Einundzwanzigjährig, den Thiers studierend, schrieb er aus Gießen nach Straßburg: »Ich fühle mich wie zernichtet unter dem gräßlichen Fatalismus der Geschichte.« Insofern ist der Schluß seines Stücks kein Kurzschluß. Das Drama blieb offen, aber die Geschichte widersprach ihm nicht. Trotzdem steht fest, daß die Dramatisierung historischer Sujets, die mehr oder weniger bekannt sind, nicht nur außerliterarische Vorzüge, sondern auch spezifische Nachteile mit sich bringt. Der Autor, der sich mit der Geschichte nicht verbündet, hat zwar einen Bundesgenossen, aber auch einen Feind weniger.

Fast wäre ich, im Hinblick auf historische Stoffe, der Versuchung erlegen, darüber nachzudenken, warum es wohl keine *historischen Lustspiele* gibt. Ich denke dabei natürlich nicht an »Madame Sans-Gêne«, und ich weiß natürlich, daß in »Minna von Barnhelm« ein preußischer König, ohne aufzutreten, eine Rolle spielt. Trotzdem dürfte meine Behauptung, daß es viele hervorragende historische Trauerspiele, aber kein historisches Lustspiel gibt, schwer zu widerlegen sein. Ich begnüge mich, bevor ich zu meiner dritten Randbemerkung komme, mit der Vermutung, daß das Buch der Geschichte eine ausgesprochen ernste und traurige Lektüre ist. Da gibt es nichts zu lachen.

Die dritte Randbemerkung – die letzte, die ich vor Ihnen ein wenig interpretieren will – machte ich, als ich den »Wozzeck« wieder las. Sie heißt:

Über die Tragedia dell'arte,

und der unübliche Komplementärbegriff zur Commedia dell'arte versucht anzudeuten, für wie einzigartig und eigenartig ich dieses fragmentarische Trauerspiel halte, genauer gesagt, etwa die erste Hälfte des Stücks. In den späteren Szenen verändert sich dessen Charakter, es wird mehr und mehr zur klinischen Studie, zum psychologischen Einmann-Drama, zum Seismogramm, worauf sich die wortarmen Erschütterungen Wozzecks bis zur Katastrophe abzeichnen. Auch diese späteren Szenen sind grandios. Sie nehmen den psychologischen Realismus vorweg, sie sind ihm um fast ein halbes Jahrhundert voraus, und sie sind zugleich dessen Meisterwerk. Der Weg zu »Rose Bernd« und »Fuhrmann Henschel« beginnt hier, und das besagt: Der Weg beginnt auf dem Gipfel!

Doch die stilistische Bedeutung Büchners liegt, entgegen der herrschenden Ansicht, nicht im Bezirke des Realismus. Soweit er und so weit er auch in dieses Gebiet vordrang, hielt hier der junge Mediziner und Naturwissenschaftler, der er war, den Dramatiker an der Hand. Der Fuß des Schriftstellers folgte dem

Auge des Diagnostikers. Büchners »Realismus« ist eine nebenberufliche Begleiterscheinung und soll weder bestritten noch unterschätzt werden. Aber sein künstlerischer Wille strebte – das beweisen die Szenen mit dem Hauptmann und dem Doktor wie auch die Großmutter mit ihrem makabren Märchen – in die völlig entgegengesetzte Richtung, in das seinerzeit von Dramatikern nicht nur unbesiedelte, sondern überhaupt noch nicht entdeckte Gebiet der tragischen Groteske.

Die Situationen sind die Grenzsituationen, und zwar jenseits der Grenze. Die Bilder auf der Bühne sind Zerrbilder. Die Wirklichkeit und die Kritik an ihr verzehnfachen sich durch die Genauigkeit der Übertreibung. Dieser Doktor und dieser Hauptmann, doch auch der Tambourmajor und der Marktschreier sind Karikaturen. Sie haben eine Maske vorm Gesicht, doch nicht nur das – sie haben auch noch ein Gesicht vor der Maske! Sooft man diese Szenen liest, oder im Theater wiedersieht, verschlägt es einem den Atem. Mit wie wenigen und mit welch wortkargen und scheinbar simplen Dialogen wird hier die Wirklichkeit heraufbeschworen, ohne daß sie geschildert würde! Und wie gewaltig ertönt die Anklage, obwohl und gerade weil sie gar nicht erhoben wird! Nie vorher – und seitdem nicht wieder – wurde in unserer Literatur mit ähnlichen Stilmitteln Ähnliches erreicht.

So ist der »Wozzeck« einerseits ein Fragment, fast zu kurz für einen Theaterabend, und andererseits, in der Geschichte des deutschen Dramas, ein doppeltes Ereignis. Hier wurzeln sowohl der psychologische Realismus als auch der völlig entgegengesetzte, der groteske Stil. So ist es kein Wunder, daß das Stück, das ja erst 1875 aufgefunden wurde, sehr bald in beiden Richtungen weiterwirkte. Gerhart Hauptmann und Frank Wedekind sind bedeutende und glaubwürdige Zeugen für diese zweisinnige Strahlkraft. Und beide haben sich, an Büchners Grab auf dem Zürichberg, vor dem dreiundzwanzigjährigen Genius mit der gleichen Dankbarkeit verneigt.

1875 wurde das Manuskript gefunden, und erst weitere achtunddreißig Jahre später fand die Uraufführung statt, 1913, im Münchner Residenztheater, mit Albert Steinrück als Wozzeck. Dem hartnäckigen Bemühen zweier Schriftsteller, Heinrich Manns und Wilhelm Herzogs, war es endlich gelungen, dem Stück den Weg zur Bühne frei zu machen. Erst jetzt, ein Jahr vorm Beginn des Weltkriegs, und erst seitdem konnte sich das außerordentliche Drama auch im deutschen Theaterleben auswirken.

Der dominierende Einfluß Büchners, besonders der ersten Hälfte seines »Wozzeck«, auf den expressionistischen Stil kann gar nicht überschätzt werden. Wieder waren Stück und Autor jung, modern, rebellisch und genial wie am ersten Tage, und wieder huldigte ihm eine neue Generation der Talente. So ist es bis heute geblieben, und so wird es noch lange bleiben. In diesem Zusammenhange wird man es mir nicht als Vermessenheit auslegen, wenn auch ich mich, mit meiner Komödie »Die Schule der Diktatoren«, als Schüler und Schuldner Büchners bekenne.

So danke ich, von hier aus, zunächst ihm als einem meiner Vorbilder. Dann danke ich noch einmal denen, die mir den Preis zugesprochen haben, wie auch, insbesondere, Kasimir Edschmid für seine Ansprache. Und schließlich und endlich, meine Damen und Herren, danke ich Ihnen allen für Ihre Aufmerksamkeit.

Die vier archimedischen Punkte

Kleine Neujahrs-Ansprache vor jungen Leuten

> *»Wird's besser? Wird's schlimmer?«*
> *fragt man alljährlich.*
> *Seien wir ehrlich:*
> *Leben ist immer*
> *lebensgefährlich.*

In den Wochen vor und nach der Jahreswende pflegt es Ansprachen zu schneien. Sie senken sich sanft, mild und wattig auf die rauhe Wirklichkeit, bis diese einer wärmstens empfohlenen, überzuckerten und ozonreichen Winterlandschaft gleicht. Doch mit dem Schnee, wie dicht er auch fällt, hat es seine eigene Bewandtnis – er schmilzt. Und die Wirklichkeit sieht nach der Schmelze, mitten im schönsten Matsch, noch schlimmer aus als vor dem großen Schneetreiben und Ansprachengestöber.

Was war, wird nicht besser, indem man's nachträglich lobt. Und das, was kommt, mit frommen Wünschen zu garnieren, ist Konditorei, nichts weiter. Es hat keinen Sinn, sich und einander die Taschen vollzulügen. Sie bleiben leer. Es hat keinen Zweck, die Bilanz zu frisieren. Wenn sie nicht stimmt, helfen keine Dauerwellen.

Rund heraus: das alte Jahr war keine ausgesprochene Postkartenschönheit, beileibe nicht. Und das neue? Wir wollen's abwarten. Wollen wir' abwarten? Nein. Wir wollen es nicht abwarten! Wir wollen nicht auf gut Glück und auf gut Wetter warten, nicht auf den Zufall und den Himmel harren, nicht auf die politische Konstellation und die historische Entwicklung hoffen, nicht auf die Weisheit der Regierungen, die Intelligenz der Parteivorstände und die Unfehlbarkeit aller übrigen Büros. Wenn Millionen Menschen nicht nur neben-, sondern miteinander leben wollen, kommt es aufs Verhalten der Millionen, kommt es auf jeden und jede an, nicht auf die Instanzen. Das klingt wie ein Gemeinplatz, und es ist einer. Wir müssen unser Teil Verantwortung für das, was geschieht, und für das, was unterbleibt, aus der öffentlichen Hand in die eigenen Hände zurücknehmen. Wohin es führt, wenn jeder glaubt, die Verantwortung trüge der sehr geehrte, wertgeschätzte Vordermann und Vorgesetzte, das haben wir erlebt. Soweit wir's erlebt haben...

Ich bin ein paar Jahre älter als ihr, und ihr werdet ein paar Jahre länger leben als ich. Das hat nicht viel auf sich. Aber glaubt mir trotzdem: wenn Unrecht geschieht, wenn Not herrscht, wenn Dummheit waltet, wenn Haß gesät wird, wenn Muckertum sich breitmacht, wenn Hilfe verweigert wird – stets ist jeder einzelne zur Abhilfe mitaufgerufen, nicht nur die jeweils »zuständige« Stelle.

Jeder ist mitverantwortlich für das, was geschieht, und für das, was unterbleibt. Und jeder von uns und euch – auch und gerade von euch – muß es spüren, wann die Mitverantwortung neben ihn tritt und schweigend wartet. Wartet, daß er handle, helfe, spreche, sich weigere oder empöre, je nachdem. Fühlt er es nicht, so muß er's fühlen lernen. Beim einzelnen liegt die große Entscheidung.

Aber wie kann man es lernen? Steht man nicht mit seinem Bündel Verantwortung wie in einem Wald bei Nacht? Ohne Licht und Weg, ohne Laterne, Uhr und Kompaß?

Ich sagte schon, ich sei ein paar Jahre älter als ihr, und wenn ich bisher auch noch nicht, noch immer nicht gelernt habe, welche Partei, welche Staatsform, welche Kirche, welche Philosophie, welches Wirtschaftssystem und welche Weltanschauung »richtig« wären, so bin ich doch nie ohne Kompaß, Uhr und Taschenlampe in der Welt herumgestolpert. Und wenn ich mich auch nicht immer nach ihnen gerichtet habe, so war's gewiß nicht ihr, sondern mein Fehler.

Archimedes suchte, für die physikalische Welt, den einen festen Punkt, von dem aus er sich's zutraute, sie aus den Angeln zu heben. Die soziale, moralische und politische Welt, die Welt der Menschen nicht aus den Angeln, sondern in die rechten Angeln hineinzuheben, dafür gibt es in jedem von uns mehr als einen archimedischen Punkt. Vier dieser Punkte möchte ich aufzählen.

Punkt 1: Jeder Mensch höre auf sein Gewissen! Das ist möglich. Denn er besitzt eines. Diese Uhr kann man weder aus Versehen verlieren, noch mutwillig zertrampeln. Diese Uhr mag leiser oder lauter ticken – sie geht stets richtig. Nur wir gehen manchmal verkehrt.

Punkt 2: Jeder Mensch suche sich Vorbilder! Das ist möglich. Denn es existieren welche. Und es ist unwichtig, ob es sich dabei um einen großen toten Dichter, um Mahatma Gandhi oder um Onkel Fritz aus Braunschweig handelt, wenn es nur ein Mensch ist, der im gegebenen Augenblick ohne Wimpernzucken das gesagt und getan hätte, wovor wir zögern. Das Vorbild ist ein Kompaß, der sich nicht irrt und uns Weg und Ziel weist.

Punkt 3: Jeder Mensch gedenke immer seiner Kindheit! Das ist möglich. Denn er hat ein Gedächtnis. Die Kindheit ist das stille, reine Licht, das aus der eigenen Vergangenheit tröstlich in die Gegenwart und Zukunft hinüberleuchtet. Sich der Kindheit wahrhaft erinnern, das heißt: plötzlich und ohne langes Überlegen wieder wissen, was echt und falsch, was gut und böse ist. Die meisten vergessen ihre Kindheit wie einen Schirm und lassen sie irgendwo in der Vergangenheit stehen. Und doch können nicht vierzig, nicht fünfzig spätere Jahre des Lernens und Erfahrens den seelischen Feingehalt des ersten Jahrzehnts aufwiegen. Die Kindheit ist unser Leuchtturm.

Punkt 4: Jeder Mensch erwerbe sich Humor! Das ist nicht unmöglich. Denn immer und überall ist es einigen gelungen. Der Humor rückt den Augenblick an die richtige Stelle. Er lehrt uns die wahre Größenordnung und die gültige Perspektive. Er macht die Erde zu einem kleinen Stern, die Weltgeschichte zu einem Atemzug und uns selber bescheiden. Das ist viel. Bevor man das Erb- und Erzübel, die Eitelkeit, nicht totgelacht hat, kann man nicht beginnen, das zu werden, was man ist: ein Mensch.

Vier Punkte habe ich aufgezählt, daß ihr von ihnen aus die Welt, die aus den Fugen ist, einrenken helft: das Gewissen, das Vorbild, die Kindheit, den Humor. Vier Angelpunkte. Vier Programmpunkte, wenn man so will. Und damit habe ich unversehens selber eine der Ansprachen gehalten, über die ich mich eingangs lustig machte. Es läßt sich nicht mehr ändern, höchstens und konsequenterweise auf die Spitzen treiben, indem ich, anderen geschätzten Vor- und Festrednern folgend, mit ein paar Versen schließe, mit einem selbst- und hausgemachten Neujahrsspruch:

Man soll das Jahr nicht mit Programmen
beladen wie ein krankes Pferd.
Wenn man es allzu sehr beschwert,
bricht es zu guter Letzt zusammen.

Je üppiger die Pläne blühen,
um so verzwickter wird die Tat.
Man nimmt sich vor, sich schrecklich zu bemühen,
und schließlich hat man den Salat.

Es nützt nicht viel, sich rotzuschämen.
Es nützt nichts, und es schadet bloß,
sich tausend Dinge vorzunehmen.
Laßt das Programm und bessert euch drauflos!

KÄSTNER ÜBER KÄSTNER

Eine unliterarische Antwort

*»Woran arbeiten Sie?« fragt ihr.
»An einem Roman?« An* mir.

Meine sonnige Jugend

Ich kam im Jahre 1899 zur Welt. Mein Vater, der als junger Mann Sattlermeister mit einem eigenen Geschäft gewesen war, arbeitete damals schon, nur noch als Facharbeiter, in einer Kofferfabrik. Als ich etwa sieben Jahre alt war, gab es Streiks in der Stadt. Auf unserer Straße flogen abends Steine in die brennenden Gaslaternen. Das Glas splitterte und klirrte. Dann kam berittene Gendarmerie mit gezogenen Säbeln und schlug auf die Menge ein. Ich stand am Fenster, und meine Mutter zerrte mich weinend weg. Das war 1906. Deutschland hatte einen Kaiser, und zu seinem Geburtstag gab es auf dem Alaunplatz prächtige Paraden. Aus diesen Paraden entwickelte sich der erste Weltkrieg.

1917, als schon die ersten Klassenkameraden im Westen und Osten gefallen waren, mußte ich zum Militär. Ich hätte noch zwei Jahre zur Schule gehen sollen. Als der Krieg zu Ende war, kam ich herzkrank nach Hause. Meine Eltern mußten ihren neunzehnjährigen Jungen, weil er vor Atemnot keine Stufe allein steigen konnte, die Treppe hinaufschieben. Nach einem kurzen Kriegsteilnehmerkursus fing ich zu studieren an. 1919 hatte man in unserer Stadt einen sozialistischen Minister über die Brücke in die Elbe geworfen und so lange hinter ihm dreingeschossen, bis er unterging. Auch sonst flogen manchmal Kugeln durch die Gegend. Und an der Universität dauerte es geraume Zeit, bis sich die aus dem Kriege heimgekehrten Studenten politisch so beruhigt hatten, daß sie sich entschlossen, etwas zu lernen. Als sie soweit waren, stellte es sich plötzlich sehr deutlich heraus, daß Deutschland den Krieg verloren hatte: das Geld wurde wertlos. Was die Eltern in vielen Jahren am Munde abgespart hatten, löste sich in nichts auf. Meine Heimatstadt gab mir ein Stipendium. Sehr bald konnte ich mir für das monatliche Stipendium knapp eine Schachtel Zigaretten kaufen. Ich wurde Werkstudent, das heißt, ich arbeitete in einem Büro, bekam als Lohn am Ende der Woche eine ganze Aktenmappe voll Geld und mußte rennen, wenn ich mir dafür zu essen kaufen wollte. An der Straßenecke war mein Geld schon weniger wert als eben noch an der Kasse. Es gab Milliarden-, ja sogar Billionenmarkscheine. Zum Schluß reichten sie kaum für eine Straßenbahnfahrt. Das war 1923. Studiert wurde nachts. Heute gibt es keine Kohlen zum Heizen. Damals gab es kein Geld für die Kohlen. Ich saß im Mantel im möblierten Zimmer und schrieb eine Seminararbeit über Schillers »Ästhetische Briefe«. Dann war die Inflation vorbei. Kaum ein anständiger Mensch hatte noch Geld. Da wurde ich, immer noch Student, kurz entschlossen Journalist und Redakteur. Als ich meine Doktorarbeit machen wollte, ließ ich mich in der Redaktion von einem anderen Studenten vertreten. Während der Messe, ich machte mein Examen in Leipzig, hängten wir uns Plakate um und verdienten uns als wandelnde Plakatsäulen ein paar Mark hinzu. Mehrere Male in der Woche konnten mittellose Studenten bei netten Leuten, die sich an die Universität gewandt hatten, essen. Amerikanische Studenten schickten Geld. Schweden half.

Das war 1925. Nach dem Examen ging's in die Redaktion zurück. Das Monatsgehalt kletterte auf vierhundert Mark. Im nächsten Urlaub wurde der Mutter die Schweiz gezeigt, im übernächsten mußte ich mich ins Herzbad verfügen. Und 1927 flog ich auf die Straße, weil einer rechtsstehenden Konkurrenzzeitung meine Artikel nicht gefielen und mein Herr Verlagsdirektor keine Courage hatte. So fuhr ich 1927 ohne Geld los, um Berlin zu erobern. Ende des Jahres erschien mein erstes Buch. Andere folgten. Sie wurden übersetzt. Der Film kam hinzu. Die Laufbahn schien gesichert. Doch es war wieder nichts. Denn die wirtschaftliche Depression wuchs. Banken krachten. Die Arbeitslosigkeit und die Kämpfe von mehr als zwanzig politischen Parteien bereiteten der Diktatur den Boden. Hitler kam an die Macht, und Goebbels verbrannte meine Bücher. Mit der literarischen Laufbahn war es Essig.

Das war 1933! Zwölf Jahre Berufsverbot folgten. Es gibt sicher schlimmere Dinge, aber angenehmere gibt es wahrscheinlich auch... Nun schreiben wir das Jahr 1946, und ich fange wieder einmal mit gar nichts und von vorne an.

Februar 1946

Briefe an mich selber

*Berlin, 12. Januar 1940
nachts, in einer Bar*

Sehr geehrter Herr Dr. Kästner!

Hoffentlich werden Sie mir nicht zürnen, wenn Sie diese Zeilen morgen früh in Ihrem Briefkasten vorfinden. Daß ich Ihnen – obwohl ich weiß, daß es nicht nur ungewöhnlich, sondern, rundheraus, unschicklich ist, sich selber zu schreiben – einen Brief schicke, mag Ihnen beweisen, wie sehr ich wünsche, zu Ihnen vorzudringen.

Werden Sie, bitte, nicht ärgerlich! Werfen Sie den Brief nicht in den Papierkorb, oder doch erst, nachdem Sie ihn zu Ende gelesen haben! Gewährt es Ihnen nicht eine gewisse Genugtuung, daß ich Sie, unbeschadet unserer gemeinsam genossenen und erduldeten Vergangenheit, mit dem höflichen, Abstand haltenden »Sie« anrede statt mit dem freundschaftlichen Du, das mir zustünde?

Ich kenne Ihren Stolz, der Zutrauen für Vertraulichkeit hält. Ich weiß um Ihr empfindsames Gemüt, das Sie, in jahrzehntelangem Fleiß, mit einer Haut aus Härte und Kälte überzogen haben, und ich bin bereit, darauf Rücksicht zu nehmen. Zurückhaltung bewirkt verdientermaßen Haltung. Wir, sehr geehrter Herr Doktor, wissen das, denn wir erfuhren es zur Genüge. Nun finde ich aber, während ich, von lärmenden und lachenden Menschen umgeben, Ihrer bei einer Flasche Feist gedenke: daß man die Einsamkeit nicht übertreiben soll.

Ich verstehe und würdige Ihre Beweggründe. Sie lieben das Leben mehr als die Menschen. Gegen diese Gemütsverfassung läßt sich ehrlicherweise nichts einwenden, was stichhaltig wäre. Und auch das ist wahr, daß man nirgendwo so allein sein darf wie in den zitierten Häusern der großen Städte.

Wer Sie flüchtig kennt, wird nicht vermuten, daß Sie einsam sind; denn er wird Sie oft genug mit Frauen und Freunden sehen. Diese Freunde und Frauen freilich wissen es schon besser, da sie immer wieder empfinden, wie fremd Sie ihnen trotz allem bleiben. Doch nur Sie selber ermessen völlig, wie einsam Sie sich fühlen und welcher Zauber, aus Glück und Wehmut gewoben,

Sie von den Menschen fernhält. Sie sind deshalb bemitleidet und auch schon beneidet worden. Sie haben gelächelt. Man hat Sie sogar gehaßt. Das hat Sie geschmerzt, aber nicht verwandelt.

Kein Händedruck, kein Hieb und kein Kuß werden Sie aus der Einsiedelei Ihres Herzens vertreiben können. Wer das nicht glaubt, weiß überhaupt nicht, worum es geht. Er denkt vielleicht an den tränenverhangenen Weltschmerz der Jünglinge, die sich vor drohenden Erfahrungen verstecken wie scheue Kinder vor bösen Stiefvätern. Doch Sie, mein Herr, sind kein Jüngling mehr. Sie trauern nicht über Ihren Erinnerungen, und Sie fürchten sich vor keiner Zukunft. Sie haben Freunde und Feinde in Fülle und sind, dessen ungeachtet, allein wie der erste Mensch! Sie gehen, gleich ihm, zwischen Löwen, Pfauen, Hyänen, gurrenden Tauben und genügsamen Eseln einher. Und obgleich Sie vom Apfelbaum der Erkenntnis aßen, wurden Sie aus diesem späten Paradies nicht vertrieben.

Trotzdem: Es ist nicht gut, daß der Mensch allein sei! Und wenn Sie schon anderen verwehren, bis zu Ihnen vorzudringen, sollten Sie wenigstens mir gestatten, Ihnen gelegentlich näherzukommen. Ich wähle, da ich uns kenne, den Weg über die Post. Zerreißen Sie den Brief, wenn Sie wollen, aber ich wünschte, Sie täten es nicht!

Mit den besten Empfehlungen
Ihr sehr ergebener *Erich Kästner*

N. B. Eine Antwort ist nicht nötig.

Anmerkungen nach Empfang des ersten Briefs:
Berlin, 13. Januar 1940
zu Hause

Vorhin klingelte der Postbote und brachte den Brief. Und nun, nachdem ich, ein bißchen verlegen, gelesen habe, was ich mir gestern nacht schrieb, muß ich mir recht geben. Ich sollte wirklich mehr Umgang haben, mindestens mit mir, und wenigstens schriftlich.

Es tut wohl, von jemandem, dem man nahesteht, Briefe zu erhalten. Und, zum Donnerwetter, ich stehe mir doch nahe? Oder bin sogar ich mir selber fremd geworden? Mitunter habe ich dieses Gefühl. Dann wird mir unheimlich zumute, und es hilft nichts, daß ich vor den Spiegel draußen im Flur hintrete und mir eine kleine Verbeugung mache. »Gestatten, Kästner«, sagt der Spiegelmensch. Mein rechtes Auge lächelt aus seiner linken Augenhöhle. Es ist zuweilen nicht ganz einfach, gute Miene zu bewahren.

Ich werde mich wieder mit mir befreunden müssen. Wenn es nicht anders geht, meinetwegen auf brieflichem Wege. Schlimmstenfalls erhöhe ich bloß den Markenumsatz der Reichspost. Ich will nicht vergessen, stets einen Briefumschlag mit getippter Anschrift bei mir zu tragen. Es wäre doch recht fatal, wenn die Sekretärin dahinterkäme, daß ich mir selber schreibe.

Es läßt sich zwar kaum vermeiden, daß Schriftsteller etwas verrückt sind. Aber die meisten sind noch stolz darauf und tragen ihren Spleen im Knopfloch. Diese Leute sind mir zuwider. Man hat die verdammte Pflicht, sich nicht gehenzulassen. Kollegen, denen die Schöpfung einen sogenannten Künstlerkopf beschert hat, tun mir leid, weil sie ihn nicht umtauschen können, und ich wundere mich immer wieder, daß sie, statt sich ihrer auffälligen Gesichter insgeheim zu schämen, sie eitel zur Schau tragen, wie Barfrauen ein gewagtes Dekolleté.

Berlin, 19. Januar 1940
in einem Café am Kurfürstendamm

Mein lieber Kästner!

Früher schriebst Du Bücher, damit andere Menschen, Kinder und auch solche Leute, die nicht mehr wachsen, läsen, was Du gut oder schlecht, schön oder abscheulich, zum Lachen oder Weinen fandest. Du glaubtest, Dich nützlich zu machen. Es war ein Irrtum, über den Du heute, ohne daß uns das Herz weh tut, nachsichtig lächelst.

Deine Hoffnungen waren das Lehrgeld, das noch jeder hat zahlen müssen, der vermeinte, die Menschen sehnten sich vorwärts, um weiterzukommen. In Wirklichkeit wollen sie nur stillstehen, weil sie Angst vor der Stille haben, nicht etwa vorm Stillstand! Ihr Weg ist der Kreis, und ihr Ziel, seine Peripherie immer schneller und möglichst oft zurückzulegen. Die Söhne überrunden die Väter. Das Ziel des Ringelspiels ist der Rekord. Und wer den gehetzt blickenden Karussellfahrern mitleidig zuruft, ihre Reise im Kreise sei ohne Sinn, der gilt ihnen mit Recht als Spielverderber.

Nun, Du weißt, daß Du im Irrtum warst, als Du bessern wolltest. Du glichst einem Manne, der die Fische im Fluß überreden möchte, doch endlich ans Ufer zu kommen, laufen zu lernen und sich den Vorzügen des Landlebens hinzugeben, und der sie, was noch ärger ist, für tückisch und töricht hält, wenn sie seine Beschwörungen und schließlich seine Verwünschungen mißachten und, weil sie nun einmal Fische sind, im Wasser bleiben.

Wie unsinnig es wäre, Löwen, Leoparden und Adlern die Pflanzenkost predigen zu wollen, begreift das kleinste Kind. Aber an den Wahn, aus den Menschen, wie sie sind und immer waren, eine andere, höhere Gattung von Lebewesen entwickeln zu können, hängen die Weisen und die Heiligen ihr einfältiges Herz.

Sei es drum! Mögen sie weiterhin versuchen, aus Fischen rüstige Spaziergänger, aus Raubtieren überzeugte Vegetarier und aus dem Homo Sapiens einen homo sapiens zu machen! Du jedoch ziehe Deinen bescheidenen geistigen Anteil, den Du an diesem rührenden Unternehmen hattest, mit dem heutigen Tage aus dem Geschäft! Du bist vierzig Jahre alt, und Dich jammert die Zeit, die Du, um zu nützen und zu helfen, hilflos und nutzlos vertatest! Mache kehrt, und wende Dich Dir selber zu!

Der Teufel muß Dich geritten haben, daß Du Deine kostbare Zeit damit vergeudetest, der Mitwelt zu erzählen, Kriege seien verwerflich, das Leben habe einen höheren Sinn als etwa den, einander zu ärgern, zu betrügen und den Kragen umzudrehen, und es müsse unsere Aufgabe sein, den kommenden Geschlechtern eine bessere, schönere, vernünftigere und glücklichere Erde zu überantworten! Wie konntest Du nur so dumm und anmaßend sein! Warst Du denn nur deshalb nicht Volksschullehrer geblieben, um es später erst recht zu werden?

Es ist eine Anmaßung, die Welt, und eine Zumutung, die Menschen veredeln zu wollen. Das Quadrat will kein Kreis werden; auch dann nicht, wenn man es davon überzeugen könnte, daß der Kreis die vollkommenere Figur sei. Die Menschen lehnen es seit Jahrtausenden mit Nachdruck ab, sich von uneigennützigen Schwärmern zu Engeln umschulen zu lassen. Sie verwahren sich mit allen Mitteln dagegen. Sie nehmen diesen Engelmachern die Habe, die Freiheit und schließlich das Leben. Nun, das Leben hat man Dir gelassen.

Sokrates, Campanella, Morus und andere ihresgleichen waren

gewaltige Dickköpfe. Sie rannten, im Namen der Vernunft, mit dem Kopf gegen die Wand und gingen, dank komplizierten Schädelbrüchen, in die Lehrbücher der Geschichte ein. Die Wände, gegen die angerannt wurde, stehen unverrückt am alten Fleck, und nach wie vor verbergen sie den grenzenlosen Horizont. Deshalb riet Immanuel Kant, zum Himmel empor und ins eigene Herz zu blicken. Doch auch davor scheuen die Menschen zurück, denn sie brauchen Schranken; und wer sie beschränkt nennt, sollte das gelassen tun, und nicht im Zorn.

»Wer die Menschen ändern will, beginne bei sich selbst!« lautet ein altes Wort, das aber nur den Anfang einer Wahrheit mitteilt. Wer die Menschen ändern will, der beginne nicht nur bei sich, sondern er höre auch bei sich selber damit auf!

Mehr wäre hierüber im Augenblick nicht zu schreiben. Der Rest verdient, gelebt zu werden. Versuch es, und sei gewiß, daß Dich meine besten Wünsche begleiten!

Dein unzertrennlicher Freund

Erich Kästner

Kästner über Kästner

Es ist ein hübscher Brauch des Zürcher PEN-Clubs, den jeweiligen Gast, bevor er selber zu Worte kommt, durch jemand anderen, der seine Arbeiten, womöglich auch *ihn* einigermaßen kennt, kurz einzuführen. Diesem Brauche folgend, hat man mich gefragt, ob ich heute Erich Kästner einleiten wolle. Man wisse, daß ich ihn kenne. Vielleicht nicht so gut und so genau wie etwa ein Literaturhistoriker. Aber diese Gilde habe sich nicht sonderlich mit ihm beschäftigt, und zu ein paar mehr oder weniger treffenden Sätzen werde es bei mir schon reichen.

Nun, solche Versuche einer knappen Charakteristik haben ihre mißliche Seite. Wer kennt den anderen so, daß er sich vermessen könnte, *wenig* über ihn mitzuteilen? So gut, meine Herrschaften, kennt man sich nicht einmal selber. Trotzdem habe ich den Anlaß beim Schopfe genommen und mir über unseren Gast, diesen Journalisten und Literaten aus Deutschland, ein bißchen den Kopf zerbrochen. Sollte es *ihm* nicht nützen, so wird es doch *mir* nicht geschadet haben. Sich am anderen selber klarzuwerden ist nicht das schlechteste Verfahren. Das mag, im Hinblick auf die mir gestellte Aufgabe, unangemessen und egoistisch klingen – in jedem Falle heißt es: mit offenen Karten spielen. Und wenn Offenheit – die man nicht mit Unverfrorenheit verwechseln wird – vielleicht auch keine Tugend ist, so ist sie immerhin der erträglichste Aggregatzustand der Untugenden. Ich muß um Entschuldigung bitten, daß ich zuviel von mir und zu wenig von unserem Gast spreche, und will mich bemühen, den Fehler wenn auch nicht völlig zu vermeiden, so doch aufs mindeste zu reduzieren.

Ich kenne Leute, die behaupten, über Kästner besser Bescheid zu wissen als gerade ich: ein paar Freunde, ein paar Frauen, ein paar Feinde. Nun könnte ich zwar für mich anführen, daß wir die Kindheit gemeinsam verlebt haben, daß wir in und auf dieselben Schulen gegangen sind, daß wir, Auge in Auge, im Guten wie im Bösen, die gleichen Erfahrungen machen durften und machen mußten, wenn auch er als Schriftsteller und ich nur als Mensch – aber am Ende haben die anderen wirklich recht. Vielleicht war ich tatsächlich zu oft und zu lange mit Kästner zusammen, um über ihn urteilen zu können? Vielleicht fehlt mir der nötige Abstand? Denn erst die Distanz vereinfacht, und die echte Vereinfachung ist ja die einzige Methode, jemanden zu zeichnen und zu kennzeichnen. Man darf dem Nagel, den man auf den Kopf treffen will, nicht zu nahe stehen, und lieben darf man ihn schon gar nicht...

Nun, er soll's, vor Ihnen als Zeugen, ruhig hören: Ich bin keineswegs so vernarrt in ihn, daß ich seine Grenzen, Mängel und Fehler nicht sähe und in einem Werturteil über ihn nicht einzukalkulieren wüßte. Da er unser Gast und Gästen gegenüber Rücksicht am Platz ist, möchte ich mein Urteil höflicherweise bildlich äußern. Er wird mich schon verstehen... Da er das Tennis kennt und liebt, will ich diesen Sport zum Vergleiche heranziehen und sagen: Kästner war von den nationalen und internationalen Konkurrenzen zu lange ausgeschaltet, als daß man über seine derzeitige Form genau Bescheid wissen könnte. Trotzdem ist eines so gut wie sicher: zur A-Klasse gehört er nicht. Nach Wimbledon würde ich ihn nicht schicken. Und auch für die deutsche Daviscup-Mannschaft würde ich ihn nicht nennen. Höchstens als Ersatzmann. Er wird meiner Meinung, vermute ich, beipflichten. In seinem Alter hat man entweder die Überheblichkeit abgestreift, oder man ist ein hoffnungsloser Fall. (Außerdem soll es in Wimbledon schon sehr langweilige Spiele und in Klubturnieren die spannendsten Fünfsatzkämpfe gegeben haben.)

So einfach es ist, ihn dem *Werte* nach zu klassieren, so schwierig scheint es auf den ersten Blick, ihn zu katalogisieren. Welches Etikett soll man ihm aufkleben? Bei vielen anderen ist das viel leichter. Der eine rangiert als neuromantischer Hymniker, der zweite als Bühnenspezialist für komplizierte Ehebrüche, der dritte als reimender Voraustrompeter einer neuen Weltordnung, der vierte als zivilisationsfeindlicher Südsee- oder Chinanovellist, der fünfte als Verfasser historischer oder katholischer Erzählungen, der sechste als Meister des Essays in Romanform, der siebente als beseelte Kinderbuchtante mit sozialem Einschlag, der achte als nihilistischer Dramatiker mit philosophischem Hosenboden, der neunte als Epiker der Schwerindustrie und Eisenverhüttung, der zehnte als psychologischer Kunstseidenspinner, der elfte als Heimatdichter, Abteilung Bergwelt über 1500 Meter – man kommt bei einigem bösen Willen fast jedem bei. Schließlich wird nahezu jeder – ob er will oder nicht, und wer wollte schon – ein Fläschchen mit einem hübschen leserlich beschrifteten Schild auf dem Bauch.

Was aber soll man nun mit jemandem anfangen, der neben satirischen Gedichtbänden, worin die Konventionen der Menschheit entheiligt und »zersetzt« werden, wie es seinerzeit offiziell hieß und gelegentlich auch heute noch heißt – der neben solchen gereimten Injurien Kinderbücher geschrieben hat, denen die Erzieher Anerkennung und die Erzogenen Begeisterung entgegenbringen? Mit einem Schriftsteller, bei dessen »Fabian« Bardamen, ja sogar Mediziner noch rot werden, dessen humoristische Unterhaltungsromane hingegen in manchen Krankenhäusern verordnet werden wie Zinksalbe und Kamillenumschläge? Mit jemandem, der, wenn er's für notwendig hält, für Zeitungen kulturpolitische Leitartikel und für Kabaretts Chansons und Sketche schreibt, letzthin zweieinhalbes Jahr lang, ohne abzusetzen, und dessen nächstes Projekt – in einer zutraulichen Minute hat er mir's verlegen gestanden – einem für ihn neuen Gebiete gilt: dem Theater? Wie soll man dieses Durcheinander an Gattungen und Positionen zu einem geschmackvollen Strauße binden? Wenn man es versuchte, sähe das Ganze, fürchte ich, aus wie ein Gebinde aus Gänseblümchen, Orchideen, sauren Gurken, Schwertlilien, Makkaroni, Schnürsenkeln und Bleistiften. Und so erhebt sich die fatale Frage, ob seine Arbeiten und Absichten überhaupt untereinander im Bunde sind. Ob nicht das ziemlich heillose Durcheinander höchstens in ein Nach- und Nebeneinander verwandelt werden kann. Vielleicht sind seine Produkte wirklich nur mit Erbsen, Reiskörnern, Bohnen und Linsen zu vergleichen, die aus Zufall und Versehen in ein und dieselbe Tüte geraten sind? Wenn das stimmte, hätte ich das Thema besser nicht anschneiden sollen. Es wäre nicht sonderlich fein, einem Schriftsteller nach einem gemeinsamen Abendessen, quasi zum Nachtisch, die Meinung zu servieren, daß man ihn für einen Trödler und Gelegenheitsmacher hält. Sie, ich und er – wir alle sind somit aus Gründen der Gastfreundschaft daran interessiert, für seine Bücher einen gemeinsamen Nenner zu finden, schlimmstenfalls zu erfinden! Noblesse oblige . . .

Nun denn: Als ich ihn einmal fragte, warum er neben seinen bitterbösen Satiren Bücher für kleine Jungen und Mädchen schreibe, gab er eine Antwort, die uns aus der Klemme helfen kann. Die Attacken, sagte er, die er mit seinem als Lanze eingelegten Bleistift, gegen die Trägheit der Herzen und gegen die Unbelehrbarkeit der Köpfe ritte, strengten sein Gemüt derartig an, daß er hinterdrein, wenn die Rosinante wieder im Stall stünde und ihren Hafer fräße, jedesmal von neuem das unausrottbare Bedürfnis verspüre, Kindern Geschichten zu erzählen. Das täte ihm über alle Maßen wohl. Denn Kinder, das glaube und wisse er, seien dem Guten noch nahe wie Stubennachbarn. Man müsse sie nur lehren, die Tür behutsam aufzuklinken ... Und als er immer wieder von »gut« und von »böse«, von »dumm« und »vernünftig«, von »erziehbar« und von »unverbesserlich« daherredete, ging mir ein Licht auf. Ich hatte ihm eine verkehrte Mütze aufgesetzt und mich gewundert, daß sie ihm nicht passen wollte! Hier lag der Hund begraben! Unser Gast, meine Damen und Herren, ist gar kein Schöngeist, sondern ein Schulmeister! Betrachtet man seine Arbeiten – vom Bilderbuch bis zum verfänglichsten Gedicht – unter diesem Gesichtspunkte, so geht die Rechnung ohne Bruch auf. Er ist ein Moralist. Er ist ein Rationalist. Er ist ein Urenkel der deutschen Aufklärung, spinnefeind der unechten »Tiefe«, die im Lande der Dichter und Denker nie aus der Mode kommt, untertan und zugetan den drei unveräußerlichen Forderungen: nach der Aufrichtigkeit des Empfindens, nach der Klarheit des Denkens und nach der Einfachheit in Wort und Satz.

Er glaubt an den gesunden Menschenverstand wie an ein Wunder, und so wäre alles gut und schön, wenn er an Wunder glaubte, doch eben das verbietet ihm der gesunde Menschenverstand. Es steckt jeder in seiner eigenen Zwickmühle. Und auch unser Gast hätte nichts zu lachen, wenn er nicht das besäße, was Leute, die nichts davon verstehen, seinen »unverwüstlichen und sonnigen Humor« zu nennen belieben.

Ich hoffe, die mir zugebilligte Sprechzeit einigermaßen nützlich ausgefüllt und Erich Kästner nach Wert und Art, so gut ich's vermochte, charakterisiert zu haben. Für jene unter Ihnen, die es nicht wissen, wäre allenfalls noch nachzutragen, daß er während des Dritten Reiches, obwohl verboten, freiwillig in Deutschland geblieben ist und daß die Meldung der »Basler Nationalzeitung« aus dem Jahre 1942, er sei bei dem Versuch, in die Schweiz zu entkommen, von Angehörigen der SS erschossen worden, nicht zutraf. Meine Damen und Herren, er lebt. Er weilt in unserer Mitte. Und so darf ich ihn bitten, das Wort zu ergreifen!

Hierauf erwiderte ich mir mit angemessener Bescheidenheit:

Meine Damen und Herren!
Ich danke Ihnen aufrichtig für den freundlichen und freundschaftlichen Empfang. Zum dritten Male bin ich nun seit Kriegsende in der Schweiz und möchte Ihnen gestehen, daß mir diese Besuche und die Begegnungen mit Ihnen von Grund auf wohltun. Das Leben hier und das Leben draußen unterscheiden sich recht deutlich voneinander, und der periodische Wechsel zwischen beiden wirkt ungefähr wie eine ärztlich verordnete Badekur; er erhält elastisch. Und Elastizität ist ja nicht nur ein wünschbarer Zustand an sich, sondern wir alle werden sie, fürchte ich, in Zukunft recht nützlich gebrauchen können ...

Insbesondere danke ich meinem verehrten Herrn Vorredner für die teilnehmenden Worte, die er mir gewidmet hat. Ich war, wie sich leicht denken läßt, völlig überrascht davon, am heutigen Abend einer so sorgfältigen und behutsamen Würdigung unterzogen zu werden. Die Gelegenheit trifft mich somit ganz unvorbereitet. Improvisieren ist meine Stärke nicht. Ich muß sein Lob wohl oder übel auf mir sitzen lassen. Nur so viel möchte ich ihm antworten: Sich von anderen so einfühlsam verstanden zu wissen gewährt nicht nur eine leise Befriedigung, sondern ermuntert den Autor auch, den von ihm eingeschlagenen Weg – diesen einen Weg unter hundert anderen – unverdrossen weiterzugehen. Und sollte ich mich hierbei dem gesteckten Ziele auch nur ein paar Schritte nähern, so wird es nicht nur mein Verdienst, sondern ebenso das meines Vorredners gewesen sein.

1949

BIBLIOGRAPHIE

Die Werke

1928 *Herz auf Taille,* Gedichte (Curt Weller & Co. Verlag, Leipzig)
Emil und die Detektive, Kinderbuch (Williams Verlag, Berlin, später Atrium Verlag, Zürich)

1929 *Lärm im Spiegel,* Gedichte (Curt Weller & Co. Verlag, Leipzig)

1930 *Leben in dieser Zeit,* Hör- und Bühnenstück (Chronos-Verlag Martin Mörike, Berlin/Bühnenvertrieb)
Ein Mann gibt Auskunft, Gedichte (Deutsche Verlagsanstalt, Stuttgart)
Emil und die Detektive, Theaterstück (Chronos-Verlag Martin Mörike, Berlin/Bühnenvertrieb)
Emil und die Detektive, Film (gedreht in Deutschland)

1931 *Pünktchen und Anton,* Kinderbuch (Williams Verlag, Berlin, später Atrium Verlag, Zürich)
Fabian, Roman (Deutsche Verlagsanstalt, Stuttgart, später Atrium Verlag, Zürich)
Der 35. Mai, Kinderbuch (Williams Verlag, Berlin, später Atrium Verlag, Zürich)
Emil und die Detektive, Film (englisch und spanisch)

1932 *Pünktchen und Anton,* Theaterstück (Chronos-Verlag Martin Mörike, Berlin/Bühnenvertrieb)
Gesang zwischen den Stühlen, Gedichte (Deutsche Verlagsanstalt, Stuttgart)
Arthur mit dem langen Arm, Kinderverse (Williams Verlag, Berlin, später Atrium Verlag, Zürich)
Das verhexte Telefon, Kinderverse (Williams Verlag, Berlin, später Atrium Verlag, Zürich)

1933 *Das fliegende Klassenzimmer,* Kinderbuch (Deutsche Verlagsanstalt, Stuttgart, später Atrium Verlag, Zürich)
Drei Männer im Schnee, Film (tschechisch, französisch, schwedisch, amerikanisch)

1934 *Emil und die drei Zwillinge*, Kinderbuch (Atrium Verlag, Zürich)
Drei Männer im Schnee, Roman (Rascher Verlag, Zürich)

1935 *Die verschwundene Miniatur*, Roman (Atrium Verlag, Zürich)

1936 *Doktor Erich Kästners lyrische Hausapotheke*, Gedichte (Atrium Verlag, Zürich)

1938 *Georg und die Zwischenfälle*, Roman (Atrium Verlag, Zürich), seit der zweiten Auflage betitelt (1949): *Der kleine Grenzverkehr*, mit Bildern von Walter Trier
Till Eulenspiegel, Kinderbuch (Atrium Verlag, Zürich)

1942 *Münchhausen*, Film
Der kleine Grenzverkehr, Film

1946 *Bei Durchsicht meiner Bücher*, Gedichtauswahlband (Atrium Verlag, Zürich, und Cecilie Dressler Verlag, Berlin)

1948 *Der tägliche Kram*, Chansons und Prosa 1945–1948 (Atrium Verlag, Zürich, und Cecilie Dressler Verlag, Berlin)
Kurz und bündig, Epigramme (Oltener Bücherfreunde, Olten/Schweiz)
Zu treuen Händen, Komödie, unter Pseudonym: Melchior Kurtz (Chronos-Verlag Martin Mörike, Hamburg/Bühnenvertrieb)

1949 *Die Konferenz der Tiere*, Bilderbuch (Europa-Verlag, Zürich)
Das doppelte Lottchen, Kinderbuch (Atrium Verlag, Zürich, und Cecilie Dressler Verlag, Berlin)

1950 *Der gestiefelte Kater*, Kinderbuch (Atrium Verlag, Zürich, und Verlag Kurt Desch, München)
Kurz und bündig, Epigramme (erweiterte Ausgabe, Atrium Verlag, Zürich, und Verlag Kiepenheuer & Witsch, Köln)
Das doppelte Lottchen, Film (deutsch)

1951 *Münchhausen*, Kinderbuch (Atrium Verlag, Zürich, und Verlag Carl Ueberreuter, Wien)

1952 *Die kleine Freiheit*, Chansons und Prosa 1949–1952 (Atrium Verlag, Zürich, und Cecilie Dressler Verlag, Berlin)
Das doppelte Lottchen, Film (englisch und japanisch)

1954 *Die Schildbürger*, Kinderbuch (Atrium Verlag, Zürich, und Verlag Carl Ueberreuter, Wien – Heidelberg)
Das verhexte Telefon, Kinderverse (Blüchert Verlag, Stuttgart, später Fackelträger-Verlag, Hannover)
Das fliegende Klassenzimmer, Film (deutsch)

1955 *Die dreizehn Monate*, Gedichte (Atrium Verlag, Zürich, und Cecilie Dressler Verlag, Berlin)

1956 *Don Quichotte*, Kinderbuch (Atrium Verlag, Zürich, und Verlag Carl Ueberreuter, Wien – Heidelberg)
Die Schule der Diktatoren, Komödie (Atrium Verlag, Zürich, und Cecilie Dressler Verlag, Berlin)
Eine Auswahl, Verse und Prosa (Taschenbuch / Cecilie Dressler Verlag, Berlin)
Fabian, Roman (Taschenbuch / Ullstein Bücher, Frankfurt/M. – Berlin)

1957 *Als ich ein kleiner Junge war*, Kindheitserinnerungen (Atrium Verlag, Zürich, und Cecilie Dressler Verlag, Berlin)

1959 *Gesammelte Schriften*, 7 Bd. Gesamtausgabe (Atrium Verlag, Zürich / Cecilie Dressler Verlag, Berlin, und Kiepenheuer & Witsch, Köln)
Die Schule der Diktatoren (Taschenbuch / Fischer Bücherei, Frankfurt/M.)
Große Zeiten – kleine Auswahl (Fackelträger-Verlag, Hannover)
Herz auf Taille (Taschenbuch / Cecilie Dressler Verlag, Berlin)

1960 *Münchhausen.* Ein Drehbuch (Taschenbuch / Fischer Bücherei, Frankfurt/M.)
Die Konferenz der Tiere (Taschenbuch / Ullstein, Frankfurt/M.)
Ein Mann gibt Auskunft (Taschenbuch / Cecilie Dressler Verlag, Berlin)

1961 *Notabene 45,* Tagebuch (Atrium Verlag, Zürich, und Cecilie Dressler Verlag, Berlin)
Gesang zwischen den Stühlen (Taschenbuch / Cecilie Dressler Verlag, Berlin)
Gullivers Reisen, Kinderbuch (Atrium Verlag, Zürich, und Verlag Carl Ueberreuter, Wien – Heidelberg)

1962 *Das Schwein beim Friseur,* Kinderbuch (Atrium Verlag, Zürich, und Verlag Cecilie Dressler, Berlin)
Wieso – warum? (Aufbau Verlag, Berlin)

1963 *Lärm im Spiegel* (Taschenbuch / Cecilie Dressler Verlag, Berlin)
Der kleine Grenzverkehr (Taschenbuch / Signum Verlag, Gütersloh)
Der kleine Mann, Kinderbuch (Atrium Verlag, Zürich, und Cecilie Dressler Verlag, Berlin)
Let's Face It, Poems (Verlag Jonathan Cape, London)
Die kleine Freiheit (Taschenbuch / Fischer Bücherei, Frankfurt/M.)
Von Damen und anderen Weibern, Anthologie, Gedichte und Prosa (Fackelträger-Verlag, Hannover)

1964 *Gullivers Reisen* (Taschenbuch / Otto Maier Verlag, Ravensburg)

Anthologien und anderes von Erich Kästner

1946 *Kurt Tucholsky:* GRUSS NACH VORN. Herausgeber E. K., Rowohlt Verlag, Hamburg

1952 *Paul Hazard:* KINDER, BÜCHER UND GROSSE LEUTE. Vorwort von E. K., Hoffmann & Campe, Verlag, Hamburg

1957 Paul Flora: MENSCHEN UND ANDERE TIERE. An die Leine genommen von E. K., R. Piper & Co., Verlag, München
HEITERES VON E. O. PLAUEN. Fackelträger-Verlag, Hannover

1958 HEITERKEIT IN DUR UND MOLL. Herausgeber E. K., Fackelträger-Verlag, Hannover

1959 OH, DIESE KATZEN, Bildband. Vorwort v. E. K., Umschau Verlag, Frankfurt/M.
HEITERES VON WALTER TRIER. Fackelträger-Verlag, Hannover

1960 HEITERKEIT KENNT KEINE GRENZEN. Herausgeber E. K., Fackelträger-Verlag, Hannover

1961 *Clara Asscher-Pinkhof:* STERNKINDER. Vorwort von E. K., Cecilie Dressler Verlag, Berlin

1962 HEITERKEIT BRAUCHT KEINE WORTE. Herausgeber E. K., Fackelträger-Verlag, Hannover

E. G. Linfield / E. Larsen: ENGLAND VORWIEGEND HEITER. Kleine Literaturgeschichte des britischen Humors. Vorwort von E. K., Bassermann Verlag, München, später Fackelträger-Verlag, Hannover

Schriften über Kästner

Ahl, H.: URENKEL DER AUFKLÄRUNG. Erich Kästner. Diplomatischer Kurier, Köln, 1959, 8. Jahrgang, S. 134 ff.

Anders, Hermann W.: LYRIK AM LAUFENDEN BAND. In: Der Mittag, Düsseldorf, 241, zitiert in: Die Literatur, XXXIV, 1931/32, S. 151

Arnheim, Rudolf: MORALISCHE PROSA, Die Weltbühne, XXVII, 1931, S. 787

Arnheim, Rudolf: SCHILLER ÜBER KÄSTNER, Die Weltbühne, XXVIII, 1932, S. 796

Bab, Julius: GEBRAUCHSLYRIK MEHRING UND KÄSTNER. ›Über den Tag hinaus‹. Deutsche Akademie für Sprache und Dichtung, Darmstadt, 21. Veröffentlichung. Verlag Lambert Schneider, Heidelberg, 1960, S. 118–124

Békés, István: SVÍZA TÜKÖRBEN VÁLOGATOTT VERSEK. Gedichtauswahlband mit Nachwort. Verlag Magyar Helikon, 1959

Benjamin, W.: LINKE MELANCHOLIE. Die Gesellschaft, Berlin, Februar 1931

Besten, Ad den: ERICH KÄSTNER EN DE ACHILLESPEELS VAN ZIJN PESSIMISME. Haags Dagblad, 9. 4. 1960

Bettex, Albert: DIE MODERNE LITERATUR 1885–1933, Deutsche Literaturgeschichte in Grundzügen, Bruno Boesch, Bern, 1946

Beyer, E.: DIE KÜNSTLERISCHE EIGENART DER JUGENDBÜCHER ERICH KÄSTNERS. Staatsexamensarbeit, Pädagogisches Institut, Weilburg/Lahn, 1957

Biskamp, Helmut: WAS LIEST DIE JUGEND DER GROSSSTADT?, Jugendschriften-Warte, Frankfurt/M., Nr. 9, 8. Jahrg., Neue Folge, Sept. 1956, S. 60–62

Blankenagel, John C.: FOUR VOLUMES OF VERSE BY ERICH KÄSTNER, German Quarterly, IX, 1936, S. 1–9

Bodláková, Jitka: DOBRODRUŽSTVÍ MEZI ŘÁDKY. Magazín chytrých dětí, SNDK, Prag, 1961

Bodláková, Jitka: E. KÄSTNER. AUS KLEINEN WERKEN. (Tschech. Ausgabe) Auswahl u. Nachw. v. J. B., übersetzt v. Josef Hirsal. Verlag Mladá fronta, Blüten d. Poesie, Bd. 46, Prag, 1963.

Bossmann, Reinaldo: ERICH KÄSTNER, WERK UND SPRACHE, J. Haupt & Coia, Curitiba/Brasilien, 1955, 132 S.

Bossmann, Reinaldo: Dados Biográficos de Erich Kästner, Letras, Curitiba, Heft 5/6, Dezember 1956, S. 65–79

Bossmann, Reinaldo: Erich Kästner, Atividade Literaria em Prol do Neo-Objetivismo e Neo-Humanismo, Letras, Curitiba, Heft 7/8, Dezember 1957, S. 67–74

Bossmann, Reinaldo: Kästner und Ringelnatz. Welt und Wort, Tübingen, 12. 7. 1957, S. 235 ff.

Brenner, E.: Deutsche Literaturgeschichte. 13. Auflage, Wunsiedel 1951, S. 252 und 296

Breul, Elisabeth Charlotte: Die Jugendbücher Erich Kästners, Pädagogisches Institut Darmstadt, Jugendheim a. d. B., 30. 6. 1956, Studien zur Jugendliteratur, Aloys Henn Verlag, Ratingen, H. 4, 1958, S. 28–79

Bridgwater, Patrick: Herausgeber ›Twentieth Century German Verses‹. Penguin Books, 1963, S. 207–214

Budzinski, Klaus: Die Muse mit der scharfen Zunge. Paul List Verlag, München 1961, S. 208/11 u. 213/17 usw.

Daisne, Johan: Kästner en Kästner, Allgem. Monatsschrift ›De Vlaamse Gis‹, Brüssel, Nr. 12, Dezember 1956, S. 756–759

Dallmann, Günther: Erich Kästner, Als ich ein kleiner Junge war. Moderna Sprak, The Journal of The Modern Language Teachers' Association of Sweden, Nr. 4, Stockholm, 1959, S. 436/39

Diettrich, Fritz: Lyrik 1928–1929, Die Literatur, XXXII, 1929–1930, S. 26 ff.

Duwe, Wilhelm: Deutsche Dichtung des 20. Jahrhunderts. Band 1, S. 211–218, Orell Füssli Verlag, Zürich 1962

Edfeldt, Johannes: Nagra Verk och Gestalter i modern Tysk Dihning. Verlag Gleerup, Lund 1948

Edschmid, Kasimir: Rede auf den Preisträger. Jahrbuch der Deutschen Akademie für Sprache und Dichtung, Darmstadt 1958, S. 77–82

Eichholz, Armin: Zur Verleihung des Literaturpreises der Stadt München 1955, Münchner Merkur, München, 17./18. 3. 1956

Enderle, Luiselotte: Wir besuchen Erich Kästner, Zeitschrift ›drei‹, Bertelsmann, Gütersloh, Nr. 7, Juli 1956, S. 51–52

Enderle, Luiselotte: Auf ein Wort, lieber Leser, Ausgabe von ›Drei Männer im Schnee‹, Büchergilde Gutenberg, Frankfurt/M., 1957, S. 247–270

Enderle, Luiselotte: KÄSTNER. Eine Bildbiographie. Kindler Verlag, München, 1960

Endler, Adolf: PROVOKATORISCHE NOTIZEN ÜBER EINEN GEBRAUCHSLYRIKER. Neue Deutsche Literatur, Berlin-Ost, Nr. 9/1963, S. 96–108

F., E.: ERICH KÄSTNER, EIN DICHTER DIESER ZEIT, Arbeiter-Zeitung, Wien, ›Die Literatur‹, XXXIII, 1930–1931, S. 398

Fallada, Hans: AUSKUNFT ÜBER DEN MANN KÄSTNER, Die Literatur, XXXIV, 1931–1932, S. 367–371

Frank, Rudolf: EIN MANN GIBT AUSKUNFT, Besprechung, Die Literatur, XXXIII, 1930–1931, S. 110

Frank, Rudolf: Titel nicht angegeben. Siehe Zdenko Skreb's ›Lirika Ericha Kastnera j njeni...‹, S. 798. Die Literatur XXXV, 1932/33, S. 172

Friedmann, Hermann / Mann, Otto: DEUTSCHE LITERATUR IM 20. JAHRHUNDERT. 2 Bände. Band I. Wolfgang Rothe Verlag, Heidelberg 1961, S. 226–228

Funk Ernst Rudolf: VOM VERHÄLTNIS DER JUGEND ZUM BUCH, Jugendschriften-Warte, Frankfurt/M., Nr. 9, 8. Jahrg., Neue Folge, Sept. 1956, S. 58–60

Gallasch, Walter: HAT ERICH KÄSTNER RESIGNIERT? Die Andere Zeitung, Hamburg, Nr. 34, 29. 12. 1955

Garnier, Pierre: LA POÉSIE SATIRIQUE ALLEMANDE DU DEMI-SIÈCLE. Critiqué, Paris, Nr. 159/60, Aug. 1960, S. 705–722

Gasser, Manuel: DAS PROFIL, Die Weltwoche, Zürich 21. 3. 1952, S. 5

Gehre, Joachim: DAS FLIEGENDE KLASSENZIMMER, Versuch einer Interpretation, 57 S., 1957 (Im Manuskript)

Genschmer, Fred: THE ORDEAL OF ERICH KÄSTNER, Monatshefte für deutschen Unterricht, XXXIX, 1947, S. 389–402

Gregori, Ferdinand: LYRIK 1928, Die Literatur, XXXI, 1928–1929, S. 401

Grenzmann, Wilhelm: DEUTSCHE DICHTUNG DER GEGENWART. Frankfurt/M. 1953, S. 455–456

Gutter, Agnes, Dr.: ERICH KÄSTNER UND DAS RELIGIÖSE, Solothurner Anzeiger, Solothurn/Schweiz, 17. 4. 1956

Haack, Hanns-Erich: DR. ERICH KÄSTNERS KALEIDOSKOP. Deutsche Rundschau, Baden-Baden, 85/1959, S. 128 ff.

Heilborn, E.: DAS ILLUSTRIERTE KINDERBUCH, Die Literatur, XXXII, 1929–1930, S. 559

Hepp, Fred: Zur Verleihung des Literaturpreises der Stadt München 1955, Süddeutsche Zeitung, München, 17./18. 3. 1956

Hesse, Walter: Erich Kästner, Vindication of a Story Teller. Groote Schuur, Südafrika

Hofrichter, Ruth J.: Erich Kästner as a Representative of ›Neue Sachlichkeit‹, German Quarterly, V, 1932, S. 173–177

Hofstaetter, Walther: Erich Kästner: ›Ich hasse Goethe!‹, Leipziger Neueste Nachrichten, Frankfurt/M., Dez. 1955

Horst, Karl August: Erich Kästner ›Naivität und Vernunft‹, Merkur, H. 12, Nr. 142, Deutsche Verlagsanstalt Stuttgart, Dez. 1959, S. 1175–1187

Hürlimann, Bettina: Europäische Kinderbücher in drei Jahrhunderten. Atlantis Verlag, Zürich, 1960

Jacobs, Monty: Erich Kästners Roman Fabian, Vossische Zeitung, Unterhaltungsblatt, zitiert in: Die Literatur, XXXIV, 1931–1932, S. 151

Jirgal, Ernst: Erich Kästner, Hochland, XXIX, 1931–1932, S. 466–468

Kamnitzer, Heinz: Es gibt nichts Gutes, ausser: Man tut es. Neue Deutsche Literatur, Berlin-Ost, H. 12, 1962

Kasch: Der immer aktuelle Kästner, Abendzeitung, München, Nr. 237, 3. 10. 1956

Kästner, Erich: Reklame und Weltrevolution, Gebrauchsgraphik, März, VII, 1930, S. 52–57

Kästner, Erich: Über Erich Kästner. Deutsche Rundschau, LXXV, April 1949, 356 f. und Die Kleine Freiheit, Cecilie Dressler Verlag, Berlin, 1952, S. 185 f.

Kesten, Hermann: Abrechnung mit der Moral, Tagebuch, Berlin, 1931

Kesten, Hermann: Gesang zwischen den Stühlen, Besprechung des Gedichtbandes, Literarische Welt, Berlin, 1932

Kesten, Hermann: Erich Kästner, Welt und Wort, Juli 1950, S. 279–282

Kesten, Hermann: Meine Freunde die Poeten, Donau Verlag, Wien–München, 1953, S. 217–228

Kesten, Hermann: Die geviertelte deutsche Literatur, Welt und Wort, Heft 1, Januar 1953

Kesten, Hermann: Die Schule der Diktatoren, Welt der Arbeit, 21. 12. 1956

Kindermann, Heinz: DAS LITERARISCHE ANTLITZ DER GEGENWART, Halle, 1930
Kindermann, Heinz: IDEALISMUS UND SACHLICHKEIT IN DER DEUTSCHEN GEGENWARTSDICHTUNG, Germanisch-Romanische Monatsschrift, XXI, 1933, S. 81–101
Klein, Johannes: HUMORISTISCHE LYRIK. Welt und Wort, Heft 7, Juli 1954, S. 221–225
Klim, George: ERICH KÄSTNER ALS MORALIST. The degree of Bachelor of Arts, New Castle University College, Australia, 1964, 94 S.
Kohnen, Mansueto: ERICH KÄSTNER: TRES HOMENS NA NEVE. Ed. Melhoramentos, São Paulo, Rezension, Espirito Santo, Rio de Janeiro, XV, 1951, S. 36
Kohnen, Mansueto: HISTORIA DA LITERATURA GERMANICA. Curitiba, 1949, Vol. 2, S. 367
Konstantin von Bayern, Prinz: DIE GROSSEN NAMEN, Kindler Verlag, München, 1956, S. 277–290
Krüger, Anna, Prof.: DAS GUTE MÄDCHENBUCH, Der Deutschunterricht, Ernst Klett Verlag, Stuttgart, 1957, S. 100–102
Krüger, Anna: DIE KINDHEIT IM JUGENDBUCH. Jugendliteratur, Pullach, Nr. 3, März 1959
Krüss, James: EIN SCHULMEISTER UND AUFKLÄRER, Litterair Paspoort, Amsterdam, Okt. 1950, S. 182 ff.
Krüss, James: STILIST UND MENSCHENFREUND. Christ und Welt, Nr. 8, XVII. Jahrgang, 21. 2. 1964, S. 21
Langfelder, Paul: CUNOSTI TU TARA UNDE-I TUNU-N FLVARE? Poezii Satirice Germane din Secolul XX. Editura de Stat Pentru Literatura si Arta, Bukarest, 1958
Ledig, Eva-Maria: HANS-CHRISTIAN ANDERSEN MEDAILLE 1960. Jugend-Literatur, H. 9, München, 1960, S. 422 f.
Leonhardt, Rudolf Walter: DER ANGRIFFSTRAURIGE LEHRERDICHTER. Die Zeit, Nr. 8, Hamburg, 1959, S. 5
Lepman, Jella: REDE ZUR VERLEIHUNG DES HANS-CHRISTIAN ANDERSEN-PREISES 1960 AN ERICH KÄSTNER. Internationales Kuratorium für das Jugendbuch, Luxemburg, 1960
Literární noviny: ERICH KÄSTNER ŠEDESÁTILETÝ / 60 Jahre Erich Kästners, Jg. 8, Nr. 8, 1959, S. 10
Mahrholz, Werner: DEUTSCHE DICHTUNG DER GEGENWART, Berlin, 1931
Mayer, Hans/Hermlin, Stephan: ANSICHTEN ÜBER EINIGE

Bücher und Schriftsteller, Verlag Volk und Welt, Berlin, S. 93–96

Mayer, Hans: Beim Wiederlesen des Fabian von Erich Kästner. Deutsche Literatur und Weltliteratur, 1957, S. 661–664

Mazzucchetti, Lavinia: Un tedesco fuori serie. Novecento in Germania, 1959, S. 245–248

Metzger, Juliane: Erich Kästners Ehrung. Das Ausland holte nach, was bei uns versäumt wurde. Die Zeit, Nr. 40, Hamburg, 1960, S. 11

Michelsen, Peter: Die Trauer der Utopisten. Zur Gebrauchslyrik Erich Kästners. Deutsche Universitätszeitung, Jg. 7, Nr. 12, Göttingen, 1952, S. 12–14

Morgan, Bayard, Q.: Erich Kästner, Columbia Dictionary of Modern European Literature, Horatio Smith, New York, 1947, S. 438

Morhof, Albert: Erich Kästners ironisches Weltbild, Freude an Büchern, Heft 2, 1952, S. 33 f.

Mussakoff, Wladimir: Und zum Schluss ... noch ein Nachwort! Bulgarische Ausgabe ›Pünktchen und Anton‹, Nachwort, Sofia, 1957

Necco, Giovanni: Storia della Letteratura Tedesca, Vallardi, Milano, 1957, S. 850 f.

Netzer, Hans-Joachim: Die Neue Zeitung, Gazette, Internationale Zeitschrift für Zeitungswissenschaft, H. E. Stenfert Kroese, Leiden, Vol. 2, Nr. 1, 1956

Paulsen, Wolfgang: Expressionismus und Aktivismus, Bern und Leipzig, 1935

Pepper, Hugo: Ein noch nicht ganz vergebliches Gelächter, ÖGB Bildungsfunktionär, Österreichischer Gewerkschaftsbund, Wien, Heft 57, Mai–Juni 1957, S. 16–19

Pflughaupt, Heinz Günther: Aus meiner Kindheit. Die Leserunde, Dichter der Gegenwart, H. 25, Matthiesen Verlag, Lübeck/Hamburg

Pohlmann, Gisela: Erich Kästner, Fabian und wir. Auditorium, Jg. 1, Nr. 7/8, Münster, 1947, S. 20–26

Pongs, Hermann: Das kleine Lexikon der Weltliteratur. Union Verlag, 4. A., Stuttgart, 1961

Rendi, Aloisio: Lirica di Kästner. Il Mondo, 29. 9. 1959

Ritchie, J. M.: German Theatre between the Wars and the genteel Tradition. Modern Drama, Kansas, Februar 1965

Rocca, Enrico: STORIA DELLA LETTERATURA TEDESCA DAL 1870 AL 1933, Sansoni, Firenze, 1950, S. 309–312

Roch, Herbert: DEUTSCHE SCHRIFTSTELLER ALS RICHTER IHRER ZEIT, Horizont-Verlag, Berlin, 1947

Rodrian, Fred: NOTIZEN ZU ERICH KÄSTNERS KINDERBÜCHERN. Neue Deutsche Literatur, Berlin-Ost, H. 9, 1960, S. 117–129

Rothenberg, Jerome Dennis: A NOTE ON ERICH KÄSTNER, Autobiography and Seven Poems. The Hudson Review, New York, Winter 1957–1958, Volume X, Number 4, S. 558–574

Saint Jean, Robert de: UN DOCUMENT SUR L'ALLEMAGNE ACTUELLE: FABIEN (I), PAR ERICH KÄSTNER, La Revue Hebdomadaire, XLI, 1932, S. 494–499

Santner, Inge: ERICH KÄSTNER, DER SKEPTISCHE WEIHNACHTSMANN, Weltwoche, Zürich, Nr. 1256, 6. 12. 1957

Schlien, Hellmut: ERICH KÄSTNER KÄMPFT FÜR DIE MORAL. Fabian. Mannheimer Tageblatt, 280; Die Literatur, XXXIV, 1931/32, S. 151

Schmiele, Walter: DAS LITERARISCHE PORTRÄT, ERICH KÄSTNER. Norddeutscher Rundfunk, Frühjahr 1961, Hamburg

Schoenberner, Franz: CONFESSIONS OF A EUROPEAN INTELLECTUAL, New York, 1946

Schouten, J. H.: ERICH KÄSTNER, Levende Talen, 1956, S. 633–652

Schouten, J. H.: DUITSE LITERATUUR ALS LEVENSSPIEGEL. Servire, Den Haag, 1963, S. 170–197

Schumann, Detlev W.: MOTIFS OF CULTURAL ESCHATOLOGY IN POST-EXPRESSIONISTIC GERMAN POETRY, Monatshefte für deutschen Unterricht, XXXIV, 1942, S. 247–261

Seidler, Manfred: ERICH KÄSTNER. Moderne Lyrik im Deutschunterricht, Hirschgraben-Verlag, Frankfurt/M. 1963, S. 86 f.

Skreb, Zdenko: LIRIKA ERICHA KASTNERA J NJENI POVIJESNI (E. K.'s Lyrik und ihre geschichtlichen Grundlagen), Studien der Philosophischen Fakultät, Zagreb, 1951, S. 761–804

Soergel, Albert: KRISTALL DER ZEIT. Leipzig und Zürich, 1929

Süskind, W. E.: FABIAN, Die Literatur, XXXIV, 1931–1932, S. 110

Süskind, W. E.: ERICH KÄSTNER ERHÄLT DEN GEORG BÜCHNER-PREIS, Süddeutsche Zeitung, München, 21. 10. 1957

Takahashi, K. Über Kästners Gedichte, Monthly Magazine for Poetic Studies, Tokio, 1951, S. 4211

Tecchi, Bonaventura: Scrittori tedeschi del 1900, Garzanti, Milano, 1944, S. 35–40

Times Literary Supplement: The Story of a Moralist. 19. 6. 1959, S. 361 ff.

Urban, H.: Erfolg von Kästners ›Leben in dieser Zeit‹. Der deutsche Rundfunk, 9. Jg., Berlin, 1931, H. 51

Urbanová, Anna: Německý satirik Erich Kästner (Der Satiriker Erich Kästner), Světová Literatura, Monatszeitschrift für Weltliteratur, Prag, Nr. 6, 1956, S. 123–139

Urbanová, Anna H.: Znovu o Erichu Kästnerovi / Nochmals Erich Kästner, Světová literatura, Jg. 4, Nr. 6, 1959, S. 250–51

Walter, Fritz: Jugend im Übergang: Erich Kästner ›Fabian‹. BBC, 499; Die Literatur XXXIV, 1931/32, S. 151

Weltmann, Lutz: ›Gesammelte Schriften‹ von Erich Kästner. Contemporary Literature, German Life & Letters, A Quarterly Review, New Series, Vol. XII, Nr. 4, Basil Blackwell, London, July 1959

Westphal, Fritz: Das doppelte Lottchen – ein Lustspiel? Jugendschriften-Warte, Frankfurt/M., Nr. 3/1951

Westphal, Fritz: Von Emil bis Lottchen. Jugendschriften-Warte, Frankfurt/M., Nr. 11/1959

Wielek, H.: Der alte und der neue Kästner, Utrechts Nieuwsblad, 28. 4. 1956

Wiley, Raymond A.: The Role of the Mother in five prewar editions of Erich Kästner's works. German Quarterly, 28/1955, S. 22–33

Winkelman, John: Social Criticism in the Early Works of Erich Kästner, Dissertation an der Universität Michigan, 1951, 282 S.

Winkelman, John: Erich Kästner and Social Criticism, Vortrag vor der ›American Association of Teachers of German‹, St. Louis, 2. 5. 1952, 8 S., Monatshefte XLIV, H. 7, 1952, S. 366–371

Winkelman, John: Existentialist Elements in the Early Works of Erich Kästner, The German Quarterly, Volume XXVII, Jan. 1954, Nr. 1

Winkelman, John: The Poetic Style of Erich Kästner, University of Nebraska Studies, New Series, Nr. 17, Mai 1957, 53 S.

Wr., F.: Doktor Erich Kästner oder Der Dichter als Hausarzt, Helvetische Typographia, Basel, 14. 10. 1955

Anzeigen

*Klassiker und moderne Klassiker
der deutschen Literatur
im Diogenes Verlag*

Gottfried Benn
Ausgewählte Gedichte
Herausgegeben und mit einem Nachwort von Gerd Haffmans
detebe 56

Ulrich Bräker
Gesammelte Werke in 3 Bänden
Herausgegeben von Samuel Voellmy. detebe 195/1–3

Wilhelm Busch
Schöne Studienausgabe in 7 Bänden
Herausgegeben von Friedrich Bohne. detebe 60/1–7

Friedrich Dürrenmatt
Der Richter und sein Henker und Der Verdacht
Die zwei Kriminalromane um Kommissär Bärlach in einem Band
detebe 171

Joseph von Eichendorff
Aus dem Leben eines Taugenichts
Novelle. Mit einem Vorwort von Thomas Mann. detebe 158

Jeremias Gotthelf
Ausgewählte Werke in 12 Bänden
Herausgegeben von Walter Muschg. detebe 170/1–12
Dazu ein Band
Keller über Gotthelf. detebe 169

Heinrich Heine
Gedichte
Ausgewählt, eingeleitet und kommentiert von Ludwig Marcuse
detebe 139

Hermann Hesse
Die Fremdenstadt im Süden
Ausgewählte Erzählungen. Zusammengestellt und mit einem
Nachwort von Volker Michels. detebe 134

Das Erich Kästner Lesebuch
Herausgegeben von Christian Strich. detebe 157

Gottfried Keller
Zürcher Ausgabe. Gesammelte Werke in 8 Bänden
Herausgegeben von Gustav Steiner. detebe 160/1–8
Dazu ein Band
Über Gottfried Keller
Herausgegeben von Paul Rilla. detebe 167

Heinrich Mann
Liebesspiele. Ausgewählte Erzählungen
Mit einem Vorwort von Hugo Loetscher und Zeichnungen
von George Grosz. detebe 57

Thomas Mann
Der Bajazzo. Ausgewählte Erzählungen
Herausgegeben und mit einem Nachwort von Gerd Haffmans
detebe 168

Arthur Schnitzler
Spiel im Morgengrauen. Ausgewählte Erzählungen
Herausgegeben und mit einem Nachwort von Hans Weigel
detebe 96

Arthur Schopenhauer
Zürcher Ausgabe. Volks- und Studienausgabe in 10 Bänden
Nach der historisch-kritischen Edition von Arthur Hübscher
Editorische Materialien von Angelika Hübscher. detebe 140/1–10
Dazu ein Band
Über Arthur Schopenhauer
Herausgegeben von Gerd Haffmans. detebe 153

Robert Walser
Der Spaziergang. Ausgewählte Geschichten und Aufsätze
Mit einem Nachwort von Urs Widmer und Zeichnungen
von Karl Walser. detebe 43

Klassiker und moderne Klassiker der fremdsprachigen Literatur im Diogenes Verlag

Balzac
Die Menschliche Komödie in 40 Bänden. detebe 130/1–40

Baudelaire
Die Tänzerin Fanfarlo. Sämtliche Prosadichtungen. detebe 144

Čechov
Das dramatische Werk · Das erzählende Werk · Briefe in Einzelbänden in der Neuedition von Peter Urban. detebe 50/1–25

Faulkner
Werkausgabe in bisher 17 Einzelbänden. detebe 30/1–17

Flaubert
Briefe. Herausgegeben von Helmut Scheffel. detebe 143

Gogol
Die toten Seelen. Roman in zeitgenössischer Übersetzung. detebe 141

D. H. Lawrence
Sämtliche Erzählungen und Kurzromane in 8 Einzelbänden Neuübersetzungen von Elisabeth Schnack. detebe 90/1–8

McCullers
Werkausgabe in 8 Einzelbänden. detebe 20/1–8

Maugham
Gesammelte Erzählungen in 10 Einzelbänden. detebe 125/1–10

Melville
Moby-Dick. Deutsch von Thesi Mutzenbecher und Ernst Schnabel
detebe 142

O'Casey
Das dramatische Werk · Das autobiographische Werk
in Einzelbänden. detebe 2/1–2 und 155/1

O'Connor
Gesammelte Erzählungen in 6 Einzelbänden. Deutsch von
Elisabeth Schnack. detebe 85/1–6

Molière
Komödien und Materialien. 7 Bände Komödien
in der Nachdichtung von Hans Weigel und 1 Band ›Über Molière‹
detebe 95/1–7 und 37

E. A. Poe
Der Untergang des Hauses Usher. Ausgewählte Erzählungen
detebe 105

Shakespeare
Sonette in der Nachdichtung von Karl Kraus. detebe 137

Monographien und Materialien in Diogenes Taschenbüchern

Über Alfred Andersch
Herausgegeben von Gerd Haffmans. detebe 53

Über Balzac
Herausgegeben von Claudia Schmölders. detebe 152

Ludwig Börne
Von Ludwig Marcuse. detebe 21/8

Über Chaplin
Herausgegeben von Wilfried Wiegand. detebe 159

Über William Faulkner
Herausgegeben von Gerd Haffmans. detebe 54

Sigmund Freud
Von Ludwig Marcuse. detebe 21/2

Über Jeremias Gotthelf
Von Gottfried Keller. detebe 169

Heinrich Heine
Von Ludwig Marcuse. detebe 21/9

Über Gottfried Keller
Herausgegeben von Paul Rilla. detebe 167

Ignatius von Loyola
Von Ludwig Marcuse. detebe 21/5

Über Carson McCullers
Herausgegeben von Gerd Haffmans. detebe 20/8

Karl May
Von Hans Wollschläger. detebe 112

Über Molière
Herausgegeben von Christian Strich, Rémy Charbon und Gerd Haffmans. detebe 37

Über Schopenhauer
Herausgegeben von Gerd Haffmans. detebe 151

Über Simenon
Herausgegeben von Claudia Schmölders und Christian Strich
detebe 154

Das denkwürdige Leben des Richard Wagner
Von Ludwig Marcuse. detebe 21/4

Diogenes Taschenbücher

Alphabetisches Verzeichnis

Aiken, *Die Kristallkrähe* * 76
o Amalrik, *Kann die Sowjetunion das Jahr 1984 erleben?* * 5
Ambler, *Die Maske des Dimitrios* 75/1
Ambler, *Der Fall Deltchev* 75/2
Ambler, *Eine Art von Zorn* * 75/3
Ambler, *Schirmers Erbschaft* 75/4
Ambler, *Die Angst reist mit* * 75/5
Ambler, *Der Levantiner* 75/6
Ambler, *Waffenschmuggel* 75/7
Ambler, *Topkapi* 75/8
Ambler, *Schmutzige Geschichte* 75/9
Ambler, *Das Intercom-Komplott* 75/10
Ambler, *Besuch bei Nacht* 75/11
o Andersch, *Die Kirschen der Freiheit* 1/1
o Andersch, *Sansibar oder der letzte Grund* 1/2
o Andersch, *Hörspiele* 1/3
o Andersch, *Geister und Leute* 1/4
o Andersch, *Die Rote* 1/5
o Andersch, *Ein Liebhaber des Halbschattens* 1/6
o Andersch, *Efraim* 1/7
o Andersch, *Winterspelt* 1/9
o Andersch, *Öffentlicher Brief an einen sowjetischen Schriftsteller* * 1/13
o Andersch, *Einige Zeichnungen* * 151
o *Über Alfred Andersch* * 53
o Anderson, *Ich möchte wissen warum* 156
Armstrong, *Mein Leben in New Orleans* 133
o Balzac, *Die Menschliche Komödie* 130/1-40
o *Über Balzac* * 152
o Baudelaire, *Die Tänzerin Fanfarlo* 144
Becker, *Russisch Roulette* * 104
Bellairs, *Das Haus, das tickte* * 131
Belloc Lowndes, *Jack the Ripper* * 68
o Benn, *Ausgewählte Gedichte* 56
Bierce, *Die Spottdrossel* 106
Bosc, *Love and Order* 44
Bradbury, *Der illustrierte Mann* 127
Brambach, *Für sechs Tassen Kaffee* 161
o Braun/Iden, *Neues deutsches Theater* * 18
o Brechbühl, *Der geschlagene Hund* * 24
o Brechbühl, *Kneuss* 162
Buchan, *Die neununddreißig Stufen* 93/1
o Busch, *Gedichte* 60/1
o Busch, *Max und Moritz* 60/2
o Busch, *Die fromme Helene* 60/3

o Busch, *Tobias Knopp* 60/4
o Busch, *Hans Huckebein / Fipps der Affe / Plisch und Plum* 60/5
o Busch, *Balduin Bählamm / Maler Klecksel* 60/6
o Busch, *Prosa* 60/7
o Čechov, *Die Möwe* 50/1
o Čechov, *Der Waldschrat* 50/2
o Čechov, *Der Kirschgarten* 50/3
o Čechov, *Onkel Vanja* 50/4
o Čechov, *Ivanov* 50/5
o Čechov, *Drei Schwestern* 50/6
o Čechov, *Platonov* * 50/7
o Čechov, *Ein unbedeutender Mensch* 50/11
o Čechov, *Gespräch eines Betrunkenen* 50/12
o Čechov, *Die Steppe* 50/13
o Čechov, *Flattergeist* 50/14
o Čechov, *Rothschilds Geige* 50/15
o Čechov, *Die Dame mit dem Hündchen* 50/16
o Čechov, *Eine langweilige Geschichte* 50/17
o Čechov, *Krankenzimmer Nr. 6* 50/18
o Čechov, *Drei Jahre* 50/19
o Čechov, *Die Insel Sachalin* 50/20
Chandler, *Der große Schlaf* 70/1
Chandler, *Die kleine Schwester* 70/2
Chandler, *Das hohe Fenster* 70/3
Chandler, *Der lange Abschied* 70/4
o Chandler, *Die simple Kunst des Mordes* 70/5
Chandler, *Die Tote im See* 70/6
Chandler, *Lebwohl, mein Liebling* 70/7
Chandler, *Playback* 70/8
Chandler, *Mord im Regen* 70/9
o *Über Chaplin* * 159
Chaval, *Zum Lachen* 80/1
Chaval, *Zum Heulen* 80/2
Chaval, *Hochbegabter Mann* 80/3
Childers, *Das Rätsel der Sandbank* * 92
Christie, *Villa Nachtigall* 71
o Conrad, *Lord Jim* 66/1
o Conrad, *Der Geheimagent* 66/2
o Conrad, *Herz der Finsternis* 66/3
Cullingford, *Post mortem* * 132
o *Das Diogenes Lesebuch* * 58
o *Das Diogenes Lesebuch amerikanischer Erzähler* * 117

o Das Diogenes Lesebuch englischer
    Erzähler * 118
o Das Diogenes Lesebuch irischer
    Erzähler * 119
   Dolly Dolittle's Crime Club I 120/1
   Dolly Dolittle's Crime Club II 120/2
   Dolly Dolittle's Crime Club III 120/3
   Dumas, Horror in Fontenay * 129
o Eichendorff, Aus dem Leben eines
    Taugenichts 158
o Einstein/Freud, Warum Krieg? 28
   Ely, Aus! * 32
o Erckmann/Chatrian, Der Rekrut 12
o Faulkner, Brandstifter 30/1
o Faulkner, Eine Rose für Emily 30/2
o Faulkner, Rotes Laub 30/3
o Faulkner, Sieg im Gebirge 30/4
o Faulkner, Schwarze Musik 30/5
o Faulkner, Die Unbesiegten 30/6
o Faulkner, Sartoris 30/7
o Faulkner, Als ich im Sterben lag 30/8
o Faulkner, Schall und Wahn 30/9
o Faulkner, Absalom, Absalom! 30/10
o Faulkner, Go down, Moses 30/11
o Faulkner, Der große Wald 30/12
o Faulkner, Griff in den Staub 30/13
o Faulkner, Der Springer greift an 30/14
o Faulkner, Soldatenlohn 30/15
o Faulkner, Moskitos 30/16
o Faulkner, Wendemarke 30/17
o Über William Faulkner * 54
   Fellini, Roma * 55/1
   Fellini, Das süße Leben * 55/2
   Fellini, 8½ 55/3
   Fellini, Julia und die Geister 55/4
   Fellini, Amarcord * 55/5
   Fellini, Aufsätze und Notizen * 55/6
   Fellini, Casanova * 55/7
   Fellini, La Strada * 55/8
   Fellini, Die Nächte der Cabiria * 55/9
   Fellini, I Vitelloni * 55/10
o Ferlinghetti, Ausgewählte Gedichte * 41
o Fischer, Zur Situation der Kunst * 15
o Fitzgerald, Der große Gatsby 97/1
o Fitzgerald, Der letzte Taikun 97/2
o Fitzgerald, Pat Hobby's Hollywood
    Stories * 97/3
o Flaubert, Briefe 143
o Flora, Premiere * 0
   Flora, Trauerflora 52/1
   Flora, Vivat Vamp! 52/2
o Ford, Die allertraurigste Geschichte 163
o Friedell, Konversationslexikon * 59
   Friedell, Die Rückkehr der
    Zeitmaschine 81

   Geen, Tolstoi wohnt in 12N B9 * 89
o Gogol, Die toten Seelen 141
   Gorey, Balaclava * 27
   Gorey/Phypps, Das jüngst entjungferte
    Mädchen 101
   Goya, Caprichos 33/1
   Goya, Desastres de la Guerra 33/2
   Haggard, Sie 108/1
   Hammett, Der Malteser Falke 69/1
   Hammett, Rote Ernte 69/2
   Hammett, Der Fluch des Hauses
    Dain 69/3
   Hammett, Der gläserne Schlüssel 69/4
   Hammett, Der dünne Mann 69/5
   Hare, Mörderglück 88
   Hearson, Euer Gnaden haben
    geschossen? 111
   Heine, Gedichte 139
   Heller, Herrn Collins Abenteuer 110/1
o Henkel, Eisenwichser * 7
   O. Henry, Glück, Geld und Gauner 107
   Hensel, Wider die
    Theaterverhunzer * 31
o Hesse, Die Fremdenstadt im
    Süden 134
   Highsmith, Der Stümper 74/1
   Highsmith, Zwei Fremde im Zug 74/2
   Highsmith, Der Geschichtenerzähler 74/3
   Highsmith, Der süße Wahn 74/4
   Highsmith, Die zwei Gesichter des
    Januars 74/5
   Highsmith, Der Schrei der Eule 74/6
   Highsmith, Tiefe Wasser 74/7
   Highsmith, Die gläserne Zelle 74/8
   Highsmith, Das Zittern des
    Fälschers 74/9
   Highsmith, Lösegeld für einen
    Hund 74/10
   Highsmith, Ripley's Game 74/13
   Hornung, Raffles – Der Dieb in der
    Nacht 109
   Hottinger, Mord · Mehr Morde · Noch
    mehr Morde 25/1-3
   Hottinger, Geschichten für den
    Connaisseur 145/1-6
   Jägersberg, Cosa Nostra * 22/1
o Jägersberg, Weihrauch und
    Pumpernickel 22/2
   Jägersberg, Nette Leute 22/3
o Jewtuschenko, Ausgewählte
    Gedichte * 42
   Jiménez, Herz, stirb oder singe 146
o Das Erich Kästner Lesebuch * 157
o Keller, Der grüne Heinrich I/II 160/1
o Keller, Der grüne Heinrich III/IV 160/2

o Keller, *Die Leute von Seldwyla* I   160/3
o Keller, *Die Leute von Seldwyla* II / *Zwei Kalendergeschichten*   160/4
o Keller, *Züricher Novellen / Aufsätze*   160/5
o Keller, *Sinngedicht / Sieben Legenden*   160/6
o Keller, *Martin Salander / Ein Bettagsmandat u. a.*   160/7
o Keller, *Gedichte / Der Apotheker von Chamounix*   160/8
o *Über Gottfried Keller*   167
o *Kann man noch beten?* *   47
  Kersh, *Mann ohne Gesicht* *   128
o Lardner, *Geschichten aus dem Jazz-Zeitalter*   78
o D. H. Lawrence, *Pornographie und Obszönität* *   11
o D. H. Lawrence, *Der preußische Offizier* *   90/1
o D. H. Lawrence, *England, mein England* *   90/2
o D. H. Lawrence, *Die Frau, die davonritt* *   90/3
o D. H. Lawrence, *Der Mann, der Inseln liebte* *   90/4
o D. H. Lawrence, *Der Fremdenlegionär* *   90/5
o D. H. Lawrence, *Der Fuchs*   90/6
o D. H. Lawrence, *Der Hengst St. Mawr*   90/7
o D. H. Lawrence, *Liebe im Heu* *   90/8
o D. H. Lawrence, *John Thomas & Lady Jane*   147
  Leblanc, *Arsène Lupin – Der Gentleman-Gauner*   65/1
  Leblanc, *Die hohle Nadel*   65/2
o Lessing, *Hunger* *   115
  Lodemann, *Anita Drögemöller*   121
  Loriot, *Kleine Prosa* *   13
  Loriot, *Tagebuch* *   61
  Loriot, *Kleiner Ratgeber*   82
  Loriot, *Kommentare* *   166
  Macdonald, *Dornröschen war ein schönes Kind* *   99/1
  Macdonald, *Unter Wasser stirbt man nicht*   99/2
  Macdonald, *Ein Grinsen aus Elfenbein*   99/3
  Macdonald, *Die Küste der Barbaren*   99/4
  Macdonald, *Der Fall Galton*   99/5
  Macdonald, *Gänsehaut*   99/6
  Macdonald, *Der blaue Hammer* *   99/7
o H. Mann, *Liebesspiele*   57

o L. Marcuse, *Philosophie des Glücks*   21/1
o L. Marcuse, *Sigmund Freud*   21/2
o L. Marcuse, *Argumente und Rezepte*   21/3
o L. Marcuse, *Richard Wagner*   21/4
o L. Marcuse, *Ignatius von Loyola*   21/5
o L. Marcuse, *Mein zwanzigstes Jahrhundert*   21/6
o L. Marcuse, *Nachruf auf Ludwig Marcuse*   21/7
o L. Marcuse, *Ludwig Börne*   21/8
o L. Marcuse, *Heinrich Heine*   21/9
o Maugham, *Honolulu*   125/1
o Maugham, *Das glückliche Paar*   125/2
o Maugham, *Vor der Party*   125/3
o Maugham, *Die Macht der Umstände*   125/4
o Maugham, *Lord Mountdrago*   125/5
o Maugham, *Fußspuren im Dschungel*   125/6
o Maugham, *Ashenden oder Der britische Geheimagent*   125/7
o Maugham, *Entlegene Welten*   125/8
o Maugham, *Winter-Kreuzfahrt*   125/9
o Maugham, *Fata Morgana*   125/10
  Maugham, *Rosie und die Künstler*   35/5
  Maugham, *Silbermond und Kupfermünze*   35/6
  Maugham, *Auf Messers Schneide*   35/7
  Maugham, *Theater*   35/8
  Maugham, *Damals und heute*   35/9
  Maugham, *Der Magier*   35/10
  Maugham, *Oben in der Villa*   35/11
  Maugham, *Mrs. Craddock*   35/12
o Maugham, *Der Menschen Hörigkeit*   35/13–14
o McCullers, *Wunderkind*   20/1
o McCullers, *Madame Zilensky und der König von Finnland*   20/2
o McCullers, *Die Ballade vom traurigen Café*   20/3
o McCullers, *Das Herz ist ein einsamer Jäger*   20/4
o McCullers, *Spiegelbild im goldnen Auge*   20/5
o McCullers, *Frankie*   20/6
o McCullers, *Uhr ohne Zeiger*   20/7
o *Über Carson McCullers* *   20/8
o Melville, *Moby-Dick*   142
  Mercer, *Flint* *   9
  Millar, *Liebe Mutter, es geht mir gut*   98/1
  Millar, *Die Feindin*   98/2
  Millar, *Fragt morgen nach mir* *   98/3

- o Molière, *Komödien in 7 Bänden* * 95/1-7
- o *Über Molière* * 37
- Monterroso, *Das gesamte Werk und andere Fabeln* * 51
- Moss/Gorey, *Augenblicke aus dem Leben großer Geister* * 124
- o O'Casey, *Purpurstaub* * 2/1
- o O'Casey, *Dubliner Trilogie* * 2/2
- o O'Casey, *Ich klopfe an* 150/1
- o O'Connor, *Und freitags nach Fisch* 85/1
- o O'Connor, *Mein Ödipus-Komplex* * 85/2
- o O'Connor, *Don Juans Versuchung* * 85/3
- o O'Connor, *Eine unmögliche Ehe* * 85/4
- o O'Connor, *Eine selbständige Frau* * 85/5
- o O'Connor, *Brautnacht* * 85/6
- o O'Faolain, *Sünder und Sänger* 102/1
- O'Flaherty, *Ich ging nach Rußland* 16
- o O'Flaherty, *Armut und Reichtum* 103/1
- o Orwell, *Farm der Tiere* 63/1
- o Orwell, *Im Innern des Wals* * 63/2
- o Orwell, *Rache ist sauer* * 63/3
- o Orwell, *Mein Katalonien* 63/4
- o Orwell, *Erledigt in Paris und London* * 63/5
- o Poe, *Der Untergang des Hauses Usher* 105
- o Plomer, *Turbott Wolfe* 114
- Price, *Der kleine Psychologe* 91
- Quentin, *Bächleins Rauschen tönt so bang* 87
- Richartz, *Tod den Ärtzten* 26
- Richartz, *Das Leben als Umweg* * 116
- o Richartz/Widmer, *Shakespeare's Geschichten* * 138
- Rosendorfer, *Über das Küssen der Erde* * 10/1
- o Rosendorfer, *Der Ruinenbaumeister* 10/2
- Rosendorfer, *Skaumo* * 10/3
- o Sacharow, *Wie ich mir die Zukunft vorstelle* 79
- o Saki, *Die offene Tür* 62
- (Samisdat), *Unruhen aus neuester Zeit* * 36
- o Schnitzler, *Spiel im Morgengrauen* 96
- o Schopenhauer, *Die Welt als Wille und Vorstellung* I/II 140/1-4
- o Schopenhauer, *Kleinere Schriften* 140/5-6
- o Schopenhauer, *Parerga und Paralipomena* I/II 140/7-10
- o *Über Schopenhauer* * 153

Searle, *Weil noch das Lämpchen glüht* 14
Sempé, *Konsumgesellschaft* * 38
Sempé, *Volltreffer* 84
Sempé, *Umso schlimmer* 165
Über Sendak * 164
- o Shakespeare/Kraus, *Sonette* 137
- o Sillitoe, *Guzman, Go Home* * 4/1
- o Sillitoe, *Die Einsamkeit des Langstreckenläufers* 4/2
- o Sillitoe, *Samstagnacht und Sonntagmorgen* 4/3
Simenon, *Die Glocken von Bicêtre* 72
Simenon, *Brief an meinen Richter* 135/1
Simenon, *Der Schnee war schmutzig* 135/2
Simenon, *Die grünen Fensterläden* 135/3
Simenon, *Im Falle eines Unfalls* 135/4
Simenon, *Sonntag* 135/5
Simenon, *Bellas Tod* 135/6
Simenon, *Der Mann mit dem kleinen Hund* 135/7
Simenon, *Drei Zimmer in Manhattan* 135/8
Simenon, *Die Großmutter* 135/9
Simenon, *Maigrets erste Untersuchung* 155/1
Simenon, *Maigret und Pietr, der Lette* 155/2
Simenon, *Maigret und die alte Dame* 155/3
Simenon, *Maigret und der Mann auf der Bank* 155/4
Simenon, *Maigret und der Minister* 155/5
Simenon, *Mein Freund Maigret* 155/6
- o *Über Georges Simenon* * 154
Siné, *Katzenjammer* 94
Slesar, *Das graue distinguierte Leichentuch* 77/1
Slesar, *Vorhang auf, wir spielen Mord!* * 77/2
Slesar, *Erlesene Verbrechen* 77/3
Slesar, *Ein Bündel Geschichten* 77/4
Slesar, *Hinter der Tür* * 77/5
Spark, *Memento Mori* 29/1
Spark, *Die Ballade von Peckham Rye* 29/2
Stoker, *Draculas Gast* 73
- o Thoreau, *Walden oder Leben in den Wäldern* 19/1
- o Thoreau, *Über die Pflicht zum Ungehorsam* * 19/2
- o *Das Tintenfaß, Nr. 24* * 83
- o *Das Tintenfaß, Nr. 25* * 100

- o *Das Tintenfaß, Nr. 26* * 122
- o *Das deutsche Tintenfaß, Nr. 27* * 136
- Topor, *Tragödien* * 23
- Topor, *Der Mieter* * 126
- Tschukowskaja, *Ein leeres Haus* 8
- Tschukowskaja, *Untertauchen* 148
- o *Über Gott und die Welt* * 46
- Ungerer, *Der Sexmaniak* 6
- Ungerer, *Fornicon* 17
- Ungerer, *Spiegelmensch* * 49
- Ungerer, *Der erfolgreiche Geschäftsmann* 123
- Verne, *Reise um die Erde in 80 Tagen* 64/1
- Verne, *Fünf Wochen im Ballon* 64/2
- Verne, *Von der Erde zum Mond* 64/3
- Verne, *Reise um den Mond* 64/4
- Verne, *20 000 Meilen unter Meer* 64/5–6
- Verne, *Reise zum Mittelpunkt der Erde* 64/7
- Verne, *Der Kurier des Zaren* 64/8–9
- Verne, *Die fünfhundert Millionen der Begum* 64/10
- Verne, *Die Kinder des Kapitäns Grant* 64/11–12
- Verne, *Die Erfindung des Verderbens* 64/13
- Verne, *Die Leiden eines Chinesen in China* 64/14
- Verne, *Das Karpathenschloß* 64/15
- Verne, *Die Gestrandeten* 64/16–17
- Verne, *Der ewige Adam* 64/18
- Verne, *Robur der Eroberer* 64/19
- o R. Walser, *Der Spaziergang* 43
- Wells, *Der Unsichtbare* 67/1
- Wells, *Der Krieg der Welten* 67/2
- o Wells, *Die Zeitmaschine* 67/3
- o Wells, *Die Geschichte unserer Welt* 67/4
- Wells, *Das Land der Blinden* 67/5
- West, *Schreiben Sie Miss Lonelyhearts* 40/1
- West, *Tag der Heuschrecke* 40/2
- West, *Eine glatte Million* 40/3
- Whistler, *Die vornehme Kunst sich Feinde zu machen* * 34
- Widmer, *Das Normale und die Sehnsucht* * 39/1
- Widmer, *Die lange Nacht der Detektive* * 39/2
- Widmer, *Die Forschungsreise* 39/3
- Widmer, *Schweizer Geschichten* 39/4
- Widmer, *Nepal* 39/5
- o Wilde, *Der Sozialismus und die Seele des Menschen* 3
- o Wollschläger, *Die bewaffneten Wallfahrten* * 48
- o Wollschläger, *Karl May* 112
- o Wollschläger, *Die Gegenwart einer Illusion* * 113

detebe-Kassetten

- o Balzac, *Die Menschliche Komödie in 40 Bänden* K 10
- o Busch, *Studienausgabe in 7 Bänden* K 13
- o Chandler, *Sämtliche Romane und mehr in 9 Bänden* K 4
- o Čechov, *Das erzählende Werk in 10 Bänden* K 2
- Chaval, *Gesammelte Cartoons in 3 Bänden* K 9
- o Faulkner, *Gesammelte Erzählungen in 5 Bänden* K 16
- Hammett, *Sämtliche Romane in 5 Bänden* K 3
- o Hottinger, *Morde in 3 Bänden* K 1
- Hottinger, *Geschichten für den Connaisseur in 6 Bänden* K 14
- o Keller, *Werke in 8 Bänden* K 17
- o D. H. Lawrence, *Sämtliche Erzählungen und Kurzromane in 8 Bänden* K 6
- o McCullers, *Werke in 8 Bänden* K 11
- o Maugham, *Gesammelte Erzählungen in 10 Bänden* K 5
- o Maugham, *Der Menschen Hörigkeit in 2 Bänden* K 15
- o Molière, *Komödien und Materialien in 8 Bänden* K 7
- o O'Connor, *Gesammelte Erzählungen in 6 Bänden* K 8
- o Schopenhauer, *Zürcher Ausgabe in 10 Bänden* K 12

*Titel mit * sind Erstausgaben oder deutsche Erstausgaben*
Titel mit o sind auch als Studienausgaben empfohlen

Diogenes Kinder Taschenbücher

Alphabetisches Verzeichnis

Brunhoff, *Die Geschichte von Babar* 5
Busch, *Max und Moritz* 2
Carroll, *Die kleine Alice* * 3
Collodi, *Pinocchios Abenteuer* 17
Gorey/Levin, *Er war da und saß im Garten* 8
Hoffmann, *Der Struwwelpeter* 1
Leaf, *Ferdinand der Stier* 4
Murschetz, *Der Maulwurf Grabowski* 10
Potter, *Die Geschichte von Peter Hase* 13
Sendak, *Hühnersuppe mit Reis* 6
Sendak, *Herr Hase und das schöne Geschenk* 15
Spyri, *Heidis Lehr- und Wanderjahre* 11
Spyri, *Heidi kann brauchen was es gelernt hat* 12
Timmermans, *Henne Blanche, Soldat des Kaisers* 14
Ungerer, *Die drei Räuber* 7
Ungerer, *Der Hut* 16
Zimnik/Axmann, *Die Geschichte vom Käuzchen* 9

Diogenes Taschenbücher

o	Flora, *Premiere* *	o 20/1	McCullers, *Wunderkind*
o 1/1	Andersch, *Die Kirschen der Freiheit*	o 20/2	McCullers, *Madame Zilensky und der König von Finnland*
o 1/2	Andersch, *Sansibar oder der letzte Grund*	o 20/3	McCullers, *Die Ballade vom traurigen Café*
o 1/3	Andersch, *Hörspiele*	o 20/4	McCullers, *Das Herz ist ein einsamer Jäger*
o 1/4	Andersch, *Geister und Leute*	o 20/5	McCullers, *Spiegelbild im goldnen Auge*
o 1/5	Andersch, *Die Rote*		
o 1/6	Andersch, *Ein Liebhaber des Halbschattens*	o 20/6	McCullers, *Frankie*
o 1/7	Andersch, *Efraim*	o 20/7	McCullers, *Uhr ohne Zeiger*
o 1/9	Andersch, *Winterspelt*	o 20/8	*Über Carson McCullers* *
o 1/13	Andersch, *Öffentlicher Brief an einen sowjetischen Schriftsteller* *	o 21/1	L. Marcuse, *Philosophie des Glücks*
		o 21/2	L. Marcuse, *Sigmund Freud*
o 2/1	O'Casey, *Purpurstaub* *	o 21/3	L. Marcuse, *Argumente und Rezepte*
o 2/2	O'Casey, *Dubliner Trilogie* *		
o 3	Wilde, *Der Sozialismus und die Seele des Menschen*	o 21/4	L. Marcuse, *Richard Wagner*
		o 21/5	L. Marcuse, *Ignatius von Loyola*
o 4/1	Sillitoe, *Guzman, Go Home* *		
o 4/2	Sillitoe, *Die Einsamkeit des Langstreckenläufers*	o 21/6	L. Marcuse, *Mein zwanzigstes Jahrhundert*
o 4/3	Sillitoe, *Samstagnacht und Sonntagmorgen*	o 21/7	L. Marcuse, *Nachruf auf Ludwig Marcuse*
o 5	Amalrik, *Kann die Sowjetunion das Jahr 1984 erleben?* *	o 21/8	L. Marcuse, *Ludwig Börne*
		o 21/9	L. Marcuse, *Heinrich Heine*
6	Ungerer, *Der Sexmaniak*	22/1	Jägersberg, *Cosa Nostra* *
o 7	Henkel, *Eisenwichser* *	o 22/2	Jägersberg, *Weihrauch und Pumpernickel*
8	Tschukowskaja, *Ein leeres Haus*		
9	Mercer, *Flint* *	22/3	Jägersberg, *Nette Leute*
10/1	Rosendorfer, *Über das Küssen der Erde* *	23	Topor, *Tragödien* *
		24	Brechbühl, *Der geschlagene Hund* *
o 10/2	Rosendorfer, *Der Ruinenbaumeister*		
10/3	Rosendorfer, *Skaumo* *	25/1–3	Hottinger, *Mord · Mehr Morde · Noch mehr Morde*
o 11	D. H. Lawrence, *Pornographie und Obszönität* *	26	Richartz, *Tod den Ärtzten*
		27	Gorey, *Balaclava* *
o 12	Erckmann/Chatrian, *Der Rekrut*	o 28	Einstein/Freud, *Warum Krieg?*
13	Loriot, *Kleine Prosa* *	29/1	Spark, *Memento Mori*
14	Searle, *Weil noch das Lämpchen glüht*	29/2	Spark, *Die Ballade von Peckham Rye*
o 15	Fischer, *Überlegungen zur Situation der Kunst* *	o 30/1	Faulkner, *Brandstifter*
		o 30/2	Faulkner, *Eine Rose für Emily*
16	O'Flaherty, *Ich ging nach Rußland*	o 30/3	Faulkner, *Rotes Laub*
		o 30/4	Faulkner, *Sieg im Gebirge*
17	Ungerer, *Fornicon*	o 30/5	Faulkner, *Schwarze Musik*
o 18	Braun/Iden, *Neues deutsches Theater* *	o 30/6	Faulkner, *Die Unbesiegten*
		o 30/7	Faulkner, *Sartoris*
o 19/1	Thoreau, *Walden oder Leben in den Wäldern*	o 30/8	Faulkner, *Als ich im Sterben lag*
		o 30/9	Faulkner, *Schall und Wahn*
o 19/2	Thoreau, *Über die Pflicht zum Ungehorsam* *	o 30/10	Faulkner, *Absalom, Absalom!*
		o 30/11	Faulkner, *Go down, Moses*

o	30/12	Faulkner, *Der große Wald*	o	50/3	Čechov, *Der Kirschgarten*
o	30/13	Faulkner, *Griff in den Staub*	o	50/4	Čechov, *Onkel Vanja*
o	30/14	Faulkner, *Der Springer greift an*	o	50/5	Čechov, *Ivanov*
o	30/15	Faulkner, *Soldatenlohn*	o	50/6	Čechov, *Drei Schwestern*
o	30/16	Faulkner, *Moskitos*	o	50/7	Čechov, *Platonov* *
o	30/17	Faulkner, *Wendemarke*	o	50/11	Čechov, *Ein unbedeutender Mensch*
	31	Hensel, *Wider die Theaterverhunzer* *			
	32	Ely, *Aus!* *	o	50/12	Čechov, *Gespräch eines Betrunkenen*
	33/1	Goya, *Caprichos*	o	50/13	Čechov, *Die Steppe*
	33/2	Goya, *Desastres de la Guerra*	o	50/14	Čechov, *Flattergeist*
	34	Whistler, *Die vornehme Kunst sich Feinde zu machen* *	o	50/15	Čechov, *Rothschilds Geige*
	35/5	Maugham, *Rosie und die Künstler*	o	50/16	Čechov, *Die Dame mit dem Hündchen*
	35/6	Maugham, *Silbermond und Kupfermünze*	o	50/17	Čechov, *Eine langweilige Geschichte*
	35/7	Maugham, *Auf Messers Schneide*	o	50/18	Čechov, *Krankenzimmer Nr. 6*
			o	50/19	Čechov, *Drei Jahre*
	35/8	Maugham, *Theater*	o	50/20	Čechov, *Die Insel Sachalin*
	35/9	Maugham, *Damals und heute*		51	Monterroso, *Das gesamte Werk und andere Fabeln* *
	35/10	Maugham, *Der Magier*			
	35/11	Maugham, *Oben in der Villa*		52/1	Flora, *Trauerflora*
	35/12	Maugham, *Mrs. Craddock*		52/2	Flora, *Vivat Vamp!*
o	35/13–14	Maugham, *Der Menschen Hörigkeit*	o	53	*Über Alfred Andersch* *
			o	54	*Über William Faulkner* *
	36	(Samisdat), *Unruhen aus neuester Zeit* *		55/1	Fellini, *Roma* *
				55/2	Fellini, *Das süße Leben* *
o	37	*Über Molière* *		55/3	Fellini, *8½*
	38	Sempé, *Konsumgesellschaft* *		55/4	Fellini, *Julia und die Geister*
	39/1	Widmer, *Das Normale und die Sehnsucht* *		55/5	Fellini, *Amarcord* *
				55/6	Fellini, *Aufsätze und Notizen* *
	39/2	Widmer, *Die lange Nacht der Detektive* *		55/7	Fellini, *Casanova* *
				55/8	Fellini, *La Strada* *
	39/3	Widmer, *Die Forschungsreise*		55/9	Fellini, *Die Nächte der Cabiria* *
	39/4	Widmer, *Schweizer Geschichten*			
	39/5	Widmer, *Nepal*		55/10	Fellini, *I Vitelloni* *
	40/1	West, *Schreiben Sie Miss Lonelyhearts*	o	56	Benn, *Ausgewählte Gedichte*
			o	57	H. Mann, *Liebesspiele*
	40/2	West, *Tag der Heuschrecke*	o	58	*Das Diogenes Lesebuch* *
	40/3	West, *Eine glatte Million*	o	59	Friedell, *Konversationslexikon* *
o	41	Ferlinghetti, *Ausgewählte Gedichte* *			
			o	60/1	Busch, *Gedichte*
o	42	Jewtuschenko, *Ausgewählte Gedichte* *	o	60/2	Busch, *Max und Moritz*
			o	60/3	Busch, *Die fromme Helene*
o	43	R. Walser, *Der Spaziergang*	o	60/4	Busch, *Tobias Knopp*
o	44	Bosc, *Love and Order*	o	60/5	Busch, *Hans Huckebein / Fipps der Affe / Plisch und Plum*
o	46	*Über Gott und die Welt* *			
o	47	*Kann man noch beten?* *	o	60/6	Busch, *Balduin Bählamm / Maler Klecksel*
o	48	Wollschläger, *Die bewaffneten Wallfahrten* *			
			o	60/7	Busch, *Prosa*
	49	Ungerer, *Spiegelmensch* *		61	Loriot, *Tagebuch* *
o	50/1	Čechov, *Die Möwe*	o	62	Saki, *Die offene Tür*
o	50/2	Čechov, *Der Waldschrat*	o	63/1	Orwell, *Farm der Tiere*
			o	63/2	Orwell, *Im Innern des Wals* *
			o	63/3	Orwell, *Rache ist sauer* *

o 63/4	Orwell, *Mein Katalonien*	70/7	Chandler, *Lebwohl, mein Liebling*
o 63/5	Orwell, *Erledigt in Paris und London* *	70/8	Chandler, *Playback*
64/1	Verne, *Reise um die Erde in 80 Tagen*	70/9	Chandler, *Mord im Regen*
64/2	Verne, *Fünf Wochen im Ballon*	71	Christie, *Villa Nachtigall*
64/3	Verne, *Von der Erde zum Mond*	72	Simenon, *Die Glocken von Bicêtre*
64/4	Verne, *Reise um den Mond*	73	Stoker, *Draculas Gast*
64/5–6	Verne, *20 000 Meilen unter Meer*	74/1	Highsmith, *Der Stümper*
64/7	Verne, *Reise zum Mittelpunkt der Erde*	74/2	Highsmith, *Zwei Fremde im Zug*
64/8–9	Verne, *Der Kurier des Zaren*	74/3	Highsmith, *Der Geschichtenerzähler*
64/10	Verne, *Die fünfhundert Millionen der Begum*	74/4	Highsmith, *Der süße Wahn*
64/11–12	Verne, *Die Kinder des Kapitäns Grant*	74/5	Highsmith, *Die zwei Gesichter des Januars*
64/13	Verne, *Die Erfindung des Verderbens*	74/6	Highsmith, *Der Schrei der Eule*
64/14	Verne, *Die Leiden eines Chinesen in China*	74/7	Highsmith, *Tiefe Wasser*
64/15	Verne, *Das Karpathenschloß*	74/8	Highsmith, *Die gläserne Zelle*
64/16–17	Verne, *Die Gestrandeten*	74/9	Highsmith, *Das Zittern des Fälschers*
64/18	Verne, *Der ewige Adam*	74/10	Highsmith, *Lösegeld für einen Hund*
64/19	Verne, *Robur der Eroberer*	74/13	Highsmith, *Ripley's Game*
65/1	Leblanc, *Arsène Lupin – Der Gentleman-Gauner*	75/1	Ambler, *Die Maske des Dimitrios*
65/2	Leblanc, *Die hohle Nadel*	75/2	Ambler, *Der Fall Deltschev*
o 66/1	Conrad, *Lord Jim*	75/3	Ambler, *Eine Art von Zorn* *
o 66/2	Conrad, *Der Geheimagent*	75/4	Ambler, *Schirmers Erbschaft*
o 66/3	Conrad, *Herz der Finsternis*	75/5	Ambler, *Die Angst reist mit* *
67/1	Wells, *Der Unsichtbare*	75/6	Ambler, *Der Levantiner*
67/2	Wells, *Der Krieg der Welten*	75/7	Ambler, *Waffenschmuggel*
o 67/3	Wells, *Die Zeitmaschine*	75/8	Ambler, *Topkapi*
o 67/4	Wells, *Die Geschichte unserer Welt*	75/9	Ambler, *Schmutzige Geschichte*
67/5	Wells, *Das Land der Blinden*	75/10	Ambler, *Das Intercom-Komplott*
68	Belloc Lowndes, *Jack the Ripper* *	75/11	Ambler, *Besuch bei Nacht*
69/1	Hammett, *Der Malteser Falke*	76	Aiken, *Die Kristallkrähe* *
69/2	Hammett, *Rote Ernte*	77/1	Slesar, *Das graue distinguierte Leichentuch*
69/3	Hammett, *Der Fluch des Hauses Dain*	77/2	Slesar, *Vorhang auf, wir spielen Mord!* *
69/4	Hammett, *Der gläserne Schlüssel*	77/3	Slesar, *Erlesene Verbrechen*
69/5	Hammett, *Der dünne Mann*	77/4	Slesar, *Ein Bündel Geschichten*
70/1	Chandler, *Der große Schlaf*	77/5	Slesar, *Hinter der Tür* *
70/2	Chandler, *Die kleine Schwester*	o 78	Lardner, *Geschichten aus dem Jazz-Zeitalter*
70/3	Chandler, *Das hohe Fenster*	o 79	Sacharow, *Wie ich mir die Zukunft vorstelle*
70/4	Chandler, *Der lange Abschied*	80/1	Chaval, *Zum Lachen*
o 70/5	Chandler, *Die simple Kunst des Mordes*	80/2	Chaval, *Zum Heulen*
70/6	Chandler, *Die Tote im See*	80/3	Chaval, *Hochbegabter Mann*
		81	Friedell, *Die Rückkehr der Zeitmaschine*
		82	Loriot, *Kleiner Ratgeber*

o 83	Das Tintenfaß, Nr. 24 *	99/3	Macdonald, Ein Grinsen aus Elfenbein
84	Sempé, Volltreffer		
o 85/1	O'Connor, Und freitags Fisch	99/4	Macdonald, Die Küste der Barbaren
o 85/2	O'Connor, Mein Ödipus-Komplex *		
		99/5	Macdonald, Der Fall Galton
o 85/3	O'Connor, Don Juans Versuchung *	99/6	Macdonald, Gänsehaut
		99/7	Macdonald, Der blaue Hammer *
o 85/4	O'Connor, Eine unmögliche Ehe *		
		o 100	Das Tintenfaß, Nr. 25 *
o 85/5	O'Connor, Eine selbständige Frau *	101	Gorey/Phypps, Das jüngst entjungferte Mädchen
o 85/6	O'Connor, Brautnacht *	o 102/1	O'Faolain, Sünder und Sänger
86	Faulkner, Der Springer greift an	o 103/1	O'Flaherty, Armut und Reichtum
87	Quentin, Bächleins Rauschen tönt so bang	104	Becker, Russisch Roulette *
		o 105	Poe, Der Untergang des Hauses Usher
88	Hare, Mörderglück		
89	Geen, Tolstoi wohnt in 12N B9 *	106	Bierce, Die Spottdrossel
		107	O. Henry, Glück, Geld und Gauner
o 90/1	D. H. Lawrence, Der preußische Offizier *		
		108/1	Haggard, Sie
o 90/2	D. H. Lawrence, England, mein England *	109	Hornung, Raffles – Der Dieb in der Nacht
o 90/3	D. H. Lawrence, Die Frau, die davonritt *	110/1	Heller, Herrn Collins Abenteuer
o 90/4	D. H. Lawrence, Der Mann, der Inseln liebte *	111	Hearson, Euer Gnaden haben geschossen?
o 90/5	D. H. Lawrence, Der Fremdenlegionär *	o 112	Wollschläger, Karl May
		o 113	Wollschläger, Die Gegenwart einer Illusion *
o 90/6	D. H. Lawrence, Der Fuchs		
o 90/7	D. H. Lawrence, Der Hengst St. Mawr	o 114	Plomer, Turbott Wolfe
		o 115	Lessing, Hunger *
o 90/8	D. H. Lawrence, Liebe im Heu *	116	Richartz, Das Leben als Umweg *
91	Price, Der kleine Psychologe		
92	Childers, Das Rätsel der Sandbank *	o 117	Das Diogenes Lesebuch amerikanischer Erzähler *
93/1	Buchan, Die neununddreißig Stufen	o 118	Das Diogenes Lesebuch englischer Erzähler *
94	Siné, Katzenjammer	o 119	Das Diogenes Lesebuch irischer Erzähler *
o 95/1–7	Molière, Komödien in 7 Bänden *		
		120/1	Dolly Dolittle's Crime Club I
o 96	Schnitzler, Spiel im Morgengrauen	120/2	Dolly Dolittle's Crime Club II
		120/3	Dolly Dolittle's Crime Club III
o 97/1	Fitzgerald, Der große Gatsby	121	Lodemann, Anita Drögemöller
o 97/2	Fitzgerald, Der letzte Taikun	o 122	Das Tintenfaß, Nr. 26 *
97/3	Fitzgerald, Pat Hobby's Hollywood-Stories *	123	Ungerer, Der erfolgreiche Geschäftsmann
98/1	Millar, Liebe Mutter, es geht mir gut	124	Moss/Gorey, Augenblicke aus dem Leben großer Geister *
98/2	Millar, Die Feindin	o 125/1	Maugham, Honolulu
98/3	Millar, Fragt morgen nach mir *	o 125/2	Maugham, Das glückliche Paar
99/1	Macdonald, Dornröschen war ein schönes Kind *	o 125/3	Maugham, Vor der Party
		o 125/4	Maugham, Die Macht der Umstände
99/2	Macdonald, Unter Wasser stirbt man nicht		
		o 125/5	Maugham, Lord Mountdrago

o 63/4	Orwell, *Mein Katalonien*	70/7	Chandler, *Lebwohl, mein Liebling*
o 63/5	Orwell, *Erledigt in Paris und London* *	70/8	Chandler, *Playback*
64/1	Verne, *Reise um die Erde in 80 Tagen*	70/9	Chandler, *Mord im Regen*
64/2	Verne, *Fünf Wochen im Ballon*	71	Christie, *Villa Nachtigall*
64/3	Verne, *Von der Erde zum Mond*	72	Simenon, *Die Glocken von Bicêtre*
64/4	Verne, *Reise um den Mond*	73	Stoker, *Draculas Gast*
64/5-6	Verne, *20 000 Meilen unter Meer*	74/1	Highsmith, *Der Stümper*
64/7	Verne, *Reise zum Mittelpunkt der Erde*	74/2	Highsmith, *Zwei Fremde im Zug*
64/8-9	Verne, *Der Kurier des Zaren*	74/3	Highsmith, *Der Geschichtenerzähler*
64/10	Verne, *Die fünfhundert Millionen der Begum*	74/4	Highsmith, *Der süße Wahn*
64/11-12	Verne, *Die Kinder des Kapitäns Grant*	74/5	Highsmith, *Die zwei Gesichter des Januars*
64/13	Verne, *Die Erfindung des Verderbens*	74/6	Highsmith, *Der Schrei der Eule*
64/14	Verne, *Die Leiden eines Chinesen in China*	74/7	Highsmith, *Tiefe Wasser*
64/15	Verne, *Das Karpathenschloß*	74/8	Highsmith, *Die gläserne Zelle*
64/16-17	Verne, *Die Gestrandeten*	74/9	Highsmith, *Das Zittern des Fälschers*
64/18	Verne, *Der ewige Adam*	74/10	Highsmith, *Lösegeld für einen Hund*
64/19	Verne, *Robur der Eroberer*	74/13	Highsmith, *Ripley's Game*
65/1	Leblanc, *Arsène Lupin – Der Gentleman-Gauner*	75/1	Ambler, *Die Maske des Dimitrios*
65/2	Leblanc, *Die hohle Nadel*	75/2	Ambler, *Der Fall Deltschev*
o 66/1	Conrad, *Lord Jim*	75/3	Ambler, *Eine Art von Zorn* *
o 66/2	Conrad, *Der Geheimagent*	75/4	Ambler, *Schirmers Erbschaft*
o 66/3	Conrad, *Herz der Finsternis*	75/5	Ambler, *Die Angst reist mit* *
67/1	Wells, *Der Unsichtbare*	75/6	Ambler, *Der Levantiner*
67/2	Wells, *Der Krieg der Welten*	75/7	Ambler, *Waffenschmuggel*
o 67/3	Wells, *Die Zeitmaschine*	75/8	Ambler, *Topkapi*
o 67/4	Wells, *Die Geschichte unserer Welt*	75/9	Ambler, *Schmutzige Geschichte*
67/5	Wells, *Das Land der Blinden*	75/10	Ambler, *Das Intercom-Komplott*
68	Belloc Lowndes, *Jack the Ripper* *	75/11	Ambler, *Besuch bei Nacht*
69/1	Hammett, *Der Malteser Falke*	76	Aiken, *Die Kristallkrähe* *
69/2	Hammett, *Rote Ernte*	77/1	Slesar, *Das graue distinguierte Leichentuch*
69/3	Hammett, *Der Fluch des Hauses Dain*	77/2	Slesar, *Vorhang auf, wir spielen Mord!* *
69/4	Hammett, *Der gläserne Schlüssel*	77/3	Slesar, *Erlesene Verbrechen*
69/5	Hammett, *Der dünne Mann*	77/4	Slesar, *Ein Bündel Geschichten*
70/1	Chandler, *Der große Schlaf*	77/5	Slesar, *Hinter der Tür* *
70/2	Chandler, *Die kleine Schwester*	o 78	Lardner, *Geschichten aus dem Jazz-Zeitalter*
70/3	Chandler, *Das hohe Fenster*	o 79	Sacharow, *Wie ich mir die Zukunft vorstelle*
70/4	Chandler, *Der lange Abschied*	80/1	Chaval, *Zum Lachen*
o 70/5	Chandler, *Die simple Kunst des Mordes*	80/2	Chaval, *Zum Heulen*
		80/3	Chaval, *Hochbegabter Mann*
70/6	Chandler, *Die Tote im See*	81	Friedell, *Die Rückkehr der Zeitmaschine*
		82	Loriot, *Kleiner Ratgeber*

o 83	Das Tintenfaß, Nr. 24 *	99/3	Macdonald, Ein Grinsen aus Elfenbein
84	Sempé, Volltreffer		
o 85/1	O'Connor, Und freitags Fisch	99/4	Macdonald, Die Küste der Barbaren
o 85/2	O'Connor, Mein Ödipus-Komplex *	99/5	Macdonald, Der Fall Galton
o 85/3	O'Connor, Don Juans Versuchung *	99/6	Macdonald, Gänsehaut
		99/7	Macdonald, Der blaue Hammer *
o 85/4	O'Connor, Eine unmögliche Ehe *	o 100	Das Tintenfaß, Nr. 25 *
		101	Gorey/Phypps, Das jüngst entjungferte Mädchen
o 85/5	O'Connor, Eine selbständige Frau *	o 102/1	O'Faolain, Sünder und Sänger
o 85/6	O'Connor, Brautnacht *	o 103/1	O'Flaherty, Armut und Reichtum
86	Faulkner, Der Springer greift an	104	Becker, Russisch Roulette *
87	Quentin, Bächleins Rauschen tönt so bang	o 105	Poe, Der Untergang des Hauses Usher
88	Hare, Mörderglück	106	Bierce, Die Spottdrossel
89	Geen, Tolstoi wohnt in 12N B9 *	107	O. Henry, Glück, Geld und Gauner
o 90/1	D. H. Lawrence, Der preußische Offizier *	108/1	Haggard, Sie
		109	Hornung, Raffles – Der Dieb in der Nacht
o 90/2	D. H. Lawrence, England, mein England *	110/1	Heller, Herrn Collins Abenteuer
o 90/3	D. H. Lawrence, Die Frau, die davonritt *	111	Hearson, Euer Gnaden haben geschossen?
o 90/4	D. H. Lawrence, Der Mann, der Inseln liebte *	o 112	Wollschläger, Karl May
o 90/5	D. H. Lawrence, Der Fremdenlegionär *	o 113	Wollschläger, Die Gegenwart einer Illusion *
o 90/6	D. H. Lawrence, Der Fuchs	o 114	Plomer, Turbott Wolfe
o 90/7	D. H. Lawrence, Der Hengst St. Mawr	o 115	Lessing, Hunger *
		116	Richartz, Das Leben als Umweg *
o 90/8	D. H. Lawrence, Liebe im Heu *	o 117	Das Diogenes Lesebuch amerikanischer Erzähler *
91	Price, Der kleine Psychologe		
92	Childers, Das Rätsel der Sandbank *	o 118	Das Diogenes Lesebuch englischer Erzähler *
93/1	Buchan, Die neununddreißig Stufen	o 119	Das Diogenes Lesebuch irischer Erzähler *
94	Siné, Katzenjammer	120/1	Dolly Dolittle's Crime Club I
o 95/1-7	Molière, Komödien in 7 Bänden *	120/2	Dolly Dolittle's Crime Club II
		120/3	Dolly Dolittle's Crime Club III
o 96	Schnitzler, Spiel im Morgengrauen	121	Lodemann, Anita Drögemöller
o 97/1	Fitzgerald, Der große Gatsby	o 122	Das Tintenfaß, Nr. 26 *
o 97/2	Fitzgerald, Der letzte Taikun	123	Ungerer, Der erfolgreiche Geschäftsmann
97/3	Fitzgerald, Pat Hobby's Hollywood-Stories *	124	Moss/Gorey, Augenblicke aus dem Leben großer Geister *
98/1	Millar, Liebe Mutter, es geht mir gut	o 125/1	Maugham, Honolulu
98/2	Millar, Die Feindin	o 125/2	Maugham, Das glückliche Paar
98/3	Millar, Fragt morgen nach mir *	o 125/3	Maugham, Vor der Party
99/1	Macdonald, Dornröschen war ein schönes Kind *	o 125/4	Maugham, Die Macht der Umstände
99/2	Macdonald, Unter Wasser stirbt man nicht	o 125/5	Maugham, Lord Mountdrago

o	125/6	Maugham, *Fußspuren im Dschungel*	o 146	Jiménez, *Herz, stirb oder singe*
o	125/7	Maugham, *Ashenden oder Der britische Geheimagent*	o 147	D. H. Lawrence, *John Thomas & Lady Jane*

o 125/6 Maugham, *Fußspuren im Dschungel*
o 125/7 Maugham, *Ashenden oder Der britische Geheimagent*
o 125/8 Maugham, *Entlegene Welten*
o 125/9 Maugham, *Winter-Kreuzfahrt*
o 125/10 Maugham, *Fata Morgana*
126 Topor, *Der Mieter*
127 Bradbury, *Der illustrierte Mann*
128 Kersh, *Mann ohne Gesicht* *
129 Dumas, *Horror in Fontenay* *
o 130/1-40 Balzac, *Die Menschliche Komödie*
131 Bellairs, *Das Haus, das tickte* *
132 Cullingford, *Post mortem* *
133 Armstrong, *Mein Leben in New Orleans*
o 134 Hesse, *Die Fremdenstadt im Süden*
135/1 Simenon, *Brief an meinen Richter*
135/2 Simenon, *Der Schnee war schmutzig*
135/3 Simenon, *Die grünen Fensterläden*
135/4 Simenon, *Im Falle eines Unfalls*
135/5 Simenon, *Sonntag*
135/6 Simenon, *Bellas Tod*
135/7 Simenon, *Der Mann mit dem kleinen Hund*
135/8 Simenon, *Drei Zimmer in Manhattan*
135/9 Simenon, *Die Großmutter*
o 136 *Das deutsche Tintenfaß, Nr. 27* *
o 137 Shakespeare/Kraus, *Sonette*
o 138 Richartz/Widmer, *Shakespeare's Geschichten* *
o 139 Heine, *Gedichte*
o 140/1-4 Schopenhauer, *Die Welt als Wille und Vorstellung* I/II
o 140/5-6 Schopenhauer, *Kleinere Schriften*
o 140/7-10 Schopenhauer, *Parerga und Paralipomena* I/II
o 141 Gogol, *Die toten Seelen*
o 142 Melville, *Moby-Dick*
o 143 Flaubert, *Briefe*
o 144 Baudelaire, *Die Tänzerin Fanfarlo*
145/1-6 Hottinger, *Geschichten für den Connaisseur*

o 146 Jiménez, *Herz, stirb oder singe*
o 147 D. H. Lawrence, *John Thomas & Lady Jane*
148 Tschukowskaja, *Untertauchen*
o 150/1 O'Casey, *Ich klopfe an*
151 Andersch, *Einige Zeichnungen*
o 152 *Über Balzac* *
o 153 *Über Schopenhauer* *
o 154 *Über Simenon* *
155/1 Simenon, *Maigrets erste Untersuchung*
155/2 Simenon, *Maigret und Pietr der Lette*
155/3 Simenon, *Maigret und die alte Dame*
155/4 Simenon, *Maigret und der Mann auf der Bank*
155/5 Simenon, *Maigret und der Minister*
155/6 Simenon, *Mein Freund Maigret*
o 156 Anderson, *Ich möchte wissen warum*
o 157 *Das Erich Kästner Lesebuch* *
o 158 Eichendorff, *Aus dem Leben eines Taugenichts*
o 159 *Über Chaplin* *
o 160/1 Keller, *Der grüne Heinrich* I/II
o 160/2 Keller, *Der grüne Heinrich* III/IV
o 160/3 Keller, *Die Leute von Seldwyla* I
o 160/4 Keller, *Die Leute von Seldwyla* II / *Zwei Kalendergeschichten*
o 160/5 Keller, *Züricher Novellen / Aufsätze*
o 160/6 Keller, *Das Sinngedicht / Sieben Legenden*
160/7 Keller, *Martin Salander / Ein Bettagsmandat u. a.*
o 160/8 Keller, *Gedichte / Der Apotheker von Chamounix*
161 Brambach, *Für sechs Tassen Kaffee*
o 163 Ford, *Die allertraurigste Geschichte*
o 164 *Über Sendak* *
165 Sempé, *Umso schlimmer*
166 Loriot, *Kommentare* *
o 167 *Über Gottfried Keller*

mini-detebes

1 *Lektüre für Intelligente* *
2 *Cartoons für Intelligente* *
3 *Das mini-anti-Lesebuch* *
4 *Das kleine Liederbuch* *
5 *Das mini-Krimi-Kompendium* *
6 Sendak, *Zehn kleine Kerlchen* *
  Sempé, *Sie & Er* *
  Deutsche Liebesgedichte *
1–25 *Die Diogenes mini-Bibliothek der Weltliteratur* *

detebe-Kassetten

o K 1 Hottinger, *Morde in 3 Bänden*
o K 2 Čechov, *Das erzählende Werk in 10 Bänden*
o K 3 Hammett, *Sämtliche Romane in 5 Bänden*
o K 4 Chandler, *Sämtliche Romane und mehr in 9 Bänden*
o K 5 Maugham, *Gesammelte Erzählungen in 10 Bänden*
o K 6 D. H. Lawrence, *Sämtliche Erzählungen und Kurzromane in 8 Bänden*
o K 7 Molière, *Komödien und Materialien in 8 Bänden*
o K 8 O'Connor, *Gesammelte Erzählungen in 6 Bänden*
K 9 Chaval, *Gesammelte Cartoons in 3 Bänden*
o K 10 Balzac, *Die Menschliche Komödie in 40 Bänden*
o K 11 McCullers, *Werke in 8 Bänden*
o K 12 Schopenhauer, *Zürcher Ausgabe in 10 Bänden*
o K 13 Busch, *Studienausgabe in 7 Bänden*
K 14 Hottinger, *Geschichten für den Connaisseur in 6 Bänden*
o K 15 Maugham, *Der Menschen Hörigkeit in 2 Bänden*
o K 16 Faulkner, *Gesammelte Erzählungen in 5 Bänden*
o K 17 Keller, *Werke in 8 Bänden*

Titel mit * sind Erstausgaben oder deutsche Erstausgaben.
Titel mit o sind auch als Studienausgaben empfohlen.

Diogenes Kinder Taschenbücher

1 Hoffmann, *Der Struwwelpeter*
2 Busch, *Max und Moritz*
3 Carroll, *Die kleine Alice* *
4 Leaf, *Ferdinand der Stier*
5 Brunhoff, *Die Geschichte von Babar*
6 Sendak, *Hühnersuppe mit Reis*
7 Ungerer, *Die drei Räuber*
8 Gorey/Levin, *Er war da und saß im Garten*
9 Zimnik/Axmann, *Die Geschichte vom Käuzchen*
10 Murschetz, *Der Maulwurf Grabowski*
11 Spyri, *Heidis Lehr- und Wanderjahre*
12 Spyri, *Heidi kann brauchen, was es gelernt hat*
13 Potter, *Die Geschichte von Peter Hase*
14 Timmermans, *Henne Blanche, Soldat des Kaisers*
15 Sendak, *Herr Hase und das schöne Geschenk*
16 Ungerer, *Der Hut*
17 Collodi, *Pinocchios Abenteuer*